普通高等教育“十四五”金融学类专业产教融合系列规划教材
总主编 杨力

Finance

商业银行授信业务实验

主　编／吴良
副主编／杨俊

立信会计出版社
LIXIN ACCOUNTING PUBLISHING HOUSE

图书在版编目(CIP)数据

商业银行授信业务实验 / 吴良主编. —上海：立信会计出版社，2022.1

普通高等教育"十四五"金融学类专业产教融合系列规划教材

ISBN 978-7-5429-6980-4

Ⅰ. ①商… Ⅱ. ①吴… Ⅲ. ①商业银行—贷款管理—高等学校—教材 Ⅳ. ①F830.56

中国版本图书馆 CIP 数据核字(2021)第 253450 号

策划编辑 窦瀚修 张善涛
责任编辑 张善涛

商业银行授信业务实验

SHANGYE YINHANG SHOUXIN YEWU SHIYAN

出版发行	立信会计出版社		
地　　址	上海市中山西路 2230 号	邮政编码	200235
电　　话	(021)64411389	传　　真	(021)64411325
网　　址	www.lixinaph.com	电子邮箱	lixinaph2019@126.com
网上书店	http://lixin.jd.com	http://lxkjcbs.tmall.com	
经　　销	各地新华书店		
印　　刷	上海万卷印刷股份有限公司		
开　　本	787 毫米×1092 毫米	1/16	
印　　张	13.75		
字　　数	327 千字		
版　　次	2022 年 1 月第 1 版		
印　　次	2022 年 1 月第 1 次		
书　　号	ISBN 978-7-5429-6980-4/F		
定　　价	45.00 元		

总　　序

中共的十九大报告指出:“建设教育强国是中华民族伟大复兴的基础工程。”当前,我们正处于实现中华民族伟大复兴的关键时期,面对世界百年未有之大变局和“两个一百年”奋斗目标历史交汇的关键节点,高等教育作为“一个国家发展水平和发展潜力的重要标志”(习近平,2016)应当主动把握历史发展的关键时期,做到超前识变、积极应变和主动求变。文科教育培养人的自信心、自豪感、自主性,是形成国家民族文化自觉的主战场、主阵地、主渠道,理应在历史发展的关键时期有所作为。2020 年 11 月,全国有关高校和专家齐聚中华文化重要发祥地山东,共商新时代文科教育发展大计,发布了《新文科建设宣言》。对于推动文科教育创新发展、提升国家文化软实力具有重要意义。金融学类专业作为新文科的重要组成部分,需要主动肩负新的时代使命,应对时代挑战,革新金融学科教育体系、培养特色金融人才,积极融入新文科建设。

上海立信会计金融学院地处上海国际金融中心腹地,具有近百年的办学历史,被业界誉为“未来金融家摇篮”,是上海高水平地方应用型高校建设试点高校。金融学院坚持以立德树人为根本任务,贯彻落实“三全育人”,不断深化产教融合人才培养模式,“金融学”和“金融工程”专业先后入选国家一流本科专业建设点。当前,金融学院积极对标国家“双万计划”建设目标,持续深化本科教育教学改革,不断加强学科专业建设,彰显“诚信为本、学验并重”办学特色,主动对接上海国际金融中心建设,为国家新时代金融事业发展培养高水平应用型金融人才。金融学院通过精心策划和深入论证,特推出“十四五”金融学类专业产教融合系列规划教材。本系列教材突出校企合作、产教融合的人才培养特点,主题涵盖现代商业银行经营、国际结算、外汇交易实务、互联网金融、金融科技发展、绿色金融、金融理财规划、金融投资实战、金融专业实验与金融发展史等领域,由高校专业教师与行业专家共同编写,较全面地反映了金融行业发展现状,体现了金融学科发展趋势。本系列教材具有以下特点:

第一,突出校企协同,紧贴金融市场发展前沿。本系列教材采取校企合作开发模式,编委会成员和编写团队由高校专业教师、金融行业专家共同组成，体现了学校与企业相协同、理论与实践相结合。本系列教材以金融理论为基础，以金融行业岗位专业知识与能力要求为编写准则，依托企业资源，充分发挥行业专家实践经验丰富、掌握一手前沿信息的优势，在内容上反映了国内外金融市场发展的最新趋势、热点领域和重大理论前沿发展，可帮助在校学生、社会金融从业人员进一步加深对金融领域前沿发展的了解，提高对现代金融运行机制、规律的认识。

第二，秉承“学验并重”办学特色，对标应用型人才培养目标。“学验并重”是理论教学与实验教学并举、理论学习与实验实践互补的教学模式，是立信多年凝练而成的鲜明办学特色。加强金融实验教学建设符合应用型本科院校人才培养定位，满足金融市场和金融机构人才需求，契合金融专业课程特色和教学目标。本系列教材包含多本金融实验教材，从具体软件工具与金融的结合运用，到金融专业综合模拟实验，全面融入了金融实务和操作模块，为学生系统掌握金融学分析方法，提升实践运用能力提供有效指导。

第三，彰显学科融合发展趋势，探寻金融行业创新路径。本系列教材不断突破既有的学科边界，围绕互联网金融、金融科技、人工智能、绿色金融等新兴技术和先进理念展开，积极响应新文科建设对跨学科融合的现实要求，突出科技创新与金融创新的有机融合，充分阐述金融业新业务模式与服务内涵，面向金融业发展的现状和未来提供有价值的学术引领和知识规范。在展现多学科融合发展趋势的同时，本系列教材引导读者积极探索金融市场创新路径，致力于培养学生的创新意识和创新能力。

本系列教材凝结了编委会全体专家的殷切关怀，吸收了学校金融学院和兄弟院校同仁们的教学研究成果以及行业专家的宝贵从业经验，系列教材的顺利出版正得益于各位专家的共同努力。在此对各位编委会成员、业界专家学者和主编参编作者们的辛勤工作，致以最诚挚的谢意！同时，还要感谢立信会计出版社的领导和编辑老师们的大力支持和辛劳付出。最后必须要说明的是本系列教材具有筚路蓝缕的探索性质，受各种因素制约，仍不可避免存在着不足，诚恳期望得到大家的批评指正，在今后的教学与研究过程中不断得到完善，共同推进金融学科教育事业的发展。

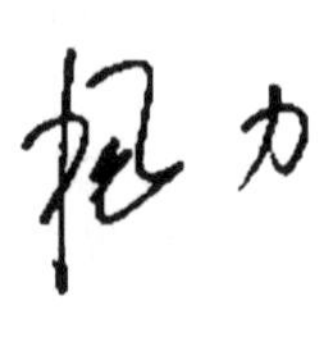

前　言

商业银行在金融行业中占有重要地位。中国金融业的快速发展迫切需要一大批既有扎实的理论基础，又有一定实务操作能力的金融人才。时至今日，授信业务仍然是商业银行最重要的资产业务之一。在商业银行间接融资仍然占主导地位的金融体系下，掌握各种授信业务处理的基本程序及要求，对学生今后在银行体系内的职业发展非常重要。为了方便学生系统地学习商业银行授信实务，本教材将信贷理论与信贷实务结合起来，不但告诉学生怎么做，还使他们明白为什么这样做。

为了有别于理论教材，突出实验教材的实用性与操作性，按照新文科建设和产教融合的要求，编者还与上海硕研信息科技发展有限公司进行了合作。上海硕研信息科技发展有限公司拥有先进的银行信贷实验教学平台，为本教材的编写提供了丰富的实验案例和严谨的操作指南；执教教师负责教材的章节内容编排、与实验内容相关的知识点的融入等工作。两者合作，实现了校企合作，共同编制教材的目的。

本教材按照商业银行工作分类划分为个人业务和对公业务两大板块。两大板块遵照商业银行的实际业务，通过实验项目对细分业务进行展开，涵盖商业银行授信业务中的理论知识、实践需求和操作流程。

校企合作、产教融合是一次有益的尝试，编写团队虽然经过长期认真的资料整理和编写，但是毕竟能力有限，可能会存在一些疏漏，不妥之处还望各位专家和读者批评指正，以便今后进行修订完善。

编　者

2021年12月

目　录

第一部分　个人业务

第二部分　对公业务

第一部分

个 人 业 务

实验项目一　住房按揭贷款业务

实验目的

学生通过对公积金贷款和住房按揭贷款(一手房贷款)业务相关知识的学习和住房按揭贷款业务操作,了解住房按揭贷款和公积金贷款的法律、法规,理解银行对这两种贷款风险的控制与管理要求,掌握银行对这两种贷款业务处理的内容、要求和程序。

实验内容与要求

学生根据系统提供的案例数据与要求,在业务操作系统上完成住房按揭贷款(一手房贷款)的业务流程操作。

实验指导

实验知识

住房贷款是商业银行(以下简称"银行")或其他金融、非金融机构向房屋的购买者提供的任何形式的购房贷款支持,通常以所购房屋为抵押。住房贷款是应用最为广泛的个人消费信贷业务之一,分为公积金贷款、商业贷款、组合贷款三种信贷形式。

(1) 公积金贷款是指当履行住房公积金缴存义务的职工购买具有所有权的自住住房时,以所购本市城镇自住住房作为抵押物的贷款方式,可以按规定申请住房公积金个人购房贷款。

(2) 商业贷款,又称住房按揭贷款,是银行用其信贷资金所发放的自营性贷款。具体指具有完全民事行为能力的自然人,购买本市城镇自住住房时,以其所购买的产权住房(或银行认可的其他担保方式)为抵押,作为偿还贷款的保证而向银行申请的住房商业性贷款。

购房者必须按照按揭契约中规定的归还方式和期限分期付款给银行;银行按一定的利率收取利息。如果贷款人违约(断供),银行有权收走房屋。

"按揭"的通俗意义是指用预购的商品房进行贷款抵押。它是指按揭人将预购的物业产权转让于按揭受益人(银行)作为还款保证,还款后,按揭受益人将物业的产权转让给按揭人。

(3) 组合贷款是同时使用公积金贷款和商业贷款购买住房的贷款形式。

一、政策性个人住房贷款

政策性个人住房贷款主要指的是个人住房公积金委托贷款和个人住房组合贷款中涉

及公积金贷款的部分。

公积金贷款全称为个人住房公积金委托贷款，是指商业银行根据住房资金管理中心的委托，以住房公积金为资金来源，按规定的要求向购买住房的个人发放的贷款。这种贷款之所以具有委托性质，是因为贷款资金由住房资金管理中心提供，贷款对象、金额、期限、利率由住房资金管理中心确定，贷款风险由住房资金管理中心承担，受托银行只负责办理贷款手续，协助贷款本息收回。

（一）贷款期限

公积金贷款期限不得超过借款人在贷款发放之日起至国家法定退休的年限，最长不超过 30 年。

（二）贷款利率

公积金贷款利率按照中国人民银行规定的个人住房公积金贷款利率执行。如遇利率调整，则于次年 1 月 1 日起执行新利率。目前，5 年以上（含 5 年）公积金贷款利率 3.25%；5 年以下公积金贷款利率为年利率 2.75%。

（三）贷款额度

我国政府还没有明确规定住房公积金的贷款额度，一般由各省市确定。

（四）还款方式

公积金贷款期限在 1 年以内的住房公积金委托贷款，实行到期一次还本付息，利随本清；贷款期限 1 年以上的住房公积金贷款一般采用分期还款方式，有 2 种形式。

（1）等额本息还款方式。

（2）等额本金还款方式。

（五）担保方式

公积金贷款担保方式有以下 4 种，借款人可以根据贷款需要选择：

（1）保证担保。由保证人（担保公司）为借款人提供连带责任保证担保。保证人应当与公积金中心签订保证合同。

（2）抵押担保。借款人以所购房屋为抵押提供担保，目前以这种方式为主，亦可用本人或第三人拥有房产作为抵押担保。抵押物属共有财产时（包括夫妻关系存续期间形成的共有财产），应提供全部共有人同意抵押的证明；借款人以第三人房产作抵押物的，应出具权利人同意抵押的证明（或承诺书）。

权属不明或有争议、危房、已经或将要纳入拆迁范围以及集体土地范围内的房产不能作为抵押。抵押物按规定应当进行评估。抵押人应当与公积金中心签订抵押合同，房产抵押应当依法到房产管理部门办理抵押登记，取得他项权利证或预抵押备案证明。

（3）个人住房公积金担保。借款人或他人以个人住房公积金为借款人提供连带责任担保。保证人的住房公积金余额应当达到贷款额度的 80%以上。

以住房公积金为借款人担保后，在保证期间，保证人不能向公积金中心申请提取其住房公积金，也不能申请住房公积金贷款。借款人住房公积金金额达到贷款余额 80%的标准时，其保证人自动解除保证。

(4) 质押担保。借款人用国债、银行存单等有价证券作质物进行足额担保。出质人应当与公积金中心签订质押合同,并办理质物冻结、止付手续,质物由公积金中心保管。

(六) 公积金贷款条件

(1) 具有城镇常住户口或有效居留身份。

(2) 有稳定的职业和收入,信用良好,有偿还贷款本息的能力。

(3) 签订购房合同或购房协议。

(4) 能够支付不低于购房全部价款 30%的首期付款。

(5) 开立住房公积金账户,城镇职工个人与所在单位必须连续缴纳住房公积金满 6 个月或一年(按各省市具体规定)。

(6) 夫妻双方都正常足额缴纳住房公积金的,只允许一方申请住房公积金贷款。

(7) 一个家庭同一时间只能申请一次住房公积金贷款购买一处住房。

(8) 同意用所购住房做抵押。

(9) 贷款人年龄: 贷款人年龄与贷款年限之和小于 70 年。

(七) 贷款程序

上海市住房公积金贷款流程(如图 1-1-1 所示)。

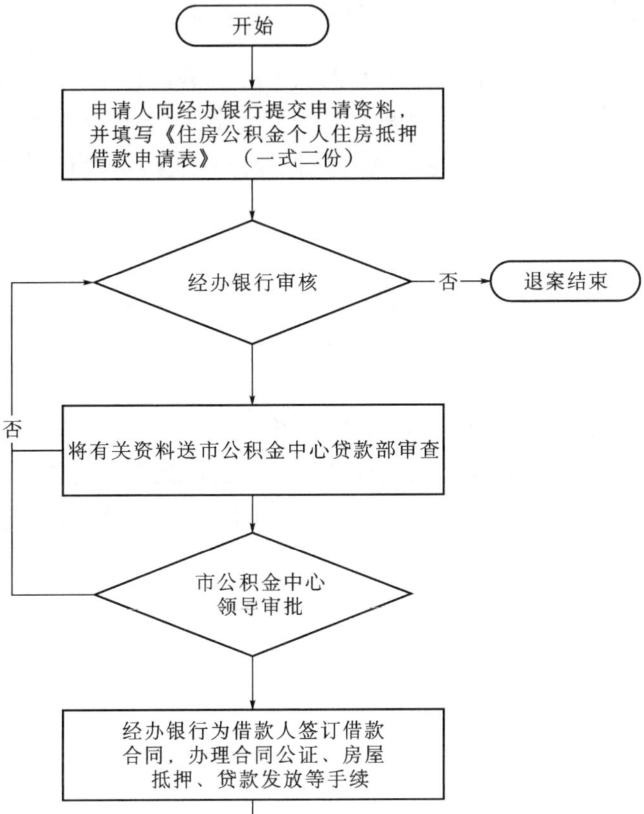

图 1-1-1　上海市住房公积金贷款流程

(1) 贷款人申请住房公积金贷款需到银行提出书面申请，填写住房公积金贷款申请表并如实提供下列资料：①申请人及配偶住房公积金缴存证明；②申请人及配偶身份证明(指居民身份证、常住户口簿和其他有效居留证件)、婚姻状况证明文件；③家庭稳定经济收入证明及其他对还款能力有影响的债权债务证明；④购买住房的合同、协议等有效证明文件；⑤用于担保的抵押物、质物清单、权属证明以及有处置权人同意抵押、质押的证明，有关部门出具的抵押物估价证明；⑥公积金中心要求提供的其他资料。

(2) 对资料齐全的借款申请，银行受理审查，并及时报送公积金中心。

(3) 公积金中心负责审批贷款，并及时将审批结果通知银行。

(4) 银行按公积金中心审批的结果通知申请人办理贷款手续，由借款人夫妻双方与银行签订借款合同及相关的合同或协议，并将借款合同等手续送公积金中心复核，公积金中心核准后即划拨委贷基金，由受托银行按借款合同的约定按时足额发放贷款。

(5) 以住房抵押方式担保的，借款人要到房屋坐落地区的房屋产权管理部门办理房产抵押登记手续，抵押合同或协议由夫妻双方签字，以有价证券质押的，借款人将有价证券交管理部收押保管。

二、个人住房商业性贷款

个人住房商业性贷款通常是指个人在购买、建造、装修自用普通住房时因自有资金不足，在支付一定比例的首期款后，以其房产作抵押向银行申请贷款来支付尚欠的购房款，并按约定的分期付款方式逐月偿还本息的一种业务。所购房产包括住宅、商铺、车库、别墅、写字楼等，包括一手房和二手房。

一手房贷款是房产类型是借款人购买首次交易的住房，即房地产开发商或其他合格开发主体开发建设后销售给个人的住房，并以该住房作为抵押物。一手房贷款包括一手住房贷款和一手商用房贷款。

(一) 贷款条件

(1) 有合法的居留身份，具有完全民事行为能力。

(2) 有稳定的职业和经济收入，信用良好，有偿还贷款本息的能力。

(3) 有合法有效的购买、建造、大修住房的合同、协议以及贷款行要求提供的其他证明文件。

(4) 有所购买、建造、装修住房全部价款 20%以上的自筹金，并保证用于支付所购(建、修)住房的首付款。

(5) 有贷款行认可的资产进行抵押或质押，或有足够代偿能力的法人、其他经济组织或自然人作为保证人。

(6) 个人社会信用良好。

(7) 贷款行规定的其他条件。

(二) 贷款额度

(1) 购买首套普通商品住房、经济适用房、公有住房、集资建房、再交易住房、房产置换、拍卖房产的，贷款额度不能超过购房合同总价的70%。

(2) 购买二套商品房的，贷款额度不能超过购房合同总价的70%。

(3) 对购买首套别墅，贷款额度不能超过购房合同总价的60%。

(4) 对购买写字楼、商务套房、商铺店面、商品经营用房、单独的车库车位等商业用房的，贷款额度不能超过购房合同总价的50%。

(5) 对以"商住两用房"名义申请贷款的，贷款额度不能超过购房款或评估价格的55%。

(三) 贷款期限

(1) 以房产抵押方式发放的贷款，贷款期限不得超过所抵押房产的剩余使用年限。

(2) 用凭证式国债质押的，贷款期限最长不得超过凭证式国债的到期日。若用不同期限的多张凭证式国债作质押，以距离到期日最近者确定贷款期限。

(3) 贷款人已离退休或即将离退休的，贷款期限，男性自然人，其还款年限不超过70岁(借款人年龄加借款期限不超过70年)；女性自然人，其还款年限不能超过65岁(借款人年龄加借款期限不超过65年)。

(4) 借款人申请贷款金额外负担较大的，一般不宜采用1年或1年以下的贷款期限。

(5) 对于购买普通住房贷款，贷款期限不能超过30年。

(6) 对于购买高档别墅、商业用房，贷款期限不能超过10年。

实际执行中，贷款期限以各省市的具体规定为准。

(四) 贷款利率

贷款利率与贷款用途、贷款性质、贷款期限、贷款政策、不同的贷款银行等相关。国家规定基准利率，各银行根据各种因素确定差别贷款利率，即在基础上上浮或下浮。现行基准利率是2015年调整并实施的，种类与年利率如下：

(1) 短期贷款：1年以内(含1年)调整后利率为4.35%。

(2) 中长期贷款：1至5年(含5年)调整后利率为4.75%；5年以上调整后利率为4.90%。

(五) 担保方式

抵押担保(借款人以所购房屋为抵押提供担保，目前以这种方式为主，借款人亦可以用本人或第三人拥有房产作为抵押担保)、质押担保(借款人可以用国债、银行存单等有价证券作质物进行足额担保)、保证担保(担保公司)三种方式。

(六) 还款方式

还款方式一般分为等额本息和等额本金两种。等额本息还款方式是指贷款期间，借款人每月以相等的偿还额足额归还贷款本金和利息。等额本金还款方式是指贷款期间，借款人每月偿还相等的贷款本金，利息逐月递减。

(七) 贷款程序

一手房商业贷款流程(如图1-1-2所示)。

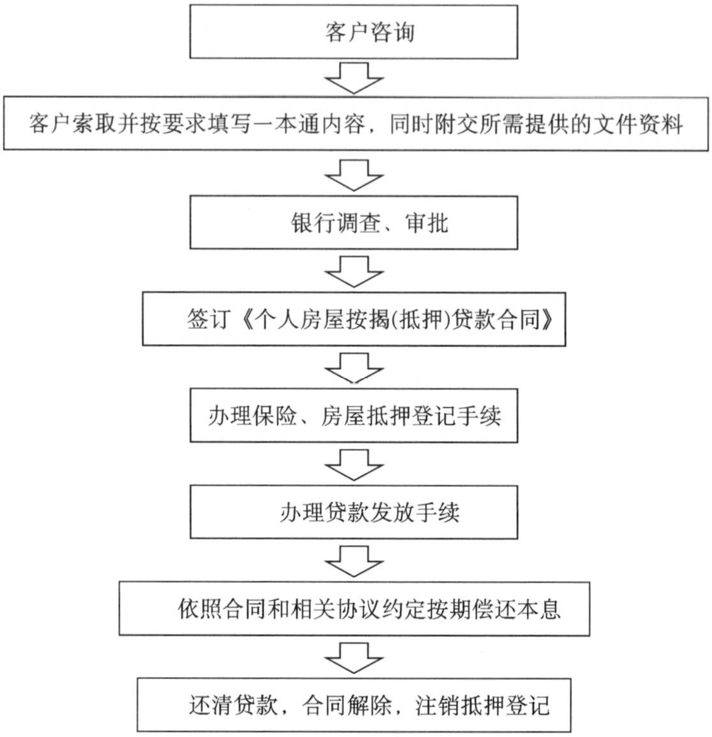

图 1-1-2　一手房商业贷款流程

1. 贷款申请

借款人向银行提出个人住房贷款申请，填写《个人住房贷款申请表》，并向贷款银行提交以下资料：

（1）身份证件（居民身份证、户口簿或其他有效居留证件）及婚姻状况证明。

（2）不低于房价规定比例的首付款缴付凭证（发票或收据）。

（3）贷款银行认可部门出具的借款人经济收入或偿债能力证明。

（4）借款人及其配偶的人行征信系统信用记录报告（授权贷款人查询及记录查询结果）。

（5）符合规定的购买住房合同、协议或其他批准文件。

（6）抵押物或质押物清单、权属证明、有处分权人同意抵押或质押的证明和抵押物估价证明。

（7）借款人及房屋共有人同意抵押的证明资料。

（8）保证人同意提供担保的书面文件及保证人的资信证明。

（9）以储蓄存款作为自筹资金的，需提供银行存款凭证。

（10）贷款银行要求提供的其他文件和资料。

贷款行收到借款人提交的资料后，经初步审查同意受理的，安排个人贷款部门客户经理进行调查。

2. 贷前调查

贷款行正式受理借款申请后，应及时进行贷前调查，采用现场调查、询问等方式进行全面的审查、评估。对借款人的调查，应由客户经理独立完成，不得交给开发商、经销商或其他中介机构代理。

调查主要针对借款申请人递交的《个人住房贷款申请表》和所提供证明及资料的真实性、有效性和合法性展开，并着重对以下资料进行审查：

1）资料审查

（1）身份证件的审查。银行审查借款人的身份证件是否真实有效，是否经有权部门签发，是否在有效期内，与户口簿上的有关要素是否一致，与借款人的情况是否相符。

（2）借款人偿债能力证明材料的审查。主要审查薪资收入的证明、投资收入证明、财产收入证明、信用记录证明等情况，核查借款人偿还贷款本息的能力。要求住房贷款的月房产支出与收入比应控制在50%以下（含），月所有债务支出与收入比控制在55%以下（含），需要在收入比中将配偶、共同借款人的收入计算在内的，也应将其债务一并计入。

（3）购买房屋的协议书或合同书的审查。合同双方真实、有效、合法，标的物的真实合法性，双方的责任、权利完整、有效，双方签章合法、有效，购房人与借款人姓名一致，实地调查所购住房的地址、面积、售价、交房日期双方明确、合理。

（4）首付款缴付凭证的审查。主要审查首付款缴付凭证，如发票或收据、已交房款的进账单或现金交款单是否真实、有效，对一手房贷款借款人是否已支付规定比例的首付款进行验证。

（5）抵押品合法性和价值审查。要求确定抵押担保是否足额有效，须认真调查核实抵押房屋的现状、房屋用途、房屋权属状况和交易价格，确保抵押物合法，抵押价值合理，变现能力强。抵押物共有人是否出具同意抵押的合法文件。

（6）商用房贷款的审查。商用房贷款须严格调查交易的真实背景、投资风险，了解商用房地段的升值潜力，客户经理应根据借款人购买商用房的用途（出租或经营），对商用房商业氛围、经营前景、借款人从业经验等方面有针对性地进行调查。

（7）贷款期限的审查。贷款期限是否符合规定，贷款期限加上借款人年龄是否超过规定的年限。

2）资信调查

调查借款人的资信情况，主要根据借款人提供的资料，查询个人征信报告并与借款人面谈，对借款人的资信进行综合评价。

（1）借款人主体资格审查。判断借款人的民事行为能力，核实借款人的年龄、职业、健康状况。

（2）通过中国人民银行人信用信息基础数据库、银行个贷系统、查询借款人房贷次数、信用记录和其他负债情况，如借款人的银行贷款有如下情况之一，且不能提供银行认可的情况说明，银行应严格审慎审批该笔贷款：①现有贷款状态为逾期；②拖欠本息记录累计超过3次；③信用卡有恶意透支。

在调查中还应特别注意对以下情况作重点核实，以避免骗贷、套贷情况的发生：①多个借款申请人具有某一共性，例如同是开发商或施工单位职工、亲属，或者收入证明由同一家单位开出，或者来自异地同一地区等；②向借款申请人工作单位调查其情况时，所提供的工作单位证明不存在或者查无此人；③申请贷款所购买房屋的价格与该地区同类楼盘价格相比存在异常；④借款申请人对所购买房屋情况不了解；⑤借款人收入明显不符合实际情况；⑥再交易住房的交易双方有亲属或连带关系。

客户经理对借款人调查后，符合条件的，完成调查报告，提出初步意见并上报资料，报支行审贷部门审核后，上报分行有审批权部门审批。

3. 贷款审批

贷款金额在贷款行审批权限以内，由贷款行行长审批；贷款金额在贷款行审批权限以外，经贷款行行长审批同意后，报上级行信贷审批机构审批。

审查中应重点关注以下问题：

(1) 借款人和保证人的身份与资格是否真实有效，借款人是否符合贷款条件。

(2) 借款人和保证人提供的资料是否真实有效。

(3) 借款用途是否符合规定要求。

(4) 借款人的家庭经济收入是否真实，是否具有按期偿还贷款本息的能力。

(5) 借款保证人是否具有担保能力，提供的抵(质)押物是否足额有效。

(6) 贷款金额、成数、期限是否符合规定。

(7) 借款人和房产经销商提供的材料是否正确、完整、合规。

(8) 客户经理对借款人的资信状况的评价分析是否准确合理。

(9) 贷款风险分析是否客观合理。

(10) 其他需要审查的事项。

4. 签订合同

经审批同意，贷款行与借款人及有关当事人签订《个人住房(商用房)借款合同》、担保合同，列出抵押物清单，并签署一式两份的《划款扣款授权书》或《委托转账付款授权书》，办理抵押登记和公证等相关手续。

5. 贷款发放

(1) 银行核实贷款发放条件。经审批同意发放的个人住房贷款，贷款行与借款人及有关当事人签订借款合同和担保合同后，必须认真落实有关贷款的发放条件。

(2) 银行为借款人开立贷款账户。个人住房贷款账户的开立和贷款的发放是同时进行的，这一阶段的业务操作是在贷款银行的前台完成的。营业机构前台会计部门根据《个人贷款发放通知书》《提款通知单》等，在系统开户放款功能中开立个人贷款账户。

(3) 借助直接提款和专项提款两种方式最终完成贷款发放。其中直接提款即依据借款合同将贷款划转到借款人在经办行开立的储蓄存款账户；专项提款即依据借款合同以转账方式将贷款直接划转到开发商等在银行开立的存款账户上。

6. 划付贷款

在上述手续办理完毕后，贷款行将贷款划入借款人在贷款行开立的账户内，再根据《划款扣款授权书》或《委托转账付款授权书》的授权，将贷款一次性从借款人账户划入开发商账号。

相关人员在个贷系统上记账，全部资料按档案目录顺序整理成卷。

7. 贷后管理

经办行应按照相关规定及时对个人住房贷款进行风险分类，并建立贷后管理制度。

贷后管理的主要内容：

(1) 借款人依合同约定归还贷款本息情况。

(2) 借款人有无骗取贷款行为。

(3) 借款人品行、职业、收入和住所等影响还款能力的因素变化情况。

(4) 抵(质)押物保管及其价值变化情况。

(5) 有关合同及其相关资料的完整性和有效性，有无与法律、法规和制度相抵触。需要变更、修改、补充的。

(6) 信贷资产风险变化情况及趋势。

(7) 房地产开发商相关情况。

(8) 其他相关信息。

8. 贷款回收

借款人按合同约定的等额本金或等额本息还款方式开始还款，正常还款操作程序：

借款人可以采取委托扣款方式和柜台还款方式偿还贷款本息。

(1) 委托扣款程序：签订委托扣款协议→每月生成委托扣款数据→后台发出统一扣款指令→委托扣款数据返回→批量入账(目前主要采用这种方式)。

(2) 柜台还款程序：办理缴存→填制还款单→收妥入账→打印还款凭证→交借款人回单。

借款人将现金和现金交款单(或支票、信用卡、储蓄卡)交柜台经办人员打印个人住房贷款还款凭证，回单退借款人。

知识链接

对借款申请人还款能力的判断：如何确定住房贷款每月还款额

《商业银行房地产贷款风险管理指引》中关于住房贷款每月还款额的规定：

商业银行应着重考核借款人还款能力。应将借款人住房贷款的月房产支出与收入比控制在50%以下(含50%)，月所有债务支出与收入比控制在55%以下(含55%)。

房产支出与收入比的计算公式为：(本次贷款的月还款+月物业管理费)÷月均收入。

所有债务与收入比的计算公式为：(本次贷款的月还款额+月物业管理费+其他债务月均偿付额)÷月均收入。

对银行实际操作，一般来讲，月均还款金额以不超过借款人家庭总收入的50%为宜。根据经验，还要求借款人家庭收入总额减去月均还款额之差除以借款人家庭总人口的数额要大于(等于)当地人均月消费额。计算公式为：(借款人家庭收入总额－月均还款额)÷家庭总人数≥当地人均月消费额。

实验案例

一、基本信息

案例类型：住房按揭贷款
案例名称：林杰申请住房按揭贷款
贷款业务终结设置：结清
贷款账号：54030123987455932
借款借据中还款账号：54030123987455922
贷款利率：6.14%
上浮比例：0
案例编号：P001

二、个人贷款信息

月均还款额：7 820.74 元
结清日期：贷款放款日起 120 个月
归还本金：700 000.00 元
合计本息：938 488.74 元
欠息金额：0

三、案例描述

林杰，公司职员，已婚，家庭月均收入 15 000.00 元，主要为薪资收入，家庭金融资产 350 000.00 元，家庭其他资产 150 000.00 元。该客户向银行申请首套住房按揭（商业性一手房）贷款，金额 700 000.00 元，期限 10 年，利率 6.14%，选择按月等额本息还款法，以所购价值 1 000 000.00 元的期房所抵押；该贷款按时还本付息，到期结清。

操作流程与内容

住房按揭贷款业务系统操作流程（如图 1-1-3 所示）。

第一步：查看《银行信贷实验教学平台》中“住房按揭贷款”内相应的案例详情以及相关单据，进行“案例申请”操作。

第二步：申请案例后，在《银行信贷实验教学平台》中“客户管理”模块下“客户信息管理”中，进行“建立客户”操作。

第三步：“建立客户”后，在《银行信贷实验教学平台》中“客户管理”模块下“客户信息管理”中进行“信用等级评估”操作。

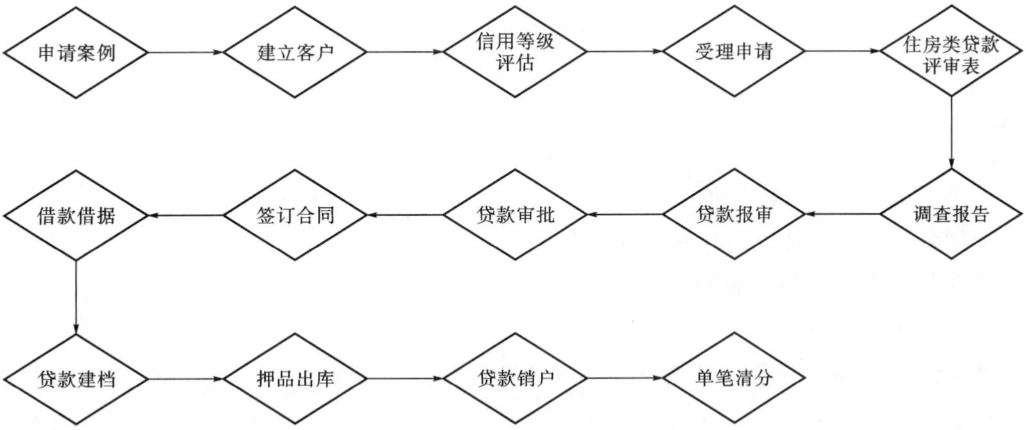

图 1-1-3　住房按揭贷款业务系统操作流程图

第四步："信用等级评估"后，在《银行信贷实验教学平台》中"业务管理"模块下"贷前调查"中进行"受理申请"操作。

第五步："受理申请"后，在《银行信贷实验教学平台》中"业务管理"模块下"贷前调查"中进行"住房类贷款评审表"操作。

第六步："住房类贷款评审表"填写完毕后，在《银行信贷实验教学平台》中"业务管理"模块下"贷前调查"中进行"调查报告"操作。

第七步："调查报告"填写完毕后，在《银行信贷实验教学平台》中"业务管理"模块下"贷前调查"中进行"贷款报审"操作。

第八步："贷款报审"操作完毕后，在《银行信贷实验教学平台》中"业务管理"模块下"贷款审批"中进行"贷款审批"操作。

第九步："贷款审批"操作完毕后，在《银行信贷实验教学平台》中"业务管理"模块下"贷款发放"中进行"签订合同"操作。

第十步："签订合同"操作完毕后，在《银行信贷实验教学平台》中"业务管理"模块下"贷款发放"中进行"借款借据"和"建档"操作。

第十一步："借款借据"和"建档"操作完毕后，在《银行信贷实验教学平台》中"业务管理"模块下"贷款销户＋押品出库"中进行"押品出库"和"贷款销户"操作。

第十二步："押品出库"和"贷款销户"操作完毕后，在《银行信贷实验教学平台》中"五级清分"模块下"单笔清分"中进行"单笔清分"操作。

至此，住房按揭贷款案例操作完毕。

链接 1-1-1　住房按揭贷款业务

实验练习

一、基本信息

案例类型：住房按揭贷款
案例名称：谭一林申请住房按揭贷款
贷款业务终结设置：结清
贷款账号：55032014209834891
借款借据中还款账号：55032014209834899
贷款利率：6.14%
上浮比例：0
案例编号：P009

二、个人贷款信息

月均还款额：6 811.51 元
贷款结清日期：贷款放款日起 180 个月
归还本金：800 000.00 元
合计本息：1 226 072.40 元
欠息金额：0

三、案例描述

谭一林，公司职员，已婚，家庭月均收入 20 000.00 元，主要收入为薪资收入，家庭金融资产 550 000.00 元，家庭金融资产 250 000.00 元。该客户向银行申请首套住房按揭(商业性一手房)贷款，金额 800 000.00 元，期限 15 年，利率 6.14%，选择按月等额本息还款法，以所购价值 1 050 000.00 元的期房所抵押；该贷款按时还本付息，到期结清。

实验项目二 二手房贷款业务

实验目的

学生通过二手房贷款业务相关知识的学习和业务操作，了解二手房贷款方面的法律、法规，理解银行对该贷款风险的控制与管理要求，掌握银行对该贷款业务处理内容、要求和程序。

实验内容与要求

学生根据系统提供的案例数据与要求，在业务操作系统上完成二手房贷款的业务流程操作。

实验指导

实验知识

个人住房商业性二手房贷款。二手房是相对于一手房而言的房产，二手房(按揭)贷款房产类型是购房人以在住房二级市场上交易的楼宇作抵押，向银行申请贷款。

一、二手房贷款和一手房贷款的区别

（一）贷款额度不同

通常情况下二手房贷款额度会低于新房贷款，因为二手房还受到房龄的限制。

（二）贷款计算方法不同

一手房在办理新房贷款首付的时候是按照购房时的市场价格作为参考的，并根据个人贷款次数和个人贷款的信誉程度进行多方面的审核来制定贷款比例，即：首付款＝总房款－客户贷款额。

二手房在办理房屋贷款是根据二手房评估作为参考的，一般二手房评估价低于市场价，评估价大多为二手房市场价值的80%～90%，即：二手房净首付＝实际成交价－客户贷款额，其中净首付款为不包括税费和中介服务佣金的首付款。因此，二手房首付一般要比一手房的高。

（三）贷款期限不同

70年产权的房屋，一手房贷款年限是房贷的最高贷款期限最长为30年，申请者年龄

和贷款期限之和不超过70年。二手房贷款期限不超过30年，且与借款人年龄之和不超过65年(具体情况由各省市确定)。

（四）贷款银行不同

一手房贷款由开发商指定的合作银行办理贷款；二手房贷款可以由购房人自行选择贷款银行。

二、贷款条件

(1) 具有城镇常住户口或有效居留身份。

(2) 具有稳定的职业和收入，信用良好，有偿还贷款本息的能力。

(3) 具有购买住房的合同或协议。

(4) 能够支付不低于购房全部价款后房屋评估价50%的首期付款。

(5) 同意以所购房屋作为抵押物，或提供贷款行认可的资产作为抵押物或质物，或有具备担保资格和足够代偿能力的单位或个人作为偿还贷款本息并承担连带责任的保证人。

(6) 贷款银行规定的其他条件。

三、贷款额度

原则上讲，二手房贷款的最高额不能超过抵押房屋评估价格即其确认价格和成交价格两者中较低者的70%。

对于竣工3年以内并且房屋价值稳定或者升值的商品房，借款人如果受过高等教育，职业收入前景优良，贷款的最高金额不能超过抵押房屋评估价格即确认价格和成交价格两者中较低者的80%。

四、贷款程序

（一）签订合同

购房人与卖房人签订《商品房买卖合同》并确定是否用贷款方式购买。合同应进行网签。

（二）贷款申请

借款人向银行提出贷款申请，客户经理向申请人说明申贷程序，解释申贷文件，并要求申请人准备相关申贷资料。

（三）准备并提交资料

1. 买房人资料

(1) 借款人及其配偶的身份证明文件(包括身份证、护照、军官证等)。

(2) 借款人及其配偶的户籍证明文件(包括户口簿或其他有效居留证件等)。

(3) 借款人婚姻状况证明(包括结婚证、离婚证、法院判决书等)。

(4) 收入证明(包括工作单位出具的个人收入证明、收入流水单、纳税凭证等)。

(5) 借款人家庭资产证明(包括银行存单、不动产证明、有价证券等)。

(6) 买卖双方签订的房屋交易合同。

(7) 借款人及共有人同意以所购房屋作抵押的文件。

(8) 交易房产的评估报告。

2. 卖房人资料

(1) 卖房人及其配偶的身份证明文件(包括身份证、护照、军官证等)。

(2) 卖房人及其配偶的户籍证明文件(包括户口簿或其他有效居留证件等)。

(3) 卖房人婚姻状况证明(包括结婚证、离婚证、法院判决书等)。

(4) 交易房产的房产证。

(5) 房屋共有人同意出售房产的文件。

(6) 如房屋已出租,须提供承租户放弃优先购买权的书面文件。

借款申请人按银行要求准备资料并交给客户经理,客户经理审核全部资料的原件,留存复印件,并在复印件上签署"原件审核无误"字样,同时签署名字和日期。

(四) 贷前调查

1. 贷前调查目的

(1) 确定申请人购房行为的真实性。

(2) 评估申请人持续还款的能力。

2. 贷前调查方式

(1) 通过面谈。

(2) 通过书面资料。

(3) 通过电访、家访或实地走访。

(4) 通过互联网。

3. 贷前调查内容(包括但不限于)

(1) 了解并核实借款申请人的购房意愿是否真实。方式:面谈、电访或家访。

(2) 了解并核实借款申请人的工作情况、收入水平,以及家庭资产负债情况。以分析工作及收入的稳定性,以及家庭经济的稳定性。方式:面谈、书面资料或互联网。

(3) 了解并分析借款申请人的购房目的,如自住、商住、出租等。方式:面谈、书面资料。

(4) 审核担保手续是否完备。

(5) 审核申贷资料是否齐全。

(6) 登录当地房地产交易管理网,查询商品房交易的登记情况。

(7) 登录人行征信系统,查询借款申请人及其配偶的《个人信用报告》,并打印留存。

(8) 由银行联系指定的房地产评估机构前去验房做评估。

4. 逐笔面审

(1) 审核所有资料的原件。

(2) 指导借款申请人和相关人签署法律文件。

(3) 了解借款申请人的相关情况。

(4) 为借款申请人提供一站式咨询服务。

面审时需要了解的问题:①申请人的工作情况、收入情况,同时了解其行业情况,通过相关信息分析申请人工作及收入的稳定性、合理性以及还款能力;②申请人的具体状况,包括家庭成员,供养人口情况等,通过相关信息分析申请人的家庭稳定性、经济稳定性;③申请人目前的居住状况购房目的,所购房屋的家庭情况,通过相关信息分析申请人购房目的和购房真实性;④申请人和其家人的联系方式,便于银行进行相关服务和信息核实。

(五) 支行审查审批

(1) 客户经理根据贷前调查情况,撰写《风险评估书》,并签署意见。

(2) 整理资料,编制档案目录。

(3) 支行审查人和支行行长依次审批,签署意见。

《风险评估书》(《个人贷款调查报告》)的内容:①申请人基本情况分析。说明申请人及其关联人的工作及收入情况,并分析其真实性及合理性;说明申请人的家庭情况;说明申请人的居住情况;说明对相关信息的核实方式;②申请人的借款用途。说明申请人的借款用途,并分析其真实性及合理性;③抵押物状况或担保情况。说明抵押物的现状,测算抵押率;如有其他担保方式,应具体说明担保手续办理情况;④申请人的还款来源和还款意愿。说明申请人的还款来源,计算申请人收入与负债比率,分析其还款能力;通过相关信息分析其还款意愿;⑤客户经理对是否贷款或贷款方案的初步意见。

(六) 分行审查审批

(1) 审查人、部门负责人、主管行长三级审批。

(2) 客户经理应认真阅读分行批复,落实相关要求。

(3) 报卷退卷均须登记。

(七) 交首付,办理房屋产权过户

买卖双方在贷款行开立账户,购房者将首期购房款足额存入贷款行指定的账户。然后到房地产交易中心,凭首付款证明、银行出具的按揭申请审查承诺函等资料办理房屋产权过户。过户当天便可完成,买方再等待 20 个工作日左右可以领取房产证。

(1) 客户经理应了解过户手续的办理过程。

(2) 客户经理应审核契税发票和过户收件单的原件。

(八) 签订合同

银行对贷款申请人的资质进行审核,符合条件后,银行根据房屋评估价格,综合借款人的资质进行贷款额度、期限等方面的审批。经贷款行调查、审查和审批后,借款人与贷款行签订借款合同和《划款扣款授权书》。

(1) 所有合同均须面签。

(2) 所有合同不得涂改。

(九) 出账前审核

(1) 全部合同等法律文件必须填写完整(必填项)。

(2) 全部合同等法律文件必须签署正确(借款人、抵押人、保证人等)。

(3) 全部资料按档案目录顺序整理成卷。

(4) 登录个贷系统,打印《贷款发放通知书》,加盖个人信贷业务专用章。

(5) 填写《贷款转账凭证》和《提款申请审批表(代借据)》。

(6) 进行支行内部的相关审批。

(7) 编制贷款账号,开立贷款账户。

(8) 填写《个人贷款业务出账审核审批表》。

(9) 认真核对分行批复,检查是否已经落实相关放款要求。

(10) 所有资料上报审核部门审核,审核通过后办理放款事项。

(十) 贷款发放

(1) 提交资料。将合同、批复、借据(加盖个人信贷业务专用章)、贷款转账凭证、出账前审批表(加盖审核专用章)、贷款发放通知书提交贷款放款部门,作为出账划款的依据。

(2) 出账划款。放款部门确认资料无误后,进行划账处理。将贷款划入借款人在贷款行开立的贷款账户内,再根据《划款扣款授权书》的授权,将贷款一次性从借款人账户划入售房者账号。

(3) 相关人员在个贷系统上记账,全部资料按档案目录顺序整理成卷。

(十一) 办理抵押登记、保险

(1) 相关部门或个人办理房产抵押登记手续。

(2) 移交产权证明。

借款人将已办妥抵押登记手续的房屋所有权证、房屋他项权证和所购房屋的保险单(正本),一并交贷款行抵押。

(十二) 贷后管理

经办行应按照相关规定及时对个人住房贷款进行风险分类,并建立贷后管理制度。

贷后管理的主要内容:

(1) 借款人依合同约定归还贷款本息情况。

(2) 借款人有无骗取贷款行为。

(3) 借款人品行、职业、收入和住所等影响还款能力的因素变化情况。

(4) 抵(质)押物保管及其价值变化情况。

(5) 有关合同及其相关资料的完整性和有效性,有无与法律、法规和制度相抵触,需要变更、修改、补充的。

(6) 信贷资产风险变化情况及趋势。

(7) 其他相关信息。

(十三) 贷款回收

借款人按合同约定的等额本金或等额本息还款方式开始还款,程序与一手房一致。

知识链接

住房按揭贷款还款方式

1. 等额本息

这是最为普遍，也是大部分银行长期推荐的方式。把按揭贷款的本金总额与利息总额相加，然后平均分摊到还款期限的每个月中。作为还款人，每个月还给银行固定金额，但每月还款额中的本金比重逐月递增、利息比重逐月递减。

举例来说，假设需要向银行贷款 20 万元，还款年限为 15 年，按照大部分银行的利率，选择等额本息贷款，每个月大约还 1 707 元。初始的两三年，1 707 元中大约 80%以上是归还银行的利息部分。

采用这种还款方式，每月还相同的数额，作为贷款人，操作相对简单。每月承担相同的款项也方便安排收支。尤其是收入处于稳定状态的家庭，买房自住，经济条件不允许前期投入过大，可以选择这种方式。公务员、教师等职业属于收入和工作机会相对稳定的群体，很适合这种还款方式。

但是，它也有缺陷，由于利息不会随本金数额归还而减少，银行资金占用时间长，还款总利息较以下要介绍的等额本金还款法高。

2. 等额本金

等额本金还款，又称利随本清、等本不等息还款法。贷款人将本金分摊到每个月内，同时付清上一交易日至本次还款日之间的利息。这种还款方式相对等额本息而言，总的利息支出较低，但是前期支付的本金和利息较多，还款负担逐月递减。

举例来说，同样是从银行贷款 20 万元，还款年限 15 年，选择等额本金还款，每月需要偿还银行本金 1 111 元左右，首月利息为 918 元，总计首月偿还银行 2 200 元，随后，每个月的还款本金不变，利息逐渐随本金归还减少。

使用等额本金还款，开始时每月负担比等额本息要重。尤其是在贷款总额比较大的情况下，相差可能达千元。但是，随着时间推移，还款负担逐渐减轻。这种方式很适合收入较高，但是已经预计到将来收入会减少的人群。实际上，很多中年以上的人群，经过一段时间事业打拼，有一定的经济基础，考虑到年纪渐长，收入可能随着退休等其他因素减少，就可以选择这种方式进行还款。

实验案例

一、基本信息

案例类型：二手房贷款
案例名称：江一林申请二手房贷款
贷款业务终结设置：结清
贷款账号：55040302339845823

借款借据中还款账号：5504030233984582
贷款利率：6.14%
上浮比例：0
案例编号：P002

二、个人贷款信息

月均还款额：9 698.98 元
结清日期：贷款放款日起 60 个月
归还本金：500 000.00 元
合计本息：581 939.00 元
欠息金额：0

三、案例描述

江一林，公司职员，已婚，家庭月收入 10 300.00 元，主要收入为薪资收入，家庭金融资产 150 000.00 元，家庭其他资产 570 000.00 元。该客户向银行申请商业性二手房贷款，金额 500 000.00 元，期限 5 年，利率 6.14%，选择按月等额本息还款法，以所购评估价值为 997 240.00 元的房产作抵押；该笔贷款能够按时还本付息，到期结清。

操作流程与内容

二手房贷款业务系统操作流程（如图 1-2-1 所示）。

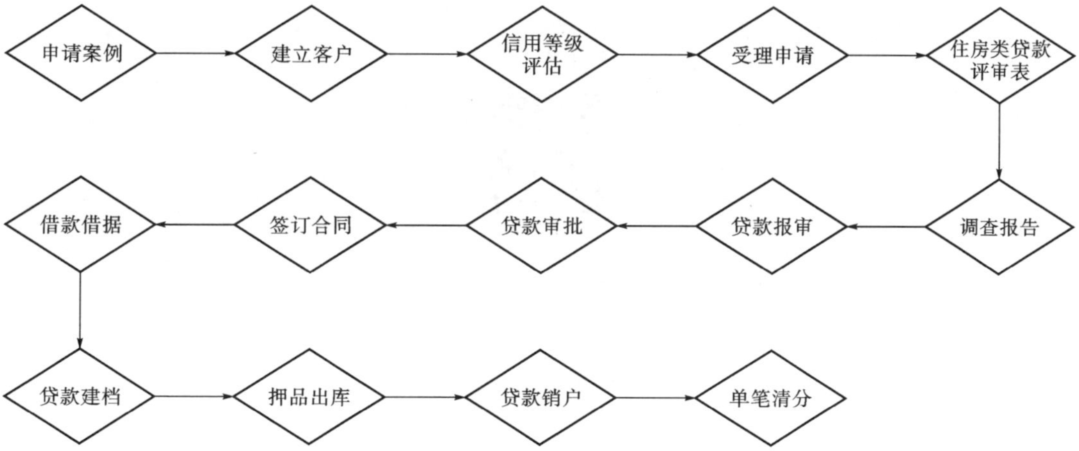

图 1-2-1　二手房贷款业务系统操作流程图

第一步：查看《银行信贷实验教学平台》中“二手房贷款”内相应的案例详情以及相关单据，进行“案例申请”操作。

第二步：申请案例后，在《银行信贷实验教学平台》中“客户管理”模块下“客户信息管理”中，进行“建立客户”操作。

第三步：“建立客户”后，在《银行信贷实验教学平台》中“客户管理”模块下“客户信息管理”中进行“信用等级评估”操作。

第四步：“信用等级评估”后，在《银行信贷实验教学平台》中“业务管理”模块下“贷前调查”中进行“受理申请”操作。

第五步：“受理申请”后，在《银行信贷实验教学平台》中“业务管理”模块下“贷前调查”中进行“住房类贷款评审表”操作。

第六步：“住房类贷款评审表”填写完毕后，在《银行信贷实验教学平台》中“业务管理”模块下“贷前调查”中进行“调查报告”操作。

第七步：“调查报告”填写完毕后，在《银行信贷实验教学平台》中“业务管理”模块下“贷前调查”中进行“贷款报审”操作。

第八步：“贷款报审”操作完毕后，在《银行信贷实验教学平台》中“业务管理”模块下“贷款审批”中进行“贷款审批”操作。

第九步：“贷款审批”操作完毕后，在《银行信贷实验教学平台》中“业务管理”模块下“贷款发放”中进行“签订合同”操作。

第十步：“签订合同”操作完毕后，在《银行信贷实验教学平台》中“业务管理”模块下“贷款发放”中进行“借款借据”和“建档”操作。

第十一步：“借款借据”和“建档”操作完毕后，在《银行信贷实验教学平台》中“业务管理”模块下“贷款销户＋押品出库”中进行“押品出库”和“贷款销户”操作。

第十二步：“押品出库”和“贷款销户”操作完毕后，在《银行信贷实验教学平台》中“五级清分”模块下“单笔清分”中进行“单笔清分”操作。

至此，二手房贷款案例操作完毕。

链接 1-2-1　二手房贷款业务

实验练习

一、基本信息

案例类型：二手房贷款

案例名称：曾强申请二手房贷款

贷款业务终结设置：结清

贷款账号：55044403298712983

借款借据中还款账号：55044403298712988

贷款利率：6.14%

上浮比例：0

案例编号：P010

二、个人贷款信息

月均还款额：5 027.62 元

结清日期：贷款放款日起 120 个月

归还本金：450 000.00 元

合计本息：603 314.20 元

欠息金额：0

三、案例描述

曾强，公司职员，已婚，家庭月均收入 8 500.00 元，主要收入为薪资收入，家庭金融资产 200 000.00 元，家庭其他资产 1 150 000.00 元；该客户向银行申请商业性二手房贷款，金额 450 000.00 元，期限 10 年，利率 6.14%，选择按月等额本息还款法，以所购评估价值为 750 000.00 元的房产作抵押；该笔贷款能够按时还本付息，到期结清。

实验项目三　商用房贷款业务

实验目的

学生通过商用房贷款业务相关知识的学习和业务操作，了解商用房贷款方面的法律、法规，理解银行对该贷款风险的控制与管理要求，掌握银行对商用房贷款业务处理内容、要求和程序。

实验内容与要求

学生根据系统提供的案例数据与要求，在业务操作系统上完成商用房贷款的业务流程操作。

实验指导

实验知识

商用房是指商业用途的房屋，包括各类商店、门市部、饮食店、粮油店、菜场、理发店、照相馆、浴室、旅社、招待所等从事商业和为居民生活服务所用的房屋，以及办公用房，如写字楼、商住两用房等；还包括车库。

一、商住房和公寓的区别

（1）概念不同。商住房就是既可以居住也可以作为商用的商住楼房。公寓是商业地产投资中的一种居住地产形式，空间大小适当、布局规范紧凑，经济实用，相当于学校宿舍、出租公寓。

（2）产权年限不同。因为商住房属于经营性用地，所以不能享受 70 年产权，缴纳一定费用，到期后自动续期。而公寓按照用地性质不同，产权年限也各不相同。比如商业用地一般产权为 40 年；如果是住宅性用地，产权年限为 70 年。

二、商住房和住宅房的区别

（1）土地性质。商住房的土地性质一般为商业用地或者是综合用地，而普通住宅的土地性质为住宅用地。

（2）使用年限。商住房的产权一般是 40 年，而住宅房的产权是 70 年。

(3) 产权到期。《中华人民共和国物权法》(以下简称《物权法》)有过规定：住宅使用权到期后，自动延续。而非住宅的，要根据相关法律规定，做出有偿补偿，现在还没有明确规定，也许将来会出台相应的政策。

(4) 水电费用。一般商用房的水电费用按照商业用水和电的价格来计算。而住宅房的水电费用是按照民用水电来计算的。

(5) 落户。根据相关的法律法规，只有70年产权的住宅用地才可以落户，而商住房由于产权问题是不能落户的。

三、商用房贷款

个人商用房贷款是指贷款人向借款人发放的购置自营商业用房和自用办公用房的贷款。

(一) 贷款期限

个人商用房贷款期限最长不超过10年，且贷款到期日借款人年龄不超过70周岁。

(二) 贷款额度

个人商用房贷款额度最高不得超过房地产评估机构评估价值或实际合同成交价(以低值为准)的50%；商住两用房贷款额度不超过所购商用房认定价值的55%。

(三) 贷款条件

(1) 自然人须有城镇常住户口或有效居留证件。

(2) 信用良好，具有按期偿还贷款本息的能力。

(3) 有银行认可的资产作为抵押或质押，或有足够代偿能力的单位或个人作为偿还贷款本息、并承担连带责任的保证人。

(4) 有购买商用房或办公用房的合同或协议。

(5) 所购商用房或办公用房价格基本符合银行或其委托的房地产估价机构评估的价格。

(6) 自筹资金不低于总购房款的50%。

(7) 银行规定的其他条件。

(四) 贷款程序

个人商用房贷款操作程序根据所购的是一手商用房还是二手商用房，参照个人住房商业性贷款的一手房贷款和二手房贷款操作程序办理。

知识链接

中国人民银行征信中心个人信用报告

中国人民银行征信中心作为中国人民银行的直属事业单位，统一负责我国个人和企业征信系统的建设、运行和管理。

个人征信系统记录了客户与银行之间发生的信贷交易的历史信息，只要客户在银行办理过信用卡、贷款、为他人贷款担保等信贷业务，他在银行登记过的基本信息和账户信息就会通过商业银行的数据报送而进入个人征信系统，从而形成了客户的信用报告。

知识链接

个人信用报告

个人信用报告是征信机构出具的记录个人过去信用信息的文件，是个人的“经济身份证”，它可以帮助交易对方了解信用状况，方便达成经济金融交易。

个人信用报告中的信息主要有6个方面：公安部身份信息核查结果、个人基本信息、银行信贷交易信息、非银行信用信息、本人声明及异议标注和查询历史信息。

个人信用报告的使用目前仅限于商业银行、依法办理信贷的金融个人信用报告机构（主要是住房公积金管理中心、财务公司、汽车金融公司、小额信贷公司等）和人民银行，消费者也可以在人民银行征信平台——个人信用信息服务平台获取到自己的信用报告。

实验案例

一、基本信息

案例类型：商用房贷款
案例名称：姚灵申请商用房贷款
贷款业务终结设置：结清
贷款账号：55043201987612365
借款借据中还款账号：55043201987612355
贷款利率：5.60%
上浮比例：0
案例编号：P004

二、个人贷款信息

月均还款额：19 656.67 元
归还借款支出：0
结清日期：贷款放款日起 36 个月
归还本金：650 000.00 元
合计本息：707 640.02 元
欠息金额：0

三、案例描述

姚灵，个体工商户，已婚，家庭月均收入 36 000.00 元，家庭金融资产 650 000.00 元，家庭其他资产 1 200 000.00 元。该客户向银行申请商用房贷款，金额 650 000.00 元，期限 3 年，利率 5.60%，以所购价值 1 600 000.00 元房产作抵押，选择按月等额本息还款方式；该笔贷款能够按时还本付息，到期结清。

操作流程与内容

商用房贷款业务系统操作流程(如图 1-3-1 所示)。

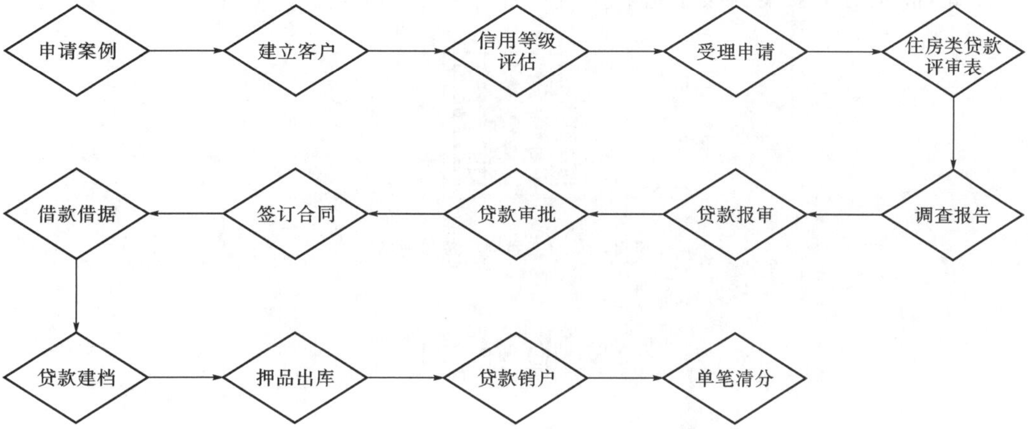

图 1-3-1　商用房贷款业务系统操作流程图

第一步：查看《银行信贷实验教学平台》中“商用房贷款”内相应的案例详情以及相关单据，进行“案例申请”操作。

第二步：申请案例后，在《银行信贷实验教学平台》中“客户管理”模块下“客户信息管理”中，进行“建立客户”操作。

第三步：“建立客户”后，在《银行信贷实验教学平台》中“客户管理”模块下“客户信息管理”中进行“信用等级评估”操作。

第四步：“信用等级评估”后，在《银行信贷实验教学平台》中“业务管理”模块下“贷前调查”中进行“受理申请”操作。

第五步：“受理申请”后，在《银行信贷实验教学平台》中“业务管理”模块下“贷前调查”中进行“住房类贷款评审表”操作。

第六步：“住房类贷款评审表”填写完毕后，在《银行信贷实验教学平台》中“业务管理”模块下“贷前调查”中进行“调查报告”操作。

第七步：“调查报告”填写完毕后，在《银行信贷实验教学平台》中“业务管理”模块下“贷前调查”中进行“贷款报审”操作。

第八步：“贷款报审”操作完毕后，在《银行信贷实验教学平台》中“业务管理”模块下“贷款审批”中进行“贷款审批”操作。

第九步：“贷款审批”操作完毕后，在《银行信贷实验教学平台》中“业务管理”模块下“贷款发放”中进行“签订合同”操作。

第十步：“签订合同”操作完毕后，在《银行信贷实验教学平台》中“业务管理”模块下“贷款发放”中进行“借款借据”和“建档”操作。

第十一步："借款借据"和"建档"操作完毕后，在《银行信贷实验教学平台》中"业务管理"模块下"贷款销户＋押品出库"中进行"押品出库"和"贷款销户"操作。

第十二步："押品出库"和"贷款销户"操作完毕后，在《银行信贷实验教学平台》中"五级清分"模块下"单笔清分"中进行"单笔清分"操作。

至此，商用房贷款案例操作完毕。

链接 1-3-1　商用房贷款业务

实验练习

一、基本信息

案例类型：商用房贷款

案例名称：左林申请商用房贷款

贷款业务终结设置：结清

贷款账号：55043021129823772

借款借据中还款账号：5504302112982377

贷款利率：5.60％

上浮比例：0

案例编号：P011

二、个人贷款信息

月均还款额：28 728.98 元

结清日期：贷款放款日起 36 个月

归还本金：950 000.00 元

合计本息：1 034 243.11 元

欠息金额：0

三、案例描述

左林，个体工商户，已婚，家庭月均收入 36 000.00 元，家庭金融资产 500 000.00 元，家庭其他资产 1 500 000.00 元。该客户向银行申请商用房贷款，金额 950 000.00 元，期限 3 年，利率 5.60％，以所购价值 1 250 000.00 元房产作抵押，还款方式为按月等额本息还本付息；该笔贷款能够按时还本付息，到期结清。

实验项目四 家居装修贷款业务

实验目的

学生通过家居装修贷款业务相关知识的学习和业务操作，了解家居装修贷款方面的法律、法规，理解银行对该贷款风险的控制与管理要求，掌握银行对该贷款业务处理内容、要求和程序。

实验内容与要求

学生根据系统提供的案例数据与要求，在业务操作系统上完成家居装修贷款的业务流程操作。

实验指导

实验知识

家居装修贷款即个人住房装修贷款，是指贷款人向借款人发放的用于自身住房装修的贷款。

一、贷款期限

家居装修贷款期限最短为半年，最长不超过 5 年(含 5 年)。

二、贷款额度

家居装修贷款额度的起点为人民币 5 000 元(含 5 000 元)，最高不得超过 15 万元(含 15 万元)。其中，采取抵押方式担保的，贷款额度不超过抵押物价值的 70%，采用质押方式担保的，贷款额度不超过质押物价值的 80%，同时不超过实际装修费用的 70%。

三、担保方式

家居装修贷款担保方式有抵押、质押、保证。

四、还款方式

家居装修贷款期限在 1 年以内的(含 1 年)，实行到期一次还本付息法；贷款期限在 1

年以上的，贷款偿还采用等额本金、等额本息还款法，按月支付本金和利息。

五、贷款方式

（一）个人无抵押贷款

个人无抵押贷款的用途相对多，住房装修是其中的一种用途，且不需要抵押物、审批速度相对快。只要申请人有稳定的工作和收入，个人信用情形良好，就能申请个人无抵押贷款来用于装修。不过一般贷款额度不会太高，一般来说最高能贷到月收入的10倍左右。

（二）房屋抵押贷款

申请人如有能用于抵押的房屋，就能采用房屋抵押贷款的方式来获得装修贷款。需要注意，贷款买的房屋一般是不能再次用于抵押来获得贷款的。这类贷款方式一般利率相对更低，并且贷款额度较高；缺点是必须要有房屋用作抵押才能贷款，且申办步骤较烦琐。

注意：公积金贷款不能用于家居装修。

六、贷款条件

（1）具有本市城镇常住户口或有效居留身份。

（2）具有稳定的职业和经济收入，信用良好，有偿还贷款本息的能力。

（3）具有购买住房行为或拥有自有住房。

（4）持有装饰工程或购买装饰产品合同。

（5）有银行认可的作为抵（质）押的资产，或有具备足够代偿能力的单位或个人作为承担连带责任的保证人。

（6）愿意接受银行提出的其他合理要求。

七、贷款程序

（一）贷款申请

借款申请人向银行提出借款申请时需填写《个人住房装饰借款申请书》，同时向银行交验有关证明和资料：

（1）个人及配偶身份证、户口簿及其他有效居留证件原件。

（2）银行认可的具有固定职业和稳定经济收入的证明。

（3）银行认可的装修协议或合同，以及装修工程预算表。

（4）以资产作抵押或质押的，应提供抵押物、质物清单和有处分权人（包括财产共有人）签署的同意抵押、质押的承诺或声明。对抵押物须提交由有权部门出具的价值评估报告和保险部门的保险文件，对质押物须提供所有权证明文件。以第三方担保的，应出具保证人同意担保的书面文件及有关资信证明资料。

（5）不低于装修工程总额20％～30％的银行存款凭证或以自筹资金支付工程总额20％～30％以上的付款证明。

（6）贷款人要求提供的其他证明文件和资料。

（二）银行审批

银行对借款人交验的有关证明和资料的真实性、合法性及资信程度进行调查、审查、审批通过后，承诺贷款。

（三）签订合同

借贷双方签订《个人住房装修贷款合同》和相应的担保合同。以住房作抵押的借款人应办理《个人住房抵押合同》的公证，抵押住房保险和房地产抵押登记手续。

（四）担保收押

贷款行在办妥借款担保手续或收押《房地产其他权利证明》后办理放款手续。

（五）贷款发放

银行受借款人委托，按借款合同约定的时间，以支付装修用款名义将贷款资金以转账方式划至装潢公司或销售装饰产品单位在银行开立账户。

（六）贷款回收

借款人按合同约定的还款方式进行还款。

实验案例

一、基本信息

案例类型：家居装修贷款
案例名称：傅伟申请家居装修贷款
贷款业务终结设置：结清
贷款账号：55043021449812093
借款借据中还款账号：55043021449812033
贷款利率：5.10%
上浮比例：0
案例编号：P003

二、个人贷款信息

月均还款额：0
贷款结清日期：贷款放款日起 6 个月
归还本金：100 000.00 元
合计本息：102 550.00 元
欠息金额：0

三、案例描述

傅伟，公司职员，已婚，家庭月均收入 9 100.00 元，主要为薪资收入，家庭金融资产 200 000.00 元，家庭其他资产 13 200 000.00 元。该客户向银行申请家居装修贷款，金额

100 000.00 元，期限 6 个月，利率 5.10%，以评估价值为 1 100 000.00 元的自有房产作抵押，到期一次还本付息，该笔贷款到期结清。

操作流程与内容

家居装修贷款业务系统操作流程(如图 1-4-1 所示)。

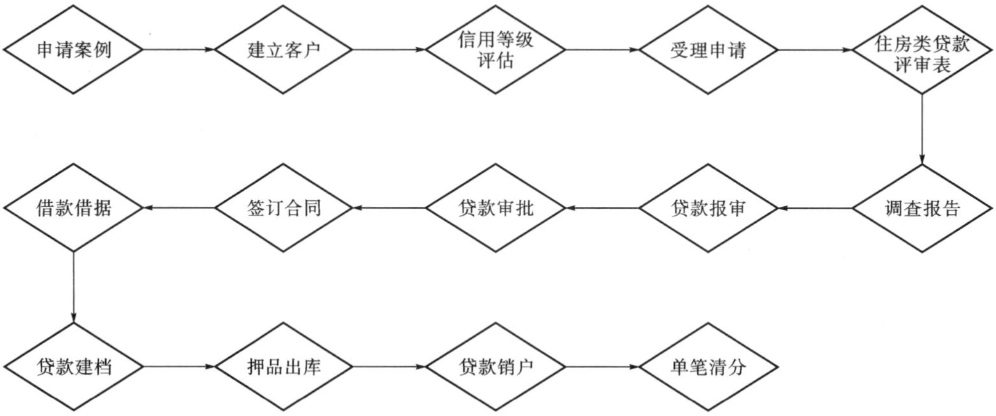

图 1-4-1　家居装修贷款业务系统操作流程图

第一步：查看《银行信贷实验教学平台》中“家居装修贷款”内相应的案例详情以及相关单据，进行“案例申请”操作。

第二步：申请案例后，在《银行信贷实验教学平台》中“客户管理”模块下“客户信息管理”中，进行“建立客户”操作。

第三步：“建立客户”后，在《银行信贷实验教学平台》中“客户管理”模块下“客户信息管理”中进行“信用等级评估”操作。

第四步：“信用等级评估”后，在《银行信贷实验教学平台》中“业务管理”模块下“贷前调查”中进行“受理申请”操作。

第五步：“受理申请”后，在《银行信贷实验教学平台》中“业务管理”模块下“贷前调查”中进行“住房类贷款评审表”操作。

第六步：“住房类贷款评审表”填写完毕后，在《银行信贷实验教学平台》中“业务管理”模块下“贷前调查”中进行“调查报告”操作。

第七步：“调查报告”填写完毕后，在《银行信贷实验教学平台》中“业务管理”模块下“贷前调查”中进行“贷款报审”操作。

第八步：“贷款报审”操作完毕后，在《银行信贷实验教学平台》中“业务管理”模块下“贷款审批”中进行“贷款审批”操作。

第九步：“贷款审批”操作完毕后，在《银行信贷实验教学平台》中“业务管理”模块下“贷款发放”中进行“签订合同”操作。

第十步：“签订合同”操作完毕后，在《银行信贷实验教学平台》中“业务管理”模块下

“贷款发放”中进行“借款借据”和“建档”操作。

第十一步：“借款借据”和“建档”操作完毕后，在《银行信贷实验教学平台》中“业务管理”模块下“贷款销户＋押品出库”中进行“押品出库”和“贷款销户”操作。

第十二步：“押品出库”和“贷款销户”操作完毕后，在《银行信贷实验教学平台》中“五级清分”模块下“单笔清分”中进行“单笔清分”操作。

至此，家居装修贷款案例操作完毕。

链接 1-4-1 家居装修贷款业务

实验练习

一、基本信息

案例类型：家居装修贷款

案例名称：郑洪申请家居装修贷款

贷款业务终结设置：展期

贷款账号：55043302109823784

借款借据中还款账号：55043302109823788

贷款利率：5.10％

上浮比例：0

案例编号：P012

二、个人贷款信息

月均还款额：0

展期期限：1 个月

展期后到期日期：展期日起 1 个月

展期后利率：5.56％

三、案例描述

郑洪，公司职员，未婚，家庭月均收入 5 000.00 元，主要为薪资收入，家庭金融资产 100 000.00 元，家庭其他资产 650 000.00 元。该客户向银行申请家居装修贷款，金额 50 000.00元，期限 6 个月，利率 5.10％，以评估价值为 650 000.00 元的自有房产作抵押，到期一次还本付息；该笔贷款到期未能按期偿还，已批准展期 1 个月。

实验项目五　消费类汽车贷款业务

实验目的

学生通过消费类汽车贷款业务相关知识的学习和业务操作，了解消费类汽车贷款方面的法律、法规，理解银行对该贷款风险的控制与管理要求，掌握银行对该贷款业务处理内容、要求和程序。

实验内容与要求

学生根据系统提供的案例数据与要求，在业务操作系统上完成消费类汽车贷款的业务流程操作。

实验指导

实验知识

消费类汽车贷款是指银行向借款人发放的用于购买不以营利为目的的自用汽车的人民币贷款。(这里所指的消费类汽车贷款仅指一手车贷款，二手车贷款不在论述之列)

一、贷款期限

自然人消费类汽车贷款期限最长不超过5年(含5年)。

二、贷款利率

消费类汽车贷款利率按照中国人民银行规定的同期贷款利率执行，并允许贷款银行在人民银行规定的利率，实行上下浮动。

三、还款方式

消费类汽车贷款期限在1年以内的(含1年)，实行到期一次还本付息法；贷款期限在1年以上的，贷款偿还采用等额本金、等额本息还款法，按月支付本金和利息。

四、担保方式

银行不接受自然人保证的担保方式，可用以下担保方式：

(1) 以所购汽车(使用最普遍)、不动产等抵押的抵押方式。

(2) 以存单、国债等质押的质押方式。

(3) 以担保公司、经销商等为保证人的保证方式。

五、贷款额度

(1) 借款人以国债、金融债券、国家重点建设债券、银行认可的有价证券质押的,或由银行、保险公司提供连带责任保证的,贷款金额不得超过质押物价值的90%。

(2) 借款人以所购汽车作为抵押物的,贷款金额不超过购车款的80%。

(3) 借款人以本人或第三方不动产抵押申请贷款的,贷款金额不得超过购车款的70%。

(4) 借款人以第三方(银行、保险公司除外)保证方式担保的,贷款最高额可达到购车款的60%。

六、消费类汽车贷款中借款人应具备的基本条件

(1) 年满18周岁具有完全民事行为能力的中国公民,持有本市常住户口或有效居留身份证明,有固定和详细的住址。

(2) 具有稳定的职业和偿还贷款本息的能力,信用良好;有足够代偿能力,或者可以提供有效的抵押物、质押物以及第三方保证担保。

(3) 在贷款银行开立活期储蓄存款账户,存有不低于规定数额的首期购车款。

(4) 贷款行规定的其他条件。

七、主要模式

消费类汽车贷款主要模式(如图1-5-1所示)。

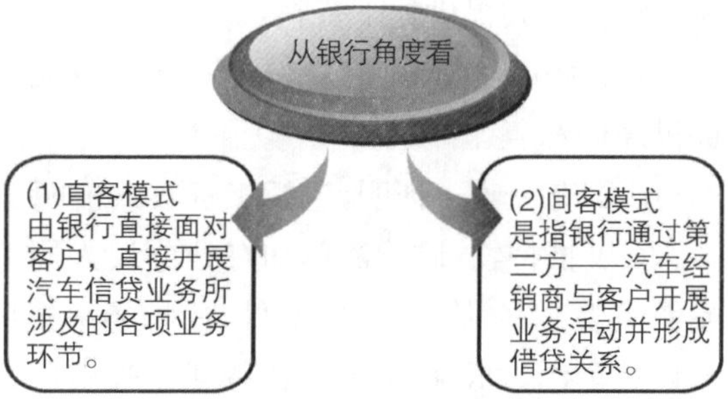

图1-5-1　消费类汽车贷款主要模式

(一) 直客模式:以银行为主导的“直客式”贷款的发放

直客式车贷是指的是购车人“先贷款,后买车”,有意贷款购车的客户,直接向银行提出贷款申请,通过与银行面对面沟通,在商定切合自身实际情况的贷款方案后取得贷款,再完成购车并落实抵押担保的汽车消费贷款模式。

“直客式”车贷流程。客户到银行网点咨询→如有贷款购车意向,向银行提交相关材料、填写个人汽车贷款借款申请书→银行调查、审核、审批→客户与银行签订借款合同和担保合同→银行开具《贷款核准通知书》→客户到经销商处选购汽车→交首付款以及相关费用→签订购车合同书→将首付收据交给银行→银行代理公证、保险事宜→银行代理提车、上户和办理抵押登记手续→银行放款、客户提车。

（二）间客模式：以经销商为主导的“间客式”贷款的发放

间客式车贷是指的是购车人“先买车，后贷款”，由汽车经销商向购车人提供全程担保，并负责对购车人进行资信调查、帮助其向银行申请贷款、代银行收缴车款本息。购车人不需和银行进行接触，而是由经销商作为中介办理各项事宜，间接和银行发生借贷关系，故称“间客式”。

“间客式”车贷流程。客户向经销商咨询→客户决定购买并选车→初审→与银行交换意见→银行调查、审核、审批→准予贷款→交首付款以及相关费用→签订购车合同书→经销商代理公证、保险事宜→客户提车。

（三）直客式与间客式个人汽车贷款的区别

（1）担保要求不同。间客式贷款一般由汽车经销商或担保公司承担全程连带保证担保责任；直客式贷款无需经销商或担保公司承担保证担保责任。

（2）贷款途径不同。间客式贷款由担保人向银行提交有关贷款的申请资料，提出贷款申请。直客式贷款是借款人直接向银行提交有关贷款申请资料，提出贷款申请。

（3）贷款费用不同。间客式贷款除了贷款利息，还需要向担保人缴纳一定的手续费，直客式贷款只需要向银行支付相应的利息费用。

（4）办理时间不同。间客式贷款由担保人负责办理，流程比较清楚，且与银行有一定的合作，办理时间更短。直客式贷款需要借款人自行准备各类资料，审批办理时间较长。

八、“直客式”消费类汽车贷款基本程序

（一）贷款申请

借款人填写《个人汽车消费贷款借款申请书》，向借款行正式提出借款申请，经办人员应要求借款人提供如下资料：

（1）居民身份证明（身份证）、户籍证明（户口簿）、居住证明（房产证），上述资料均需提供原件和复印件。

（2）有关收入证明，包括工资收入证明、家庭收入或财产证明等。

（3）抵押物、质物清单和有处分权人同意抵押、质押的证明，抵押物还须提交所有权或使用权证书、估价、保险文件，质物还须提供权利凭证，保证人同意保证的文件。对于以所购汽车作为抵押物的，不需提供上述资料。

（4）储蓄专柜开出的购车首期存款证明。

（5）贷款行要求提供的其他资料。

（二）贷款调查

经办行在受理借款申请后，应当对借款人和保证人的资信情况、资料的真实性、偿还能力、还款方式等进行调查。

（1）调查内容。①核实借款人提供的资料是否齐全；②核实借款人所提供的资料原件是否真实有效，原件与复印件是否吻合，资料之间是否一致；③核实借款人的资信及收入状况，保证人是否有保证能力；④核实抵押物或质物的所有权是否属于抵押人或出质

人，是否已设定抵押及其他相关情况。

（2）形成贷款意见。①经办人员调查后，对拟提供贷款的，根据借款人收入水平、偿债能力、担保情况，确定贷款金额、贷款期限和担保方式等事项；②直接在贷款银行汽车消费贷款审批表（个人）上提出贷款意见；③经办人员提出贷款意见或撰写好调查审批报告后，连同借款人申请资料送审批部门审批。

（三）贷款审批

对不符合贷款条件的，经办行在贷款申请受理后15个工作日内通知借款人；对符合贷款条件的，提出贷款额度、期限、利率、担保方式、还款方式等具体意见，及时通知借款人办理贷款担保及保险手续，签订借款合同。

（四）签订合同

贷款行与借款人面签借款合同和担保合同。

（五）贷款发放

（1）银企双方签约后，银行开具《贷款核准通知书》，协助借款人选择汽车经销商，由客户到经销商处选车，交首付款以及相关费用，与经销商签订购车合同书，将将首付收据交给银行。

（2）贷款发放到账后，将款项划入经销商账户。经办行客户经理持银行进账单（全额购车款）陪同借款人到经销商处提车，并到车辆管理所办理上牌及抵押登记手续，最后到公证机关办理合同公证手续。借款人还必须在贷款行推荐的保险公司购买“机动车辆综合保险”。

（3）贷款车辆的购车发票、保险单据、抵押登记证书、合同公证证书由经办行收齐后，按重要凭证管理规定入库管理。

（六）贷后管理

（1）贷款发放后，借款人按合同约定的还款方式按月归还贷款本息。

（2）经办行应按照相关规定及时对贷款进行风险分类，并建立贷后检查制度。

（3）贷款发放后，应对借款人、保证人和抵押物情况进行跟踪检查，了解借款人的职业、收入变动情况等，并将检查情况作贷后记录。

（七）贷款回收

（1）贷款的偿还可以采取用信用卡或储蓄卡（银行卡）结算的方式。经办行在签订借款合同时，与借款人同时签订《转账还贷委托划款协议》，并为其办理信用卡或储蓄卡（银行卡）。借款人只需在还款日（贷款扣划日）之前将当期应还本金额存入信用卡或储蓄所卡（银行卡），由经办行在还款日集中划收。

（2）借款人如提前归还贷款本息，应提前1个月通知贷款银行，并征得贷款银行同意。

（3）借款本息偿还完毕，《借款合同》自行终止。经办行在《借款合同》终止30日内办理抵押登记注销手续，并将物权证明等凭证退还给借款人。

实验案例

一、基本信息

案例类型：消费类汽车贷款
案例名称：张强申请汽车消费贷款
贷款业务终结设置：展期
贷款账号：55043210987656904
借款借据中还款账号：55043210987656900
贷款利率：5.10%
上浮比例：0
案例编号：P005

二、个人贷款信息

月均还款额：0
展期期限：1个月
展期后到期日期：展期日起1个月
展期后利率：5.56%

三、案例描述

张强，公司职员，家庭月均收入15 000元，主要为薪资收入，家庭金融资产35 000.00元，家庭其他资产1 000 000.00元。该客户向银行申请汽车贷款，金额100 000.00元，期限6个月，利率5.10%，以评估价值为11 000 000.00元的自有住房作抵押，到期一次还本付息。该笔贷款未能到期偿还，已批准展期1个月。

操作流程与内容

消费类汽车贷款业务系统操作流程（如图1-5-2所示）。

第一步：查看《银行信贷实验教学平台》中“消费类汽车贷款”内相应的案例详情以及相关单据，进行“案例申请”操作。

第二步：申请案例后，在《银行信贷实验教学平台》中“客户管理”模块下“客户信息管理”中，进行“建立客户”操作。

第三步：“建立客户”后，在《银行信贷实验教学平台》中“客户管理”模块下“客户信息管理”中进行“信用等级评估”操作。

第四步：“信用等级评估”后，在《银行信贷实验教学平台》中“业务管理”模块下“贷前调查”中进行“受理申请”操作。

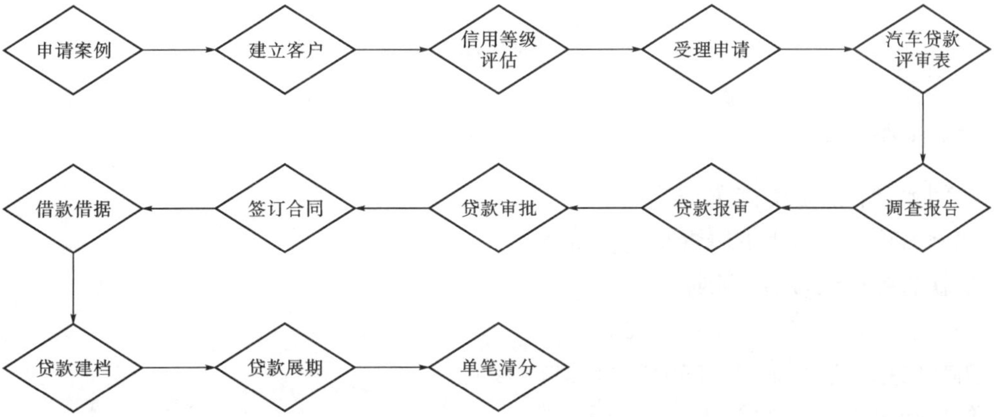

图 1-5-2 消费类汽车贷款业务系统操作流程图

第五步："受理申请"后，在《银行信贷实验教学平台》中"业务管理"模块下"贷前调查"中进行"汽车贷款评审表"操作。

第六步："汽车贷款评审表"填写完毕后，在《银行信贷实验教学平台》中"业务管理"模块下"贷前调查"中进行"调查报告"操作。

第七步："调查报告"填写完毕后，在《银行信贷实验教学平台》中"业务管理"模块下"贷前调查"中进行"贷款报审"操作。

第八步："贷款报审"操作完毕后，在《银行信贷实验教学平台》中"业务管理"模块下"贷款审批"中进行"贷款审批"操作。

第九步："贷款审批"操作完毕后，在《银行信贷实验教学平台》中"业务管理"模块下"贷款发放"中进行"签订合同"操作。

第十步："签订合同"操作完毕后，在《银行信贷实验教学平台》中"业务管理"模块下"贷款发放"中进行"借款借据"和"建档"操作。

第十一步："借款借据"和"建档"操作完毕后，根据案例信息，该笔贷款未能到期偿还，已批准展期，所以需在《银行信贷实验教学平台》中"贷款展期"模块下进行"贷款展期"操作。

第十二步："押品出库"和"贷款出库"操作完毕后，在《银行信贷实验教学平台》中"五级清分"模块下"单笔清分"中进行"单笔清分"操作。

至此，消费类汽车贷款案例操作完毕。

链接 1-5-1 消费类汽车贷款业务

实验练习

一、基本信息

案例类型：消费类汽车贷款
案例名称：刘丽华申请汽车消费贷款
贷款业务终结设置：逾期
贷款账号：55043301201123906
借款借据中还款账号：55043301201123900
贷款利率：5.10%
上浮比例：0
案例编号：P013

二、个人贷款信息

月均还款额：0
逾期本金：60 000.00 元
逾期利息：1 530.00 元
连续第几次逾期：1 次
逾期天数：5 天

三、案例描述

刘丽华，公司职员，家庭月均收入 5 000.00 元，主要为薪资收入，家庭金融资产 100 000.00 元，家庭其他资产 1 100 000.00 元。该客户向银行申请汽车贷款，金额 60 000.00元，期限 6 个月，利率 5.10%，以评估价值为 865 000.00 元的自有住房作抵押，到期一次还本付息。该笔贷款未能到期偿还，已逾期。

实验项目六　营运类汽车贷款业务

实验目的

学生通过营运类汽车贷款业务相关知识的学习和业务操作，了解营运类汽车贷款方面的法律、法规，理解银行对该贷款风险的控制与管理要求，掌握银行对该贷款业务处理内容、要求和程序。

实验内容与要求

学生根据系统提供的案例数据与要求，在业务操作系统上完成营运类汽车贷款的业务流程操作。

实验指导

实验知识

营运类汽车贷款是指商业银行向借款人发放的用于购买以盈利为目的，从事正当的生产经营活动的汽车贷款。（这里所指的营运汽车贷款仅指一手车贷款，二手车贷款不在论述之列）

营运类汽车根据借款人申请贷款所购车辆的用途，主要划分为客运车、货运车和工程车。

一、贷款期限

（1）客运车贷款期限一般不超过 3 年，符合相应条件的最长不超过 4 年。

（2）货运车和工程车贷款期限一般不超过 2 年，符合相应条件的最长不得超过 3 年。

二、贷款限额

（1）客运车贷款限额，原则上控制在所购车辆价格的 60%以内。

（2）运车和工程车贷款的最高贷款限额，原则上控制在所购车辆价格的 50%以内。

三、贷款利率

根据贷款期限长短按中国人民银行公布的相应档次贷款利率执行，在中国人民银行公布的基准利率基础上一律不得下浮。

四、还款方式

个人营运类汽车贷款必须采取按月等额本金或等额本息还款方式，不可采取到期一次性还本付息的还款方法。

五、贷款担保

银行不接受自然人保证的担保方式，可用以下担保方式：

(1) 所购车辆抵押。

(2) 房地产抵押。

(3) 汽车经销商、担保公司或汽车制造商等法人担保。

(4) 存单或者其他符合银行规定的有价证券质押。

(5) 银行认可的其他担保方式。

六、贷款条件

(1) 中华人民共和国公民。

(2) 具有完全民事行为能力。

(3) 具有有效身份证明、当地固定住所和详细住址。

(4) 具有足够、可靠的还本付息能力和合法收入来源。

(5) 个人信用良好。

(6) 提供经办行认可的购车合同或协议。

(7) 提供经办行认可的抵(质)押物或有足够代偿能力的个人或单位提供第三方不可撤销的连带责任保证。

(8) 借款人有与购买营运车种类相适应的经营许可证明(如道路运输经营许可证、运输证等)。

(9) 借款人能够提供贷款用途、营运内容、当前和历史营运情况的证明(包括但不限于租赁协议、承包合同、运输单据等)。

(10) 支付相关规定的购车首付款的证明。

(11) 经办行规定的其他条件。

七、贷款程序

(一) 贷款申请

借款人填写《个人借款申请书》，向借款行正式提出借款申请，经办人员应要求借款人提供如下资料：

(1) 贷款申请人及配偶身份证、户口簿或其他有效居留证件原件，并同时提供其复印件。

(2) 职业和经济收入证明、家庭基本状况(包括但不限于单位或居委会、村委会等开具的)以及财产证明。

(3) 与经销商签订的购车协议或合同。

(4) 担保所需的证明或文件,包括但不限于以下文件:①抵(质)押物清单和有处分权人(含财产共有人)同意抵(质)押的证明;②有权部门出具的抵押物所有权或使用权证明、银行认可部门出具的书面估价证明、同意保险的文件;③质押物须提供权利证明文件;④担保人同意履行连带责任担保的文件、有关资信证明资料。

(5) 营运内容、当前和历史营运情况的证明(包括但不限于租赁协议、承包合同、车辆挂靠运输车队的挂靠协议、运输协议等)。

(6) 能够支付购车首付款的证明。

(7) 所购车辆用途说明及相应的收益预测说明。

(8) 贷款行要求提供的其他文件资料。

(二) 贷款调查

贷款行收到借款申请后,应对借款人和担保人的资信状况、还款能力、担保能力以及第一、第二还款来源,经营市场预期以及提供文件资料的真实性、有效性、完整性进行调查和核实。

(1) 借款人身份、经济状况和借款用途的调查。包括借款人资格是否符合贷款行的要求;借款人职业和收入的稳定程度;判断借款申请人的购车行为的真实性。

(2) 贷款行要求借款人授权查询其在人民银行的个人征信系统的记录,作为贷前调查的重要依据。

(3) 采用抵押担保方式的,应调查:抵押物的合法性;抵押人对抵押物占有的合法性;抵押物价值与存续状况。

(4) 采用质押担保方式的,应调查:质押权利的合法性;出质人对质押权利占有的合法性。

(5) 采用保证担保方式的,应调查:保证人是否具备《中华人民共和国担保法》(以下简称《担保法》)规定的保证资格;保证人为法人的,要调查保证人是否具备保证人资格,是否具有代偿能力;保证人为自然人的,应要求保证人提交相关资料,并查验其真实性、保证人与借款人的关系;明确保证人保证责任的落实,查验保证人具有保证意愿并确知其承担的保证责任。

(6) 调查方式须采用面谈,申请的客户按100%的比例进行家访,并可采取电话回访等辅助性手段进行贷前调查。贷款行可将调查的结果与汽车经销商或担保公司等合作方提供的调查结果进行核对与校验,但不得将贷前调查业务外包第三方中介机构或完全依赖于第三方机构的调查结论。

调查中应注意的问题:①核实借款人提供的资料是否齐全,原件与复印件是否吻合,是否在有效期内,各资料之间是否保持一致性等;②核实借款人提供的个人资信及收入状况资料的真实有效性;③落实其家庭住址及居住稳定情况;④对借款人的申请资料内容的安全性进行检查。

贷款行客户经理应根据调查的内容和申请资料进行整理和分析,重点审查营运的总额;按月回笼现金、其他收入来源的可靠性、期限匹配性;提出是否同意贷款的明确意见及贷款额度、贷款期限、贷款利率、担保方式、还款方式等方面的建议;形成对借款人还款能力、还款意愿担保情况以及其他情况的书面初步调查意见,并按审批程序、审批权限报相应部门和有权审批人审批。

(三) 贷款审批

对符合贷款条件的,提出贷款额度、期限、利率、担保方式、还款方式等具体意见,及时通知借款人办理贷款担保及签订借款合同。

(四) 签订合同

贷款行与借款人面签借款合同和抵(质)押合同。

(五) 抵押登记

所购车辆抵押的,借款人到车辆管理所办理汽车抵押登记手续;房产抵押的,到房产经营中心办理抵押登记手续,并将抵押登记证明移交贷款行。

(六) 贷款保险

以所购车辆作为抵押物的,应至少包括以下投保险种:①机动车辆损失险;②盗抢险;③第三者责任险;④自燃险;⑤不计免赔责任险;⑥其中借款人购买客运车的,必须投保旅客责任险;⑦经办行要求的其他险种。

必须按银行的要求办理抵押物保险,保险期不得短于借款期限,投保金额不得低于贷款本金和利息之和,保险单应注明银行为第一受益人,保险单不得有任何有损贷款人权益的限制条件。贷款本息还清之前,保险单正本应由贷款行保管。

(七) 贷款发放

在签订《借款合同》《抵(质)押合同》或《保证合同》已生效并落实了相应担保手续后,采用委托支付方式,贷款行根据借款人的授权将贷款从借款人的贷款账户上划至指定的车辆经销商账户,并监督使用。

(八) 贷后管理

经办行应按照相关规定及时对贷款进行风险分类,并建立贷后检查制度。

贷款发放后,应对借款人、保证人和抵押物情况进行跟踪检查,了解借款人的职业、收入变动情况、营运情况等,并将检查情况作贷后记录。

(九) 贷款回收

个人营运类汽车贷款必须采取按月等额本金或等额本息还款方式,不可采取到期一次性还本付息的还款方式。

(1) 贷款偿还方式和还本付息计划应在《借款合同》中明确约定。

(2) 客户可根据需要选择还款方式,但一笔借款只能选择一种还款方式,合同签订后,未经银行同意不得更改。

(3) 贷款发放后,借款人按合同约定的还款方式按月归还贷款本息。

实验案例

一、基本信息

案例类型：营运类汽车贷款

案例名称：周江申请营运类汽车贷款，购车做营运用

贷款业务终结设置：结清

贷款账号：55041230987504321

借款借据中还款账号：55041230987504311

贷款利率：5.10%

上浮比例：0

案例编号：P006

二、个人贷款信息

月均还款额：0

结清日期：贷款放款日起 6 个月

归还本金：100 000.00 元

合计本息：102 550.00 元

欠息金额：0

三、案例描述

周江，公司职员，已婚，家庭月均收入 10 000.00 元，主要收入为薪资收入，家庭金融资产 220 000.00 元，家庭其他资产 850 000.00 元。向银行申请汽车贷款，用于营运，金额 100 000.00 元，期限 6 个月，利率 5.10%，以自有评估价值为 850 000.00 元的房产作抵押，到期一次还本付息，该笔贷款到期一次还本付息，正常结清。

操作流程与内容

营运类汽车贷款业务系统操作流程(如图 1-6-1 所示)。

第一步：查看《银行信贷实验教学平台》中“营运类汽车贷款”内相应的案例详情以及相关单据，进行“案例申请”操作。

第二步：申请案例后，在《银行信贷实验教学平台》中“客户管理”模块下“客户信息管理”中，进行“建立客户”操作。

第三步：“建立客户”后，在《银行信贷实验教学平台》中“客户管理”模块下“客户信息管理”中进行“信用等级评估”操作。

第四步：“信用等级评估”后，在《银行信贷实验教学平台》中“业务管理”模块下“贷前

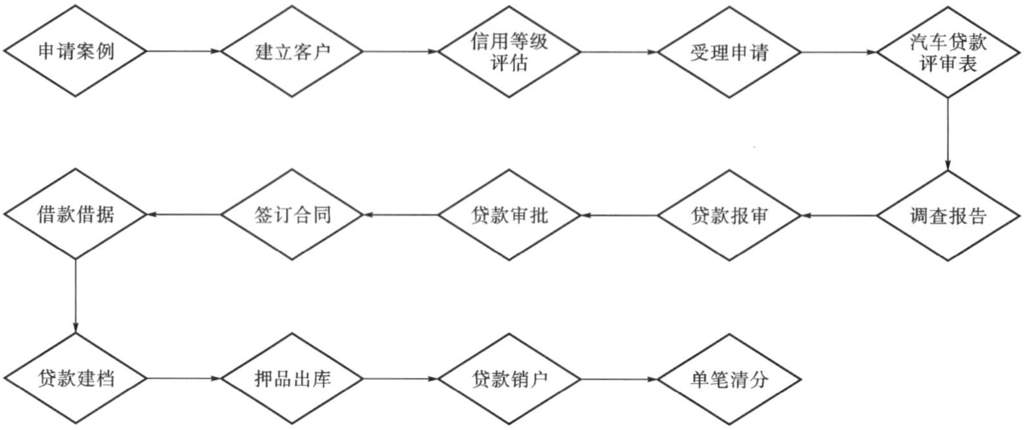

图 1-6-1　营运类汽车贷款业务系统操作流程图

调查”中进行“受理申请”操作。

第五步：“受理申请”后，在《银行信贷实验教学平台》中“业务管理”模块下“贷前调查”中进行“汽车贷款评审表”操作。

第六步：“汽车贷款评审表”填写完毕后，在《银行信贷实验教学平台》中“业务管理”模块下“贷前调查”中进行“调查报告”操作。

第七步：“调查报告”填写完毕后，在《银行信贷实验教学平台》中“业务管理”模块下“贷前调查”中进行“贷款报审”操作。

第八步：“贷款报审”操作完毕后，在《银行信贷实验教学平台》中“业务管理”模块下“贷款审批”中进行“贷款审批”操作。

第九步：“贷款审批”操作完毕后，在《银行信贷实验教学平台》中“业务管理”模块下“贷款发放”中进行“签订合同”操作。

第十步：“签订合同”操作完毕后，在《银行信贷实验教学平台》中“业务管理”模块下“贷款发放”中进行“借款借据”和“建档”操作。

第十一步：“借款借据”和“建档”操作完毕后，在《银行信贷实验教学平台》中“业务管理”模块下“贷款销户＋押品出库”中进行“押品出库”和“贷款销户”操作。

第十二步：“押品出库”和“贷款销户”操作完毕后，在《银行信贷实验教学平台》中“五级清分”模块下“单笔清分”中进行“单笔清分”操作。

至此，营运类汽车贷款案例操作完毕。

链接 1-6-1　营运类汽车贷款业务

实验练习

一、基本信息

案例类型：营运类汽车贷款

案例名称：邓兵申请营运类汽车贷款，购车做营运用

贷款业务终结设置：结清

贷款账号：55044403201189034

借款借据中还款账号：55044403201189033

贷款利率：5.10%

上浮比例：0

案例编号：P014

二、个人贷款信息

月均还款额：0

结清日期：贷款放款日起 5 个月

归还本金：80 000.00 元

合计本息：82 190.00 元

欠息金额：0

三、案例描述

邓兵，公司职员，已婚，家庭月均收入 6 000.00 元，主要为薪资收入，家庭金融资产 350 000.00 元，家庭其他资产 1 150 000.00 元。向银行申请汽车贷款，用于营运，金额 8 万元，期限 5 个月，利率 5.10%，以自有评估价值为 1 150 000.00 元的房产作抵押，该笔贷款到期一次还本付息，正常结清。

实验项目七 个人存单、凭证式国债质押贷款业务

实验目的

学生通过个人存单、凭证式国债质押贷款业务相关知识的学习和业务操作，了解这类贷款方面的法律、法规，理解银行对这类贷款风险的控制与管理要求，掌握银行对这类贷款业务处理内容、要求和程序。

实验内容与要求

学生根据系统提供的案例数据与要求，在业务操作系统上完成个人存单、凭证式国债质押贷款的业务流程操作。

实验指导

实验知识

个人存单质押贷款是客户以未到期的定期储蓄存单作为质押，从银行取得贷款，到期归还贷款本息的一种存贷结合的业务。

国债主要分为凭证式和电子式，国债质押贷款是指借款人以未到期的国债作质押，从商业银行取得人民币贷款，到期归还贷款本息的一种贷款业务。

一、贷款期限

个人存单，凭证式国债质押贷款期限最长为 1 年，并不得超过质押存单和国债的到期日。若为多张存单质押，可按距离到期日最近者确定贷款期限。

二、贷款金额

个人存单质押贷款额度起点金额为 1 000 元，存单质押贷款金额上限原则上不得超过存单本金的 90%。外币存单质押贷款不超过存单金额的 80%；国债质押贷款额度起点一般为 5000 元，凭证式国债质押每笔贷款不超过质押品面额的 90%，电子式国债质押每笔贷款不超过质押品面额的 100%。

三、还款方式

个人存单,凭证式国债质押贷款还款方式为到期利随本清。

四、贷款利率

个人存单,凭证式国债质押贷款利率按各银行总行利率授权相关规定执行。

五、质押担保

(1) 所有权有争议、已作担保、挂失、或被依法冻结、止付的权利凭证不得作为质押物;未成年人名下的定期存单、凭证式国债不得作为质押物。

(2) 质押担保的范围包括贷款本金、利息、罚金、损害赔偿金、违约金以及其他实现质权可能产生的费用。

六、贷款条件

(1) 年龄18周岁(含)以上,具有完全民事行为能力。

(2) 持有合法有效的身份证件。

(3) 在贷款行存有规定的未到期的定期储蓄存单或国债,移交银行作为贷款的质押物。

(4) 申请贷款时在银行不存在到期未还的逾期贷款本息。

(5) 具有按时偿还贷款本息的能力。

(6) 在银行开立个人结算账户。

七、贷款程序

(一) 贷款申请

借款人向银行网点提出申请,填写《个人定期存单/凭证式国债质押贷款申请表》,并提交以下资料:

(1) 有效身份证明。

(2) 拟质押的个人定期存单或凭证式国债。

(3) 借款人在银行开立的个人结算账户。

(二) 贷款调查

客户经理与借款人进行面谈,并重点调查以下内容:

(1) 借款人提供的资料是否完整、真实、有效。

(2) 客户经理陪同借款人向柜员申请密码验证,柜员通过系统验证密码是否正确,核实质押物是否真实有效,有无挂失、冻结、止付,是否存在争议或法律纠纷,并由柜员打印质押凭证主档信息当场交给客户经理;对以同一城市非本网点开出的个人定期存单或凭证式国债质押的,必要时还须与凭证开出网点确认凭证的真实性、有效性,核验质押物开出行与贷款行是否为同一城市。

(3) 借款人是否具有完全民事行为能力。

(4) 查询人民银行个人征信系统和银行信贷管理系统，核实借款人在银行是否还存在到期未还的逾期贷款本息。

(5) 申请的用途是否合法。

(6) 贷款金额、期限是否符合规定。

客户经理就调查核实的情况形成报告，提出调查意见，将所有资料提交贷款审查部门审查。

(三) 贷款审查

(1) 审查人员主要审查以下内容：①基本要素审查：信贷业务资料是否完备、合法、有效；②主体资格审查：借款申请人是否具备完全民事行为能力，作为出质人的主体资格是否合法、合规；③贷款政策审查：申请贷款的金额、期限、利率是否符合规定，用途是否合法。

(2) 审查人员提出审查意见，将意见和所有资料提交分行贷款审批部门审批。

(四) 贷款审批

有权审批人按规定权限进行审批，将审批结果和所有资料转给经办网点及客户经理。

(五) 冻结止付

以个人定期存单、凭证式国债质押的，借款人须亲自到场，办理冻结止付手续，并将质押凭证交给客户经理。客户经理将质押凭证收存，填写《个人定期存单/凭证式国债质押凭证止付通知书》，连同有权审批人审批通知书一并提交网点机构办理冻结止付。

经办人员再次对质押凭证进行核实，审核属实的，在业务系统中办理质押物登记止付手续，并打印质押凭证冻结止付记账凭证。办妥后，客户经理将质押凭证交质押物保管员保管。

(六) 签订合同

审批通过的，客户经理按审批意见与借款人面签《个人定期存单/凭证式国债质押借款合同》。

(七) 贷款发放

(1) 放款审核。放款审核人员(不得为客户经理)按规定进行放款前审核，其中应将查验并确认质押凭证已办妥冻结止付手续、核实贷款金额、期限、贷款发放账号等贷款基本要素作为重点审核内容。

(2) 贷款发放。审核通过后，放款审核人员在信贷管理系统中打印借款凭证、放款通知单，提交有权审批人审核签字后，送交会计部门办理出账划款，按合同约定将贷款转入指定账户。

(八) 贷后管理

经办行应按照相关规定及时对贷款进行风险分类，并建立贷后检查制度。

(1) 质押物保管。个人定期存单、凭证式国债应视同重要有价凭证入库集中保管，并纳入会计表外科目核算。

(2) 质押物移交。确定是由经办行自行入库保管还是移交集中保管行保管，如需移交集中保管行保管，必须完备交接手续。

(3) 按期还款。借款人按借款合同约定的还款计划、还款方式偿还贷款本息。贷款本息结清后，贷款行将质押凭证退还给借款人，借款人在《质押物凭证清单》上签字确认。

实验案例

一、个人存单质押贷款

(一) 基本信息

案例类型：个人存单质押贷款

案例名称：江林申请定期存单质押贷款

贷款业务终结设置：逾期

贷款账号：55041123098734589

借款借据中还款账号：55041123098734588

贷款利率：5.10%

上浮比例：0

案例编号：P007

(二) 个人贷款信息

月均还款额：0

逾期本金：45 000.00 元

逾期利息：382.50 元

连续第几次逾期：1 次

逾期天数：10 天

(三) 案例描述

江林，公司职员，未婚，家庭月均收入 4 500.00 元，家庭金融资产 45 000.00 元。该客户向银行申请存单质押贷款，金额 45 000.00 元，期限 2 个月，利率 5.10%，以本行票面价值 60 000.00 元定期存单作质押，到期一次还本付息，该笔贷款未能到期还本付息，发生逾期。

二、凭证式国债质押贷款

(一) 基本信息

案例类型：凭证式国债质押贷款

案例名称：徐行兵申请国库券质押贷款

贷款业务终结设置：结清

贷款账号：55041102467803214

借款借据中还款账号：55041102467803244

贷款利率：5.10%

上浮比例：0

案例编号：P008

（二）个人贷款信息

月均还款额：0

结清日期：贷款放款日起 4 个月

归还本金：58 000.00 元

合计本息：58 986.00 元

欠息金额：0

（三）案例描述

徐行兵，公司职员，已婚，家庭月均收入 10 500.00 元，家庭金融资产 350 000.00 元，家庭其他资产 890 000.00 元。该客户向银行申请凭证式国债质押贷款，金额 58 000.00 元，期限 4 个月，利率 5.10%，以票面价值 80 000.00 元的凭证式国债作质押，到期一次还本付息，该笔贷款到期还本付息，正常结清。

操作流程与内容

（1）个人存单质押贷款业务系统操作流程(如图 1-7-1 所示)。

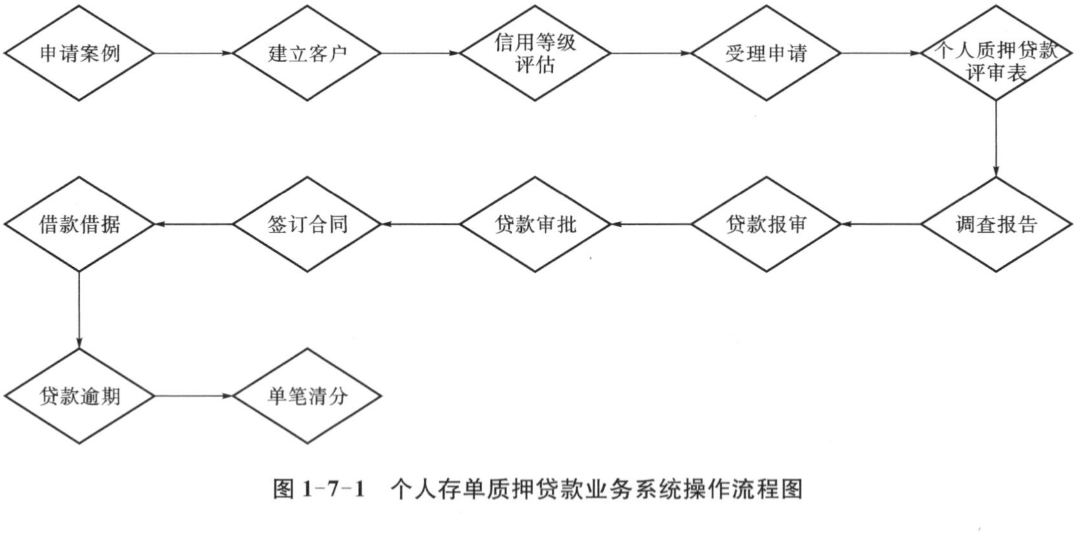

图 1-7-1　个人存单质押贷款业务系统操作流程图

第一步：查看《银行信贷实验教学平台》中“个人存单质押贷款”内相应的案例详情以及相关单据，进行“案例申请”操作。

第二步：申请案例后，在《银行信贷实验教学平台》中“客户管理”模块下“客户信息管理”中，进行“建立客户”操作。

第三步："建立客户"后，在《银行信贷实验教学平台》中"客户管理"模块下"客户信息管理"中进行"信用等级评估"操作。

第四步："信用等级评估"后，在《银行信贷实验教学平台》中"业务管理"模块下"贷前调查"中进行"受理申请"操作。

第五步："受理申请"后，在《银行信贷实验教学平台》中"业务管理"模块下"贷前调查"中进行"个人质押贷款评审表"操作。

第六步："个人质押贷款评审表"填写完毕后，在《银行信贷实验教学平台》中"业务管理"模块下"贷前调查"中进行"调查报告"操作。

第七步："调查报告"填写完毕后，在《银行信贷实验教学平台》中"业务管理"模块下"贷前调查"中进行"贷款报审"操作。

第八步："贷款报审"操作完毕后，在《银行信贷实验教学平台》中"业务管理"模块下"贷款审批"中进行"贷款审批"操作。

第九步："贷款审批"操作完毕后，在《银行信贷实验教学平台》中"业务管理"模块下"贷款发放"中进行"签订合同"操作。

第十步："签订合同"操作完毕后，在《银行信贷实验教学平台》中"业务管理"模块下"贷款发放"中进行"借款借据"和"建档"操作。

第十一步："借款借据"和"建档"操作完毕后，在《银行信贷实验教学平台》中"业务管理"模块下"贷款逾期"中进行"贷款逾期"操作。

第十二步："贷款逾期"操作完毕后，在《银行信贷实验教学平台》中"五级清分"模块下"单笔清分"中进行"单笔清分"操作。

至此，个人质押贷款案例操作完毕。

链接 1-7-1　个人存单质押贷款业务

(2) 凭证式国债质押贷款业务系统操作流程(如图 1-7-2 所示)。

第一步：查看《银行信贷实验教学平台》中"凭证式国债质押贷款"内相应的案例详情以及相关单据，进行"案例申请"操作。

第二步：申请案例后，在《银行信贷实验教学平台》中"客户管理"模块下"客户信息管理"中，进行"建立客户"操作。

第三步："建立客户"后，在《银行信贷实验教学平台》中"客户管理"模块下"客户信息管理"中进行"信用等级评估"操作。

第四步："信用等级评估"后，在《银行信贷实验教学平台》中"业务管理"模块下"贷前

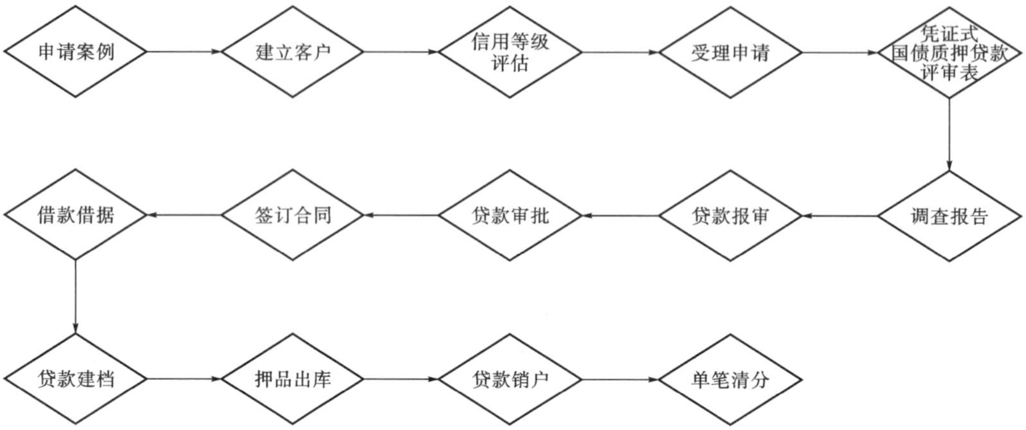

图 1-7-2 凭证式国债质押贷款业务系统操作流程图

调查”中进行“受理申请”操作。

第五步:“受理申请”后,在《银行信贷实验教学平台》中“业务管理”模块下“贷前调查”中进行“凭证式国债质押贷款评审表”操作。

第六步:“凭证式国债质押贷款评审表”填写完毕后,在《银行信贷实验教学平台》中“业务管理”模块下“贷前调查”中进行“调查报告”操作。

第七步:“调查报告”填写完毕后,在《银行信贷实验教学平台》中“业务管理”模块下“贷前调查”中进行“贷款报审”操作。

第八步:“贷款报审”操作完毕后,在《银行信贷实验教学平台》中“业务管理”模块下“贷款审批”中进行“贷款审批”操作。

第九步:“贷款审批”操作完毕后,在《银行信贷实验教学平台》中“业务管理”模块下“贷款发放”中进行“签订合同”操作。

第十步:“签订合同”操作完毕后,在《银行信贷实验教学平台》中“业务管理”模块下“贷款发放”中进行“借款借据”和“建档”操作。

第十一步:“借款借据”和“建档”操作完毕后,在《银行信贷实验教学平台》中“业务管理”模块下“贷款销户+押品出库”中进行“押品出库”和“贷款销户”操作。

第十二步:“押品出库”和“贷款销户”操作完毕后,在《银行信贷实验教学平台》中“五级清分”模块下“单笔清分”中进行“单笔清分”操作。

至此,凭证式国债质押贷款案例操作完毕。

链接 1-7-2 凭证式国债质押贷款业务

实验练习

一、个人存单质押贷款实验练习

（一）基本信息

案例类型：个人存单质押贷款

案例名称：朱娟娟申请定期存单质押贷款

贷款业务终结设置：结清

贷款账号：55013021340112908

贷款利率：5.10%

上浮比例：0

案例编号：P015

（二）个人贷款信息

月均还款额：0

借款借据中：

还款账号：55013021340112900

结清日期：贷款放款日起1个月

归还本金：50 000.00元

合计本息：50 212.50元

欠息金额：0

（三）案例描述

朱娟娟，公司职员，已婚，家庭月均收入6 800.00元，家庭金融资产5 000.00元。该客户向银行申请存单质押贷款，金额50 000.00元，期限1个月，利率5.10%，以本行票面价值56 000.00元的定期存单作质押，到期一次还本付息。该笔贷款到期正常还本付息。

二、凭证式国债质押贷款实验练习

（一）基本信息

案例类型：凭证式国债质押贷款

案例名称：张力申请国库券质押贷款

贷款业务终结设置：结清

贷款账号：55041102467803214

借款借据中还款账号：55041102467803211

贷款利率：5.10%

上浮比例：0

案例编号：P016

（二）个人贷款信息

月均还款额：0

结清日期：贷款放款日起 2 个月

归还本金：60 000.00 元

合计本息：60 584.10 元

欠息金额：0

（三）案例描述

张力，公司职员，已婚，家庭月均收入 9 500.00 元，家庭金融资产 100 000.00 元，家庭其他资产 500 000.00 元。该客户向银行申请凭证式国债质押贷款，金额 60 000.00 元，期限 2 个月，利率 5.10%，以票面价值 75 000.00 元的凭证式国债作质押，该笔贷款到期还本付息，正常结清。

第二部分

对 公 业 务

实验项目一 授信额度业务、流动资金贷款业务

实验目的

学生通过授信额度、贷款业务相关知识的学习和银行的授信额度、流动资金贷款业务操作，了解银行对授信和贷款风险的控制与管理要求，掌握银行对企业的授信额度和流动资金贷款业务处理内容、要求和程序，加深对所学知识的理解，提高业务处理能力。

实验内容与要求

学生根据系统提供的案例数据与要求，在业务操作系统上完成授信额度和流动资金贷款业务流程的操作。

要做好本实验，学生必须具备企业授信、流动资金贷款业务所涉及的信贷、法律、法规等方面的基本知识，并将所学知识在业务中加以运用，还要熟悉信贷管理软件和业务程序。必须理解客户经理岗位在授信额度和流动资金贷款业务上做什么、如何做、为什么这样做，尤其是要掌握客户经理基本工作之一的企业授信调查报告的撰写。

实验指导

实验知识

一、贷款

中国人民银行在1996年颁布的《贷款通则》里，将贷款定义为："贷款人对借款人提供的并按约定的利率和期限还本付息的货币资金"。

（一）信贷

信贷是指以偿还和付息为条件的价值运动形式。

信贷是一种信用活动，借贷双方都要以"信用"作为基础，其特点是以收回为条件的付出。

信贷业务范围较广，不仅包括贷款，还包括贴现、承兑、保函等等。贷款只是信贷业务的一种，因此，信贷概念所包含的范围要比贷款广。

（二）授信

中国人民银行和银监会曾于2004年对《贷款通则》进行修订，同时，在一些方面已经

发生了重大变化：

（1）银行管理机关由原来的中国人民银行，变为中国人民银行和银监会。

（2）现行《贷款通则》所规定的“贷款”是狭义的贷款，中国银监会成立以来所发布的许多信贷规定基本上使用“授信”一词，是广义的贷款概念。贷款是授信的主要品种，但贷款并不等同于授信。授信比贷款的概念范围广，可以说，授信是一种风险控制的总的概念，或者说是银行向客户提供的各种信用支持。

因此，现在各银行基本上都已用综合授信或单项授信取代了单纯的贷款，具体的做法也较过去有了很大的变化。

（三）贷款原则

安全性、流动性、效益性，是商业银行贷款经营的根本原则。

（1）贷款安全是商业银行面临的首要问题。

（2）流动性是指能够按预定期限回收贷款，或在无损失状态下迅速变现的能力，满足客户随时提取存款的需要。

（3）效益性则是银行持续经营的基础。

（四）贷款种类

1. 按发放贷款时是否承担贷款本息收回责任及责任大小划分

（1）自营贷款。自营贷款是指贷款人以合法方式筹集的资金自主发放的贷款，其风险由贷款人承担，并由贷款人收回本金和收取利息。

（2）委托贷款。委托贷款是指由政府部门、企事业单位及个人等委托人提供资金，由贷款人（即受托人）根据委托人确定的贷款对象、用途、金额、期限、利率等代为发放、监督使用并协助收回的贷款。贷款人（即受托人）只收取手续费，不承担贷款风险。

（3）特定贷款。特定贷款是指经国务院批准并对贷款可能造成的损失采取相应补救措施后，责成国有商业银行发放的贷款。

2. 按贷款期限划分

（1）短期贷款。短期贷款指贷款期限在 1 年以内（含 1 年）的贷款。主要有 3 个月、6 个月、9 个月、1 年等类型的短期贷款。短期贷款主要是流动资金贷款，流动资金贷款是指贷款人向企（事）业法人或国家规定可以作为借款人的其他组织发放的用于借款人日常生产经营周转的本外币贷款。

（2）中期贷款。中期贷款指贷款期限在 1 年以上（不含 1 年）5 年以下（含 5 年）的贷款。

（3）长期贷款。长期贷款指贷款期限在 5 年以上（不含 5 年）的贷款。

中长期贷款包括固定资产贷款和消费贷款两大类。固定资产贷款是用于购建新的固定资产的资金投入，包括基本建设投资、技术改造投资和其他固定资产投资三部分。消费贷款是对居民家庭购买耐用消费品的放款。

3. 按贷款条件划分

（1）信用贷款。信用贷款指以借款人信誉发放的贷款。信用贷款的最大特点是贷款不需要担保就可以取得，因而风险较大。

（2）担保贷款。担保贷款是指由借款人或第三方依法提供担保而发放的贷款。包括3种形式：①抵押贷款，指按《中华人民共和国担保法》（以下简称《担保法》）规定的抵押方式以借款人或第三人的财产作为抵押物发放的贷款；②质押贷款，指按《担保法》规定的质押方式以借款人或第三人的动产或权利作为质押物发放的贷款；③保证贷款，指按《担保法》规定的保证方式以第三人承诺在借款人不能偿还贷款时，按约定承担一般保证责任或者连带责任而发放的贷款。

（五）担保

担保是指按照法律规定或者当事人约定，由债务人或第三人向债权人提供一定的财产或资信，以确保债务的清偿。担保包括保证、抵押和质押。

1. 保证

保证是指保证人和债权人约定，当债务人不履行债务时，保证人按照约定履行债务或者承担责任的行为。

1）保证人资格

根据《担保法》的规定，具有代为清偿能力的法人、其他组织或者公民，可以作保证人。国家机关不得为保证人；学校、幼儿园、医院等以公益为目的的事业单位、社会团体不得为保证人；企业法人的分支机构、职能部门不得为保证人，但企业法人的分支机构有法人书面授权的，可以在授权范围内提供保证。

2）保证种类

（1）按保证人责任大小，保证可分为一般保证和连带责任保证两种方式。

一般保证。贷款人只能在和借款人之间的合同纠纷已经审判或者仲裁，并就借款人财产依法强制执行后，借款人仍不能归还贷款的，可以要求保证人承担保证责任。

连带责任保证。借款人在合同规定的期限届满没有还款的，贷款人可以要求借款人履行债务，也可以要求保证人在保证范围内承担保证责任。

（2）按保证人多少，保证可分为单个保证和共同保证。

单个保证是指单个民事主体担任单个债务保证人的保证行为。

共同保证是指两个以上的民事主体担任同一债务的保证人的保证行为。共同保证可分为按份共同保证和连带共同保证：①按份共同保证是指两个以上的保证人按照约定的份额承担保证责任；②连带共同保证是两个以上的保证人分别对全部债务承担保证责任的保证行为。

3）保证应注意的问题

（1）保证人是否具有合法的主体资格。

（2）保证人是否具有代为清偿债务的能力。①保证人是否具有代为清偿的相应财产，保证人的财产价值应大于或等于所担保借款的金额；②保证人对可用的代为偿付借款的财产是否具有处分权；③保证人用作代为清偿借款的财产是否可以变现；④调查保证人的保证愿意。

保证人的财务实力是保证人履约的基础。在分析保证人的担保能力时，还要注意分析两点：一是保证人的或有负债情况，特别是目前所提供保证的数量和金额；二是对外提供的保证总额与保证人的净资产是否在合理的比例关系之内。

银行的一般做法是，对企业作为保证人的，其对外保证总额在净资产的 4 倍以内；或者，保证人的或有负债总额一般不大于其资产总额。

另外，除了选择连带责任保证或连带共同保证方式外，还应重视保证期间的约定。保证期间是主债务到期之日起 6 个月内，若债权人没在此期间要求保证人履行责任，保证人就免除了保证责任。银行一般约定的保证期间应在 1 年以上，以确保有足够的时间来主张权利。

2. 抵押

抵押是指债务人或第三人不转移法律规定的可做抵押的财产的占有，将该财产作为债权的担保，当债务人不履行债务时，债权人有权依法就抵押物卖得价款优先受偿。

1）抵押物

（1）可以用作抵押的财产：①建筑物和其他土地附着物；②建设用地使用权；③以招标、拍卖、公开协商等方式取得的荒地等土地承包经营权；④生产设备、原材料、半成品、产品；⑤正在建造的建筑物、船舶、航空器；⑥交通运输工具；⑦法律、行政法规未禁止抵押的其他财产。

（2）不可以用作抵押的财产：①土地所有权；②耕地、宅基地、自留地、自留山等集体所有的土地使用权，但法律规定可以抵押的除外；③学校、幼儿园、医院等以公益为目的的事业单位、社会团体的教育设施、医疗卫生设施和其他社会公益设施；④所有权、使用权不明或者有争议的财产；⑤依法被查封、扣押、监管的财产；⑥法律、行政法规规定不得抵押的其他财产。

2）抵押权实现的方式

（1）折价。折价是抵押权人和抵押人在自愿的基础上达成协议，参照一定的市场价格，把抵押物的所有权由抵押人转移给抵押权人，从而实现抵押权。也可称为直接将抵押物作价处理。

（2）拍卖。拍卖是以公开竞价的方式将抵押物卖出。拍卖可分为任意拍卖（双方通过协议）和强制拍卖（法院判决）。

（3）变卖。变卖是以拍卖方式以外的一般买卖形式把抵押物卖出。为保证买卖价格的公允，应根据的市场价格来进行变卖。

3）抵押物选择的标准

（1）抵押物必须符合法律规定；必须合法取得。

（2）抵押物必须是流通物，禁止流通物不能抵押；抵押物必须适用，宜于变现和处分。

（3）抵押物的使用期必须长于借款期。

（4）借款到期后，抵押物的变现价值大于借款本息。

（5）抵押物价值必须大于借款本息。

3. 质押

质押是指债务人或第三人将其动产或权利移交债权人占有，将该动产或权利作为债权的担保，当债务人不履行债务时，债权人有权依法就该动产或权利卖得价金优先受偿。

1）质押种类

质押属于担保物权中的一种，可以分为：动产质押、权利质押。

（1）动产质押。动产质押是指债务人或者第三人将其动产移交债权人占有，将该动产作为债权的担保。债务人不履行债务时，债权人有权依照本法规定以该动产折价或者以拍卖、变卖该动产的价款优先受偿。前款规定的债务人或者第三人为出质人，债权人为质权人，移交的动产为质物。

（2）权利质押。权利质押是指债务人或者第三人将其拥有的权利凭证移交债权人占有，并以凭证上的财产权利作为债权的担保。债务人不履行债务时，债权人有权将该财产权利折价或者以拍卖、变卖所得的价款优先受偿。包括：汇票、支票、本票、债券、存款单、仓单、提单；依法可以转让的股份、股票；依法可以转让的商标专用权，专利权、著作权中的财产权；依法可以质押的其他权利。

2）质押的注意点

（1）质物的合法性。质物是否法律、法规允许质押的财产或权利。

（2）质物的权属。质押财产是否为借款人合法占有。有关证明材料，如第三方提供的，除上述之外，还须提供愿意用质押财产为某人承担担保责任的书面法律文件。

（3）质押的充分性。首先，银行要对质物的品质进行审查，如动产质物是否易封存、易保管，权利质押中权利凭证的真伪是否易辨别。一般来讲，银行存款、银行本票和国债是品质最好的权利质押。其次，根据质物的质押率，计算要求的质押额，力求足额，以确保银行信贷资金的安全。最后，尽量选择变现能力强的质押物。

（六）贷款要素

1. 资产转换周期

资产转换周期是银行信贷资金由金融资本转化为实物资本，再由实物资本转化为金融资本的过程。首先，资产转换周期的长短，一般应该是银行确定贷款期限的主要依据；其次，资产转换周期的内容，为贷款目的和还款来源提供非常有用的信息。

资产转换周期（循环）需要资金的支持，有两个方面，其一为经营性循环，由生产、销售产品和提供服务的日常经营活动组成，即通常所说的供产销过程，资金投入在一个经营周期内以销售形式（提供劳务）转换成现金；另外一种为资本性循环，借款人投入资金用于机器设备或购入其他资产，以扩大生产，然后通过折旧方式在借款人未来多个经营周期内收回资金。

2. 贷款期限

根据《贷款通则》的规定，贷款期限要根据借款人的生产经营周期、还款能力和贷款人的资金供应能力由借贷双方协商后确定。企业的生产经营周期是指企业从投入资金购买原材料，通过储备、生产、销售，最终实现资金回笼的运动过程所需要的时间。各银行要根据借款人生产经营周期和有关条件合理确定流动资金贷款期限。贷款期限定与企业的生产经营周期不匹配，也是造成企业流动资金贷款到期无法按期还款的原因之一。

《流动资产贷款管理暂行办法》（以下简称《流贷办法》）则规定，贷款人应根据借款人生产经营的规模和周期特点，合理设定流动资金贷款的业务品种和期限，以满足借款人生产经营的资金需求，实现对贷款资金回笼的有效控制。

对于期限和还款方式，则应从借款人的结算周期、结算方式以及生产经营周期、货物运输时间等多方面进行确定。

对于贷款期限的确定，一般是在确定资产转换周期的基础上，来确定融资需求期，即借款人对支持生产经营的营运资金的需求期，以此可以来帮助确定贷款期限。融资需求期的长短计算公式为：

$$融资需求期 = 存货持有天数 + 应收账款回收期 - 应付账款天数$$

其中，(存货持有天数＋应收账款回收期)称为经营性循环周期。

如某企业存货持有天数 157 天，应收账款回收期为 59 天，应付账款天数为 48 天。

融资需求期＝157＋59－48＝168(天)，故适合选择 6 个月的贷款期限。

3. 贷款额度

个人贷款的金额一般是依据合同成交金额、或评估价格及规定的贷款成数来确定。贷款金额的公式为：

$$贷款金额 = 较小值(成交价格，评估价格) \times 贷款成数$$

具体按不同贷款的规定和要求来执行。

企业流动资金贷款金额按照《流贷办法》的规定来执行。

4. 贷款利率

贷款利息一般是指借款人(债务人)因使用借入货币或资本而支付给贷款人(债权人)的报酬。

贷款利率是指借款期限内利息数额与本金额的比例。

1）贷款利率分类

按计算利率的期限单位可划分为：年利率、月利率与日利率。三者间换算关系为：

$$年利率 = 月利率 \times 12 = 日利率 \times 360$$
$$月利率 = 日利率 \times 30 = 年利率 \div 12$$
$$日利率 = 年利率 \div 360 = 月利率 \div 30$$

贷款利率换算举例：

将年利率 7.29％换算成月利率：

7.29％÷12＝0.607 5％＝6.07 5‰(6.075÷1 000＝0.006 075×12＝0.072 9×100＝7.29％或 7.29÷100＝0.072 9÷12＝0.006 075×1 000＝6.075‰)

将年利率 7.29％换算成日利率：

7.29％÷360＝0.0202 5％＝2.025‱(2.025÷10 000＝0.000 202 5×360＝0.072 9×100＝7.29％或 7.29÷100＝0.072 9÷360＝0.000 202 5×10 000＝2.025‱)

2）贷款利息计算方法

(1) 短期贷款利息计算。按贷款合同签订日的相应档次的法定贷款利率计息。贷款合同期内，遇利率调整不分段计息。短期贷款按季结息的，每季度末月的 20 日为结息日；

按月结息的，每月的 20 日为结息日。具体结息方式由借贷双方协商确定。对贷款期内不能按期支付的利息按贷款合同利率按季或按月计收复利，贷款逾期后改按罚息利率计收复利。最后一笔贷款清偿时，利随本清。

(2) 贷款展期利息计算，期限累计计算。累计期限达到新的利率期限档次时，自展期之日起，按展期日挂牌的同档次利率计息；达不到新的期限档次时，按展期日的原档次利率计息。

(3) 逾期贷款或挤占挪用贷款利息计算。从逾期或挤占挪用之日起，按罚息利率计收罚息，直到清偿本息为止，遇罚息利率调整分段计息。对贷款逾期或挪用期间不能按期支付的利息按罚息利率按季(短期贷款也可按月)计收复利。如同一笔贷款既逾期又挤占挪用，应择其重，不能并处。

(4) 借款人在借款合同到期日之前归还借款时，贷款人有权按原贷款合同向借款人收取利息。

3) 贷款利息计算实例

(1) 定期结息的计息方法。定期结息是指银行在每月或每季度末月 20 日营业终了时，根据贷款的金额与期限长短，按规定的利率计算利息。定期结息的计息天数按日历天数，有一天算一天，全年按 365 天计算。算头不算尾，即从贷出的那一天算起，至还款的那一天止。在结息日计算时应包括结息日。计算公式为：

$$贷款利息 = 贷款本金 \times 贷款天数 \times 日利率$$

例　某行于 5 月 2 日发放一笔短期贷款，金额为 20 万元，假定月利率为 4‰，期限 4 个月，则：

(1) 6 月 20 日银行按季结息时，该笔贷款应计利息为：200 000×50×4‰÷30＝1 333.33(元)。

(2) 6 月 21 日至 9 月 2 日还款时，该笔贷款应计利息为：200 000×73×4‰÷30＝1 946.67(元)。

(3) 若 6 月 20 日银行未能收到 1 333.33 元利息，则到期日还款时，该笔贷款应计利息为：1 333.33＋(200 000＋1 333.33)×73×4‰÷30＝3 292.97(元)。

(2) 利随本清的计息方法是指银行应在借款单位还款时，按放款之日起至还款之日前一天止的贷款天数，计算贷款利息。贷款满年的按年计算，满月的按月计算，整年(月)又有零头数可全部化成天数计算。整年按 360 天，整月按 30 天计算，零头有一天算一天。

银行贷款利率的确定，将逐步从过去商业银行以人民银行公布的基准利率为依据，在规定的浮动范围内依具体情况而定发展为：利率主要依据客户自身的资信实力、偿债能力以及以往贷款执行情况、银行在客户融资中所处的地位、银行筹资成本、同时可根据银行内部定价系统(RAROC 测算和经济资本占用)等多重维度进行定价。

5. 贷款担保

银行贷款前，必须要求客户提供担保，可以说，担保是银行为自己买保险。但是，担保仅是第二还款来源，它只是分散了贷款风险或提供了一种补偿功能，并不能从根本上消除贷款风险，也就是说，有担保并不一定能确保贷款得以偿还(如抵质押物的价值是不断变化的；处置时只能按照它的清算价值而不是账面价值)。因此担保不能取代客户的信用状况。

《商业银行授信工作尽职指引》第二十八条规定：银行接受担保时，须“确认保证人的保证主体资格和代偿能力，以及抵押、质押的合法性、充分性和可实现性”。

担保方式主要依据客户自身的资信实力、偿债能力以及以往贷款执行情况、银行在客户融资中所处的地位等因素来确定。

6. 抵(质)押率

抵(质)押率指押品担保本金余额与押品估值的比率：抵(质)押率＝押品担保本金余额÷押品估值×100%。它在某种意义上反映了第二还款来源的保障程度(如表 2-1-1 所示)。

表 2-1-1　某银行信贷政策中的抵(质)押物规定

	一级分类	二级分类	三级分类	抵(质)押率
抵押	土地使用权	划拨		扣除出让金后同出让土地
		出让		70%
	房产	业营业用房		60%
		办公楼		50%
		厂房		40%
		普通住宅	开发商尚未售出的普通住宅	60%
			个人住房	60%
		别墅、高档公寓		50%
	财产	机器设备	通用设备	40%
			非通用设备	30%
		交通运输工具	运输工具	40%
			商务车	40%
			其他	40%
	其他财产			40%
质押	存款单证	人民币存单		90%
		外币存单		85%
	债券	我国凭证式国债		90%
		金融债券	我国政策性银行金融债券	90%
			我国商业银行金融债券	90%
		公司债券	我国政策性银行担保的公司债券	90%
			我国商业银行担保的公司债券	90%

（续表）

	一级分类	二级分类	三级分类	抵(质)押率
质押	股权/股票		上市公司法人股	60%(上市银行可适当提高)
			非上市公司股票	40%(非上市银行可适当提高)
	单证	仓单、提单		70%
		具有现金价值的个人人寿保险单		90%
	其他	其他权利		60%
		其他动产		50%

根据《商业银行押品管理指引》相关规定，商业银行应审慎确定各类押品的抵质押率上限，并根据经济周期、风险状况和市场环境及时调整。

1）抵押品现值

(1) 显性价值。固定资产账面净值。

(2) 隐性价值。固定资产地理位置的商业性；使用价值的再利用性；技术进步所带来的无形的减值。

2）抵押率的确定因素

(1) 贷款风险。贷款风险与抵押率成正向变化。抵押率越高，风险越大，抵押率越低，风险越小。所以贷款人对风险大的贷款，采用降低抵押率来减少风险；风险小的，抵押率可高些。

(2) 借款人信誉。一般情况下，对那些资产实力匮乏、结构不当，信誉较差的借款人，抵押率应低些；反之，抵押率可高些。

(3) 抵押物的品种。由于抵押物品种不同，它们的占管风险和处分风险也不同。按照风险补偿原则，抵押那些占管风险和处分风险都比较大的抵押物，抵押率应当低一些；反之，则可定得高一些。

(4) 贷款期限。贷款期限越长，抵押期也越长，在抵押期内承受的风险也越大，因此，抵押率应当低一些；而抵押期较短，风险较小，抵押率可高一些。

(5) 抵押品价格的市场变化趋势。抵押品市场价格呈下降趋势的，抵押率应低些；反之，则可定得高一些。

(6) 抵押物可能发生的损失。在抵押额中须扣除抵押期内的折旧额和物理变化造成的损失额。

(7) 处理抵押物的费用。在抵押额中须扣减掉处理抵押品引起的一切有关费用。

3）抵(质)押品的价值评估

在抵(质)押率的确定时，押品估值是个关键因素，商业银行应遵循客观、审慎原则，依据评估准则及相关规程、规范，明确各类押品的估值方法，并保持连续性。原则上，对于有活跃交易市场、有明确交易价格的押品，应参考市场价格确定押品价值。采用其他方法估值时，评估价值不能超过当前合理市场价格。

商业银行应根据不同押品的价值波动特性，合理确定价值重估频率，每年应至少重估一次。价格波动较大的押品应适当提高重估频率，有活跃交易市场的金融质押品应进行盯市估值。

商业银行应明确押品估值（包括重估）的责任主体以及估值流程，包括发起、评估、确认等相关环节。对于外部估值情形，其评估结果应由内部审核确认。

银行要按市场所能接受的实际价格来计算其对贷款的保障程度，在有市场的情况下，应该按市场价格定值；在没有市场的情况下，应参照同类抵押品的市场价格定值。同时，银行应要求借款人提供受通货膨胀影响小的抵押品，并密切关注宏观经济的变动，及时监控抵押品价值的变化；在抵（质）押品价值下降时，应要求借款人补充新的抵（质）押品。

二、流动资金贷款

《流贷办法》中，将流动资金贷款定义为“贷款人向企（事）业法人或国家规定可以作为借款人的其他组织发放的用于借款人日常生产经营周转的本外币贷款”。

（一）“三个不得”

（1）流动资金贷款不得用于固定资产、股权等投资。

（2）流动资金贷款不得用于国家禁止生产、经营的领域和用途。

（3）流动资金贷款不得挪用，贷款人应按照合同约定检查、监督流动资金贷款的使用情况。

（二）贷款条件

（1）恪守信用，有按期还本付息的能力。

（2）法人或其他组织，具有相应的证、照。

（3）除自然人和不需要经工商部门核准登记的事业法人外，应当经工商部门办理年检手续。

（4）已经在经办行开立基本存款账户或一般存款账户。

（5）持有中国人民银行核准的贷款卡。

（6）除国务院规定外，有限责任公司和股份有限公司对外股本权益性投资累计额不超过净资产的50%。

（7）借款人的资产负债率符合贷款人的要求。

（8）申请中长期贷款的、新建项目的企业法人所有者权益与所需总投资的比例不低于国家规定的投资项目的资本金比例。

（9）机关法人及其分支机构不得申请贷款。

除了以上条件外，还须具备：①借款人依法设立；②借款用途明确、合法；③借款人生产经营合法、合规；④借款人具有持续经营能力，有合法的还款来源；⑤借款人信用状况良好，无重大不良信用记录；⑥贷款人要求的其他条件。

（三）贷款管理要求

《流贷办法》第五条规定，贷款人应完善内部控制机制，实行贷款全流程管理，全面了解客户信息，建立流动资金贷款风险管理制度和有效的岗位制衡机制，将贷款管理各环节的责任落实到具体部门和岗位，并建立各岗位的考核和问责机制。

本条对贷款人有关制度、机制建立健全的具体而明确的要求，突出了“全流程”管理、“制衡”机制和“考核与问责”制度，旨在全面推动银行业金融机构贷款管理模式的转变，真正实现由粗放型向精细化的过渡，切实增强贷款经营和风险管理的有效性。

（1）“全流程”管理，即从贷款或授信申请开始，直到收回，整个过程都要按照法规和制度进行管理。也就是必须坚持贷前调查、贷时审查、贷后检查的“三查”原则。

（2）“制衡”机制，就是根据审贷分离、分级审批的原则，建立规范的流动资金贷款评审制度和流程，确保风险评价和信贷审批的独立性。

审贷分离是指将贷款过程中的贷款调查工作和贷款的审查工作予以分离，从而形成贷前调查、贷时审查的既相互统一又相互制约的工作机制，达到另一双眼睛看风险的效果。

分级审批是指贷款人应当根据业务量大小、管理水平和贷款风险度确定各级分支机构的审批权限，超过审批权限的贷款，应当报上级审批。要求贷款人建立贷款审批授权和转授权制度，以授权书、转授权书或制度的形式明确不同层级和审批人员的审批权限，并在实际的业务操作中严格按权限开展审批，不能超越权限或通过贷款分拆等形式变相超越权限审批。

贷款人应建立健全内部审批授权与转授权机制。审批人员应在授权范围内按规定流程审批贷款，不得越权审批。

（3）“考核与问责”制度是各个部门、岗位应各司其职，把好自己这道关。贷款出了问题，各个部门、岗位应承担自己应尽而未尽的责任。如贷款调查评估人员负责贷款调查评估，承担调查失误和评估失准的责任；贷款审查人员负责贷款风险的审查，承担审查失误的责任；贷款发放人员负责贷款的检查与清收，承担检查失误，清收不力的责任。

（四）企业融资需求的种类

（1）因季节性销售的增长、非季节销售的增长而导致的销售增长融资需求。

（2）因应收账款回收期拖长、存货周转率的下降而导致的营运能力降低的融资需求。

（3）因更新固定资产、添置固定资产而导致购买固定资产的融资需求。

（4）因资金来源的结构变化、无形资产和递延资产项目的增长等而导致的融资需求。

知识链接

单位结算账户

存款人以单位名称开立的银行结算账户称为单位银行结算账户。根据我国《银行账户管理办法》，其按用途可以分为4类：基本存款账户、一般存款账户、临时存款账户和专用存款账户。

单位活期存款账户的基本规定：

1. 基本存款账户

基本存款账户是企、事业单位因办理日常转账结算和现金收付的需要而开立的银行结算账户，是单位的主办账户。单位日常经营活动的资金收付及其工资、奖金和现金的支取，应通过该账户办理。企事业单位可以自主选择一家商业银行的营业场所开立一个办理日常转账和现金收付的基本账户。存款人只能在银行开立一个基本存款账户。

2. 一般存款账户

一般存款账户是企、事业单位因借款或其他结算需要，在基本存款账户开户银行以外的银行营业机构开立的银行结算账户，用于办理借款转存、借款归还和其他结算的资金收付。该账户可以办理现金缴存，但不能办理现金支取。

3. 临时存款账户

临时存款账户是单位因临时需要并在规定期限内使用而开立的银行结算账户，用于办理临时机构以及单位临时经营活动发生的资金收付。临时存款账户支取现金，应按照现金管理的有关规定办理同一存款人只能在银行开立一个临时存款账户。临时存款账户的有效期最长不得超过2年。

开立临时存款账户的情况：

(1) 临时机构。

(2) 异地从事临时经营活动单位。

(3) 异地建筑施工及安装单位。

(4) 撤销、解散、破产清算组织。

(5) 注册验资。

4. 专用存款账户

专用存款账户是单位按照法律、行政法规和规章，对其特定用途资金进行专项管理和使用而开立的银行结算账户，用于办理各项专用资金的收付。专用存款账户须支付现金的，应在开户时报当地人民银行审批。

开立专用存款账户的情况：

(1) 社保基金、住房基金和粮、棉、油收购资金。

(2) 财政预算外资金。

(3) 基本建设资金、更新改造资金、大修理资金、政策性房地产开发资金。

(4) 党、团、工会设在单位的组织机构经费。

三、授信

授信是银行根据客户提供的并经银行认可的资料，经过专业评估后给予客户信用，亦即决定向客户提供风险产品。从完整意义上理解，授信包含了授予信用、承担风险和获取收益三层含义。

授信作为一种商业行为，本质上就是追求利润。利润与风险是一枚硬币的两面，银行授信最基本的也是最核心的目的是在一定风险承受限度内，通过对风险的量化、评估、管理及分散，最大可能地获取利润。

银行授信业务风险考量须坚持的两个原则：

（1）风险是否已经控制到最小化。

（2）风险是否在银行可承受的范围内。

即使风险已经被控制到最小，但如果依然超出银行可承受范围，则只好放弃该业务。

（一）授信目的

（1）有利于获取业务收益，降低运行成本。银行给予客户授信总额，客户使用额度时，会在授信行增加存款和各项业务的结算量，增加了银行收益；而确定了固定的授信期限和授信品种，减少了人力、物力的支出，有利于银行降低运行成本。

（2）有利于识别客户风险，控制对客户的总体风险。银行给予客户的授信总额，表明了银行通过风险审核愿意承担的最大风险限额。

（3）简化企业授信审批手续。客户获得授信额度后，将根据协议的规定，自行决定额度使用方式和履约时间，无须逐笔逐项报授信银行审批，避免了单笔授信审批时须履行的资信调查、担保落实等手续。

（4）满足企业基本融资需求。授信额度按贷款、信用证和保函等多种授信业务品种设定了单项的额度，基本覆盖了客户主要的融资需求，有利于客户财务安排。同时，有利于吸引和留住优质客户。

（二）授信种类

1. 按期限划分

（1）短期授信。指1年以内(含1年)的授信。

（2）中长期授信。指1年以上的授信。

2. 按内容划分

（1）单项授信：一般只有一个业务品种，如贷款。

（2）综合授信：一般有一个以上的业务品种。

银行通过授信向客户提供的各种信用支持，一般是以综合授信的形式出现的。综合授信金额多少即授信额度，它是指银行按照规定程序确定的在一定时期内(一般为1年)为单一客户核定的可提供授信支持的最高限额。

3. 按客户的要求划分

（1）基本授信是指银行根据客户申请，在对客户基本情况进行审慎分析的基础上给予客户的信用额度。

（2）特别授信是指银行根据客户特殊需要，对特殊融资项目及超过基本授信额度所给予客户的信用授信。

4. 按是否在财务报表中反映划分

（1）表内授信是指银行直接向客户提供资金支持，包括贷款、项目融资、贸易融资、贴现、透支、保理、拆借和回购等。

（2）表外授信是指银行对客户在有关经济活动中的信用向第三方做出的保证，包括贷款承诺、保函、开出信用证、备用信用证、信用证保兑、票据承兑、保证、借款担保等。

5. 按公开与否划分

(1) 公开授信是指商业银行对符合一定条件的单一法人客户或集团性客户，在对其风险和财务状况进行综合评价的基础上，就核定的综合授信额度，与客户签订授信协议，使客户在一定时期和核定的额度内能够便捷地使用银行信用。一般而言，我们说的授信都是公开授信。

公开授信必须与客户签订公开的授信协议，协议中须载明公开授信额度的金额、有效期及使用条件。

(2) 内部授信作为商业银行内部控制客户信用风险的最高限额，该授信额度不与客户见面，由商业银行审批客户单项信用需求时内部掌握使用。

(三) 授信原则

(1) 应根据不同地区的经济发展水平、经济和金融管理能力、信贷资金占用和使用情况、金融风险状况等因素，实行区别授信。

(2) 应根据不同客户的经营管理水平、资产负债比例情况，贷款偿还能力等因素，确定不同的授信额度。

(3) 应根据各地区的金融风险和客户的信用变化情况，及时调整对各地区和客户的授信额度。

(4) 应在确定的授信额度内，根据当地及客户的实际资金需要、还款能力、信贷政策和银行提供贷款的能力，具体确定每笔贷款的额度和实际贷款总额。授信额度不是计划贷款额度，也不是分配的贷款规模，而是商业银行为控制地区和客户风险所实施的内部控制贷款额度。

(四) 授信与贷款的区别

(1) 授信是银行给企业核定一个额度，可根据企业需要，选择相应业务品种和额度比例，包括贷款品种和额度，组合成一个综合授信额度。贷款额度和其他业务品种的额度一样，可以在一定的时间(通常为一年)内循环使用，从银行贷款，也可以不贷款。贷款额度≤授信额度。

(2) 贷款一般是一次性的申请使用贷款额度的用信行为，如申请使用流动资金贷款。

(五) 授信期限与贷款期限的区别

授信期限即银行给予企业的授信额度可以使用的时间，或称为额度有效期。有效期以内，如有贷款额度，就可以在额度内申请使用贷款，过了期限，银行信贷系统无法出账，而不能申请使用贷款。

贷款期限是指贷款这种授信产品的使用期限，具体是指该笔贷款业务发生日算起至该笔贷款业务到期日的时间。贷款期限≤授信期限。

(六) 授信禁区

商业银行不得对以下用途的业务进行授信：

(1) 国家明令禁止的产品或项目。

(2) 违反国家有关规定从事股本权益性投资，以授信作为注册资本金、注册验资和增资扩股。

(3) 违反国家有关规定从事股票、期货、金融衍生产品等投资。

(4) 客户未按国家规定取得以下有效批准文件之一的，或虽然取得，但属于化整为零、越权或变相越权和超授权批准的：①项目批准文件；②环保批准文件；③土地批准文件；④其他按国家规定需具备的批准文件。

(5) 其他违反国家法律法规和政策的项目。

(七) 基本程序

支行企业授信、贷款业务基本程序(如图 2-1-1 所示)。

1. 建立授信关系

1) 客户申请

客户需要授信，应当向主办银行(开立基本存款账户)、其他银行(开立一般存款账户)或者非银行金融机构的经办机构直接申请，填写《授信申请书》，并提供以下资料：

(1) 连续 3 年的年度财务报表及最近期报表(股份有限公司和三资企业需会计、审计师事务所的审计报告)。

(2) 申请授信的董事会决议。

(3) 董事会成员名单及签字样本。

(4) 企业法人营业执照(需经过年检，新办企业除外)。

(5) 企业法人代码证书。

(6) 法定代表人证明书。

(7) 法人授权委托书。

(8) 注册验资报告。

(9) 税务登记证(国税、地税)。

(10) 贷款卡。

(11) 公司章程。

(12) 抵押物所有权证明(使用抵押物作抵押)。

(13) 质押物所有权证明(使用质押物作质押)。

(14) 提供保证需提供：①保证人董事会同意作为保证决议；②保证人企业法人营业执照；③保证人企业法人代码证书；④保证人公司章程；⑤保证人财务报表。

(15) 相关商品交易、劳务合同或协议。

(16) 纳税申报表和纳税证明。

(17)《外商投资企业批准证书》(三资企业提供)。

(18)《外商投资企业外汇登记证》(三资企业提供)。

(19)《进出口企业资格证书》(进出口企业提供)。

(20)《特种经营许可证》(特种行业提供)。

(21) 企业资质等级证书(施工、房地产企业提供)。

(22) 其他贷款行要求提供的资料。

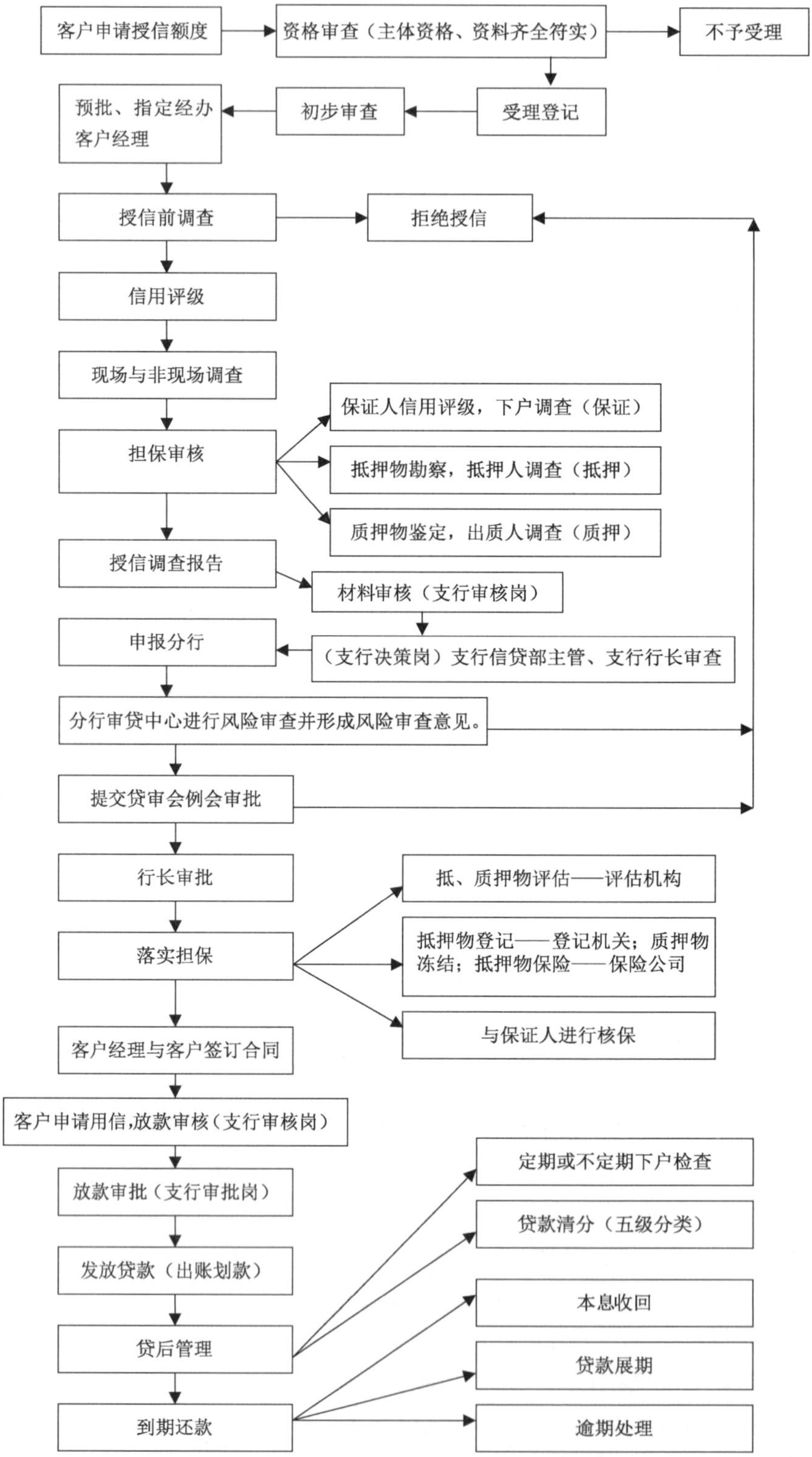

图 2-1-1　支行企业授信、贷款业务(流动资金贷款授信品种)流程图

2）受理审查和审批

（1）受理审查。① 主体资格审查：A.企业是否具有独立的法人资格，如属分支机构，应了解所属企业的详细情况及对分支机构的授权；B.企业证照是否年检有效，各证照反映的企业要素是否一致；C.注册资本是否与现行章程相符；实收资本与验资报告及财务报表入账是否一致；D.企业法人经营期限是否覆盖办理业务期限；经营范围是否与办理业务的用途一致；E.章程及有关修正案是否齐全，是否有股东签章，对公司办理融资业务是否有限制；F.验资报告中股东是否与现行公司章程一致；股东出资方式、出资额及占比；实物出资是否已办理权属变更；G.涉及的资质证书及行业许可证书，应查看其是否在有效期内；H.审核工商局打印的户卡是否与上述情况一致，不一致的原因。② 资料齐全符实审查。

（2）受理审批。①审查、核实后，经信贷部经理审批同意，确立双方的授信关系；②指定经办客户经理。

3）企业信用等级评估

客户信用评级是授信管理的一项基础工作，企业信用等级评估由各银行总行自开发评估软件，客户经理根据同行业统一的财务指标与非财务指标体系和标准，以偿债能力为核心，对客户的信用履约、偿债能力、盈利能力、经营能力、领导者素质和发展前景等因素进行综合评价，并据以评定其信用等级。

一般满分为100分，90～100分的为AAA级；80～89分的为AA级，70～79分的为A级，依次类推。

各银行的信用等级级数的分类各不相同。评级只是为了给客户授信或贷款前，对客户的资质、信用、资产实力各方面进行一个综合的判定，从而判断出不同等级，根据等级判定是否给该客户进行授信或贷款，它只是银行的评价标准，对外没有什么参考意义，各银行之间的评分也不具有可比性。

4）建立授信关系

银行完成上述授信的前期工作，借款人与保证人的信用评级结果必须符合本行授信的要求，银企之间就可以建立起授信关系。

2. 客户调查

客户调查是指商业银行信贷人员通过现场调研和其他渠道尽可能地获取、核实，分析研究有关借款人及有关信贷业务、担保等方面的情况，揭示和评估信贷业务可能存在的风险并提出应对措施，为贷款决策提供依据。

在经办行受理借款人的授信申请，并由调查岗（人员）（客户经理）完成对客户的信用等级评定后，客户经理须对额度需求的合法性、安全性、盈利性等情况，采用现场与非现场相结合的形式履行尽职调查。

1）调查程序

（1）明确调查人员（要求双人参与调查并在调查报告上签署意见）。

（2）制定调查计划并确定调查内容。

（3）与客户沟通，做好调查准备。

（4）实施调查行为。

(5) 分析与论证。

(6) 撰写调查报告。

(7) 上报审核岗审核、审批岗审批。

根据客户的实际情况，不能单纯去看账查账，只关注报表，要注重现场调查，收集非财务信息，应深入企业生产、经营和销售现场，通过实地调查及与借款企业管理人员交流等方式，了解客户的经营动态，从多方面、多渠道收集资料，减少信息不对称。

同时，确定担保方式。银行与客户协商确定担保方式，并对担保方式进行审核，以达到银行对担保的要求。

(1) 保证担保。银行对保证人企业进行信用评级，了解其保证意愿，并对其进行现场调查，搜集资料，计算分析，确保保证资格和能力达到银行的要求。

(2) 抵押担保。银行对抵押物进行实地勘察，指定资产评估公司对抵押物进行评估，核定其价值，确保抵押物足额有效，达到银行对相关抵押物抵押率的要求。

(3) 质押担保。权利凭证质押的，银行通过各种途径对权利凭证的真伪进行鉴定；动产质押的，指定资产评估公司对抵押物进行价值评估，确保其足额有效，达到银行对相关动产质押率的要求。

2) 重点关注点

(1) 主要投资人、经营管理人员资信和经营管理能力及客户的管理水平(一般加工制造业能够体现管理能力)。

(2) 客户水、电费及使用情况，工资发放情况。

(3) 开票收入与纳税是否与生产、销售相匹配、是否与行业特点以及业务模式相匹配。

(4) 客户的实物资产分布及外部投资情况。

(5) 有哪些银行借款，哪些民间借款。在其他金融机构办理融资情况或其他渠道融资情况。

(6) 企业有扩大生产规模或兼并其他企业的计划；有无非主营业务重大投资。

(7) 关注客户股权变更情况，了解原因。

(8) 是否存在诉讼纠纷(是否了结)。

(9) 了解该客户或有负债情况。

(10) 关注老板有无涉赌等不良嗜好。

3) 授信调查报告

(1) 授信调查报告。授信调查报告是企业风险分析、授信方案、银行价值评价(FTP、风险资产收益率)的有机结合。

(2) 授信调查报告的要求。内容翔实、论据充分、观点鲜明；既有定性分析、又有定量分析；既有总量分析、又有明细分析。

(3) 授信调查报告的标题和内容。贷款调查报告(或授信总量项目的评审报告)各银行内容及要求大体相同，在细节上略有差异。一般来讲，综合授信使用《授信总量项目的评审报告》标题和内容；如仅对某一笔流动资金贷款进行授信，可使用《……公司(集团)信贷调查报告》或《……公司(集团)……授信总量项下……流动资金贷款评审报告》标题和内容。

附　授信调查报告模版

标题：贷款调查报告(授信总量项目的评审报告)

……公司(集团)……授信总量项目的评审报告

……公司(集团)……授信总量项下……中长期贷款(项目贷款)项目评审报告

……公司(集团)……授信总量项下……流动资金贷款评审报告

内容：

1. 客户基本情况

(1) 客户名称、住所、法定代表人、注册资本、企业类型、经营范围、成立日期、营业期限。

(2) 客户所属行业、提供的产品或服务、年生产能力。

(3) 主要产品市场占有率与变动趋势。

(4) 主营业务及经营评价。

(5) 客户的技术、管理情况。

(6) 主要管理人员的品行、专业技术水平、经营管理能力，是否有人曾受到过行政处分或刑事处罚，是否有人在已破产企业担任过领导职务，领导班子是否团结，是否重合同、守信用、具有遵纪守法观念等。

(7) 客户是否涉入兼并(或被兼并)、合资、分立、重大诉讼、破产等事项。

(8) 分析客户投资背景、股东结构、控股股东或实际控制人及客户的子公司、分公司、关联企业分布、结构等。

(9) 贷款证借款情况，包括借款金额、或有担保数额、是否出现违约支付、现有资产的抵、质押情况等。

(10) 营业执照、代码证、贷款卡等年检情况。

(11) 客户在我行信用等级评估的等级。

2. 历史合作和本次授信方案

2.1　历史合作情况

客户名称__________________，建立合作时间____年__月。

上年授信：授信金额__________万元，期限____年，利率____%，保证金比例____%。

担保方式________________________________，授信产品________________________________，授信到期日______________，贷款余额____________万元，贷款利率：____%，到期日____年__月__日。

综合收益：年日均存款________万元，年日均存款______万元(不包括保证金存款)，保证金日均________万元，与我行其他业务合作情况____________________。

2.2　本年授信方案

授信金额____________万元，授信期限______年，授信产品和保证金比例____%，担保方式________,利率______%,抵(质)押率______%,有效评级________级。

本年度/本次授信总量申请的背景介绍,是否存在政策合规性问题,是否符合我行《行业授信投向指引》和客户准入等方面的要求。

2.3 授信总量内容

(1) 授信总量中的具体内容(授信额度、中长期授信等),授信额度的分项品种,对该企业的授信额度在上年度或前期的使用情况进行合理客观的评价(包括金额、品种、本年度额度的合理性分析等),是否出现违约或延迟支付的情况,是否发生违反国家有关法规事件等;中长期授信的发放、归还、占用情况。

(2) 对于开证授信品种,应对其进行远期或即期的划分,对保证金比例的要求,上年度开证额度使用情况(包括累计开证数、申请期进口总量)。

(3) 对于出口授信品种,应对企业主要的国外客户的资信状况作出必要的了解,包括开证银行的资信情况。

(4) 对于开立银票授信品种,应了解企业银票的主要用途,主要的收益人,是否与授信申请人存在紧密的关联关系(防止企业恶意套用银行信用的情况发生)。

(5) 对于开立保函业务,应区分保函的品种性质、期限的长短,对于期限超过1年的授信(特别是履约、投标保函、质量保函等)应加强分析,必要时应采取项目审核的角度去判断和识别(项目总投资、资金落实情况、配套落实等),核定授信行授信所承受风险的大小。

3. 客户生产和经营情况(内容可根据不同行业调整)

3.1 生产情况

(1) 主要产品。

(2) 主营业务范围。

(3) 主导产品,与同类产品相比有何主要特色,产品市场占有率。

(4) 生产周期(从原材料采购到生产加工、产品销售乃至货款回笼所需时间)。

(5) 主业对销售收入的贡献率。

(6) 主要产品的市场供求状况及今后趋势。

(7) 产销规模。

(8) 设备产能。

(9) 实际产销能力。

(10) 客户群体。

(11) 主要客户名称,对前10位客户销售额占总销售额的比例。

(12) 主要(原材料)供应商名称。

(13) 原材料采购过程中的主要付款方式。

(14) 产品销售过程中的主要付款方式。

(15) 应收账款的集中度以及账龄分布。

3.2 所处行业状况

(1) 行业内部竞争程度。

(2) 行业壁垒(业外企业进入该行业的难度)。

(3) 来自替代产品的压力。

(4) 供应商的讨价能力。

(5) 购买者的讨价能力。

(6) 客户在行业中所处的地位。

(7) 主要竞争对手及对比。

(8) 成本及费用控制能力。

(9) 技术工艺比较。

(10) 是否享有政策优势及其他优势。

3.3　投资项目情况

(1) 有无新增投资计划;如有,新增项目基本情况介绍。

(2) 对于流通企业,应通过调查申请人的主要经营范围、品种等,判断其经营特色与竞争优势。

(3) 对于投资类企业,应通过调查申请人的主要投资方向、投资结构及投资回报,分析其投资的合理性、风险性与收益性,以及投资项目管理情况。

4. 客户财务状况(科目不限于下列所列,根据企业情况准确调整)

(1) 资产类科目说明分析。

(2) 负债类科目说明分析。

(3) 所有者权益类科目说明分析。

(4) 损益类科目说明分析。

(5) 财务比率说明分析。

(6) 现金流量说明分析。

(7) 他行授信和贷款信息。

(8) 财务总体评价。

提示:

相关科目说明主要是与企业经营相关、有重大变化的科目明细和变动原因。

报表分析主要根据财务报表分析资产负债比率及流动资产和流动负债结构的近3年变化情况、现状、未来变动趋势,侧重于分析客户的短期偿债能力,主要包括:总资产、净资产、偿债能力指标中的资产负债比率、流动比率、速动比率;资产运营指标中的应收账款和存货周转天数;赢利能力指标中的销售利润率、净利润率;现金流量指标中的经营性、投资性、筹资性流入流出量和净现金流量等。

重点关注:

(1) 报表是否经过审计,有无保留意见。

(2) 报表中异常科目以及合理解释。

(3) 详细财务分析。除了三表分析以外,特别要比较分析企业现金流量表中近3年现金流量的变动情况,说明其现金流量对企业发展、还款能力的影响程度,现金流量结构的合理性等。

(4) 对借款人财务状况作出综合评价，并据以判断其还款能力。

(5) 说明企业提供财务报表的来源(审计或非审计、是否出具保留意见、合并报表范围等)。

(6) 财务数据的表格化。明确列明企业的主要会计科目数据，包括但不限于货币资金、长短期投资、应收应付、其他应收应付、预收预付、长短期借款、长期应付款、所有者权益中实收资本、资本公积、未分配利润等，损益类中主营业务收入、营业利润、净利润，现金流量表、资产负债率、流动比速动比、存货应收账款周转率等。

(7) 或有负债。或有负债指过去的交易或事项形成的潜在义务，其存在需通过未来不确定事项的发生或不发生予以证实；或过去的交易或事项形成的现时义务，履行该义务很可能导致经济利益流出企业或该义务的金额不能可靠地计量。具体形式有：商业票据背书转让或贴现、未决诉讼、未决仲裁、产品质量保证、担保、应收账款抵押等。注意企业或有负债的发生，尤其是对外担保的笔数和总额以及履行担保将对企业经营、资金周转以及银行贷款的归还产生什么影响。

注：调查报告中的财务报表格式为简表，应根据借款人的经营特点和关注的会计科目进行添加和删减，不可机械的填写。

5. 借款用途和还款来源分析

授信额度或贷款是否能满足客户生产经营正常需要(或季节性需要、高峰期需要、临时性需要等)、是否能充分支持其业务发展。

还款来源的落实情况，包括但不限于流动资金贷款还款来源的测算依据与明细测算过程、项目贷款还款计划与还款安排的测算依据与明细测算过程等。

6. 客户与我行的关系

(1) 在我行开户的情况，是否基本户或是按贷款比例在我行办理存款和结算，如不是基本户是否有望争取成为我行基本户。

(2) 在我行的日平均存款余额、结算业务量、综合收益。

(3) 批准授信额度后我行新增的存款、结算量及各项收益预测额。

(4) 客户如在我行贷款并已进行清分，要说明清分结果及情况。

7. 担保分析

审查分析担保风险的重点是，担保是否合法、合规，担保条件是否符合我行担保管理办法的相关要求，是否能够充分保障银行资金的安全。

对保证贷款，应对保证人进行资信分析，得出是否具备保证资格和保证能力的结论。

要审查保证人的保证资格、信用等级、保证系数、保证人的保证意愿与履约动机、保证的方式和法律责任等情况。对保证人财务实力不强、不乐意履行保证责任的，贷款应特别慎重。

担保人(保证人)的主体资格调查与申请人的资格调查方式和要求基本相同(原则上不接受子公司担保、对于上市公司的母公司下属公司担保必须谨慎对待)。

保证人财务实力的调查分析方法参照前述对申请人的调查评估方法进行，除分析保证人财务状况、现金流量外，还须掌握保证人目前对外担保的金额。特别的大型企业认可后可以简化。

担保情况分析的重点是担保人的资格、信用等级、评级机构、财务实力、抵(质)押品的变现能力、担保人的担保意愿、担保人履约的经济动机及与申请人之间的关系等。需向担保人收集与核实的资料。

通过调查担保人履行担保义务的历史记录,是否了解贷款的真实用途、担保人履约的经济动机以及与申请人之间的关系等。如果担保人是申请人的关联公司,或者担保人与申请人之间存在较多经济利益关系,应侧重分析有无代偿性现金来源,防止其通过互保、循环担保方式削弱担保的有效性。

对抵(质)押贷款,应分析该抵(质)押物能否充分保障授信额度的安全性。

(1) 确定抵(质)押物的合法性。重点审查:是否符合国家法律法规对抵(质)押物的要求,担保条件是否符合我行担保管理办法的相关要求,来源是否合法。

(2) 抵(质)押物名称、所在地、数量、质量和所有权(使用权)权属。重点审查:产权是否明晰。

(3) 抵(质)押物价值评价(注明评估、作价的方式,依据是什么)。

(4) 抵(质)押率测算。

(5) 抵(质)押物变现能力评价。重点审查:其资产评估方法是否正确,价格是否合理,变现能力强弱,抵(质)押率的计算是否科学,该抵押能否有效消除贷款风险,是否需要另行追加保证担保或抵(质)押物。

对质押贷款,关键是审查分析质物的资料是否齐全、完备,质物是否合法,出质人及开具存单等质物的机构是否出具了有关证明资料。

8. 主要风险点及风险控制措施

(1) 分析授信或贷款存在的主要风险点、预计清分结果,并说明理由。

(2) 提出风险控制措施,并制订切实可行的授信或贷款监管方案。

(3) 初步设定贷款发放的前提条件及尚需进一步落实的事项或注意的问题。

9. 综合结论和建议

(1) 客户总体评价。

(2) 明确的授信结论。必须包括但不限于授信主体的全称、授信金额、授信品种、期限、利率、担保方式、抵质押物的名称和抵质押率等信息。

妥否,请领导审批!

客户经理:　　　　　　　　支行长:

年　月　日

客户经理(调查岗)完成了调查研究和授信报告后,经支行审核岗审查,并通过支行决策岗审查后,将所有资料上报分行授信/贷款管理中心相关审查员进行审查。

3. 授信的审查、审议和审批

1) 分行授信/贷款管理中心审查

中心的审查本着"了解你的客户""了解你客户的业务""了解你客户的风险"原则,在审查审批过程中一般应要求把握以下内容：

(1) 完整性及调查工作与申报流程的合规性审查。①借款人、担保人(物)及具体贷款业务有关资料是否齐备，申报资料及其内容应合法、真实、有效；②贷款业务内部运作资料是否齐全，是否按规定程序操作，调查程序和方法是否合规，调查内容是否全面、有效，调查结论及意见是否合理。

(2) 借款人主体资格及基本情况审查。①借款人主体资格及经营资格的合法性，贷款用途是否在其营业执照规定的经营范围内；②借款人股东的实力及注册资金的到位情况，产权关系是否明晰，法人治理结构是否健全；③借款人申请贷款是否履行了法律法规或公司章程规定的授权程序；④借款人的银行及商业信用记录以及法定代表人和核心管理人员的背景、主要履历、品行和个人信用记录。

(3) 信贷业务政策符合性审查。①借款用途是否合法合规，是否符合国家宏观经济政策、产业行业政策、土地、环保和节能政策以及国家货币信贷政策等；②客户准入及借款用途是否符合银行区域、客户、行业、产品等信贷政策；③借款人的信用等级评定、授信额度核定、定价、期限、支付方式等是否符合银行信贷政策制度。

(4) 财务因素审查。主要审查借款人基本会计政策的合理性，财务报告的完整性、真实性和合理性及审计结论，要特别重视通过财务数据间的比较分析、趋势分析及同业对比分析等手段判断客户的真实生产经营状况，并尽量通过收集必要的信息，查证客户提供的财务信息的真实性、合理性。

(5) 非财务因素审查。主要包括借款人的企业性质、发展沿革、品质、组织架构及公司治理、财务管理、经营环境、所处的行业市场分析、行业地位分析、产品定价分析、生产技术分析、客户核心竞争能力分析等。

(6) 担保审查。对保证、抵押、质押等担保方式的合法、足值、有效性进行审查。

(7) 充分揭示信贷风险。①分析、揭示借款人的财务风险、经营管理风险、市场风险及担保风险等；②提出相应的风险防范措施。

(8) 提出授信方案及结论。在全面论证、平衡风险收益的基础上，提出审查结论。分行授信/贷款管理中心审查人员对调查人员提供的资料进行核实、评定，复测风险度，提出意见，确定授信额度，形成书面审查意见，经部门经理复核，报分行贷款审查委员会(简称贷审会)审议。

2) 贷审会审议

(1) 贷审会是行长领导下的授信业务决策的议事机构，对有权审批人审批授信业务起智力支持作用和制约作用。信贷决策必须由贷审会通过集体审议批准。

贷审会的成员一般由分管信贷的副行长及公司业务部、个人金融部、计划财务部、授信/贷款管理中心、信贷管理部、法律部等部门经理和专家组成，行长不得担任贷审会的成员。贷审会定期或不定期召开，审议上会的各项业务，贷审会审议表决应当遵循集体审议、明确发表意见、多数同意通过的原则，全部意见应当记录存档。被贷审会两次否决的贷款申请半年内不得提交贷审会审议。贷审会在授权授信范围内进行贷款决策审批，超出审批权限的要提出呈报意见，把填写好的《贷款审批表》连同相关资料，呈报上级行审批。

(2) 贷审会主要职责。审议职责范围内的授信事项,督促有关部门落实贷审会审议、行长审批的各类授信事项;指导和协调下级行贷审会工作。

(3) 贷审会审议的主要内容。①授信业务是否合法合规,是否符合国家产业政策、授信政策;②授信业务定价及其带来的综合效益,包括存款、结算、收益、结售汇业务等;③授信业务的风险和防范措施;④根据授信业务特点,需审议的其他内容。

(4) 贷审会工作程序。

受理→要件审查→会议准备→例会→审批→批复

贷审会审议通过的项目,报送行长签字审批。

知识链接

审批人员进行业务提交时几种提交动作的含义

(1) 通过。同意该申请,并将其发往上一级审批人员;如果是最后一级审批人员,那么该申请就进入发放流程,进行发放前的审核阶段。

(2) 否决。不同意该申请。具有否决权的人员选择否决时,该申请就会进入否决库,不再继续下面环节的审批。

(3) 发回补充资料。认为客户经理调查的资料需要补充,将其发回到调查人;补充完毕后直接回到现阶段。

(4) 再议。贷审会确认后并交秘书做总结,如果认为该申请需要重新上会,则选择再议;该申请先返回到调查人,由调查人补充完资料后提交给指定审查员审查后,由会前秘书分发,重新上会审议。

(5) 重审。具有要求重审权限的人员如果认为提交过来的申请需要重新审查,就可以选择重审,使该申请从调查人开始重新审起。

3) 行长签批

对贷审会通过的项目,行长签字审批,完成了授信审查的全过程。相关部门将授信批复文件和其他所有资料一并返回上报支行及经办客户经理,由客户经理通知借款人来行签订授信合同。

注意:行长可以行使"一票否决权",但贷审会否决的项目,行长无权批准通过。

4. 签订授信合同

授信额度批复后,银企双方约定时间面签授信合同和担保合同,并落实担保措施。

担保措施落实过程中的法律风险及防范是银行必须予以关注的内容。

1) 公司对外担保决议的审查

必须确保符合《公司法》第十六条对公司担保的规定:

(1) 公司为他人提供担保,依照公司章程的规定,由董事会或者股东会、股东大会决议。

(2) 公司章程对外担保的总额及单项担保的数额有限额规定的,不得超过规定的限额。

2）抵押权的设立

抵押物必须以完成符合法律规定的登记作为抵押权的设立。必要时要求抵押人投保财产险，且保单应注明银行为第一受益人。

3）质权的设立

（1）以汇票、支票、本票、债券、存单、仓单、提单为出质的，质权自权利凭证交付质权人时设立；没有权利凭证的，质权自有关部门办理出质登记时设立。

（2）以基金份额、证券登记结算机构登记的股权出质的，质权自证券登记结算机构办理出质登记时设立；以其他股权出质的，质权自工商行政管理部门办理出质登记时设立。

（3）以注册商标专用权、专利权、著作权等知识产权中的财产权出质的，质权自有关主管部门办理出质登记时设立。

（4）以应收账款出质的，质权自信贷征信机构（即中国人民银行征信中心）办理出质登记时设立。

（5）以动产出质的，质权自出质人完成向银行移交占有手续时设立。在移交占有过程中，应注意对交付手续法律有效性的确认。必要时要求出质人投保以银行为第一受益人的财产保险。

5. 客户用信

1）用信申请

客户向银行提出用信申请，填写《授信业务用信审批表》。

2）用信审批

用信前应经有权审批行进行出账审批，批准后方可办理用信手续，向客户提供信用。未达到用信条件的不得用信。授信管理部门必须对以下内容进行审查：

（1）用款前提条件是否满足。

（2）是否有商务合同。

（3）贷款金额、利率和期限是否符合授信合同要求，贷款金额是否在授信限额内。

（4）贷款用途。

（5）提款申请书、借款凭证。

知识链接

流动资金贷款期限、金额和利率的确定

一、贷款期限的确定

流动资金贷款期限主要依据企业的生产经营周期。企业的生产经营周期是指企业从投入资金购买原材料，通过储备、生产、销售，最终实现资金回笼的运动过程所需要的时间。银行应该根据借款人生产经营周期和有关条件合理确定流动资金贷款期限。贷款期限定与企业的生产经营周期不匹配，也是造成企业流动资金贷款到期无法按期还款的原因之一。

《流贷办法》则规定，贷款人应根据借款人生产经营的规模和周期特点，合理设定流动资金贷款的业务品种和期限，以满足借款人生产经营的资金需求，实现对贷款资金回笼的有效控制。

对于期限和还款方式，则应从借款人的结算周期、结算方式以及生产经营周期、货物运输时间等多方面进行确定。

对于贷款期限的确定，一般是在确定资产转换周期的基础上，来确定融资需求期，即借款人对支持生产经营的营运资金的需求期，以此可以来帮助确定贷款期限。一般可使用下例公式来计算融资需求期的长短：

融资需求期＝存货持有天数＋应收账款回收期－应付账款天数

其中，(存货持有天数＋应收账款回收期)称为经营性循环周期。

如某企业存货持有天数157天，应收账款回收期为59天，应付账款天数为48天。

融资需求期＝157＋59－48＝168(天)，故适合选择6个月的贷款期限。

二、贷款金额的确定

在某一周期，当资金的流出大于资金流入而使借款人自身资金不足以应付生产的时候，为了持续经营，借款人需要向银行借款，这也就是借款人贷款的原因。

《流贷办法》第六条规定，贷款人应合理测算借款人营运资金需求，审慎确定借款人的流动资金授信总额及具体贷款的额度，不得超过借款人的实际需求发放流动资金贷款。

贷款人应根据借款人生产经营的规模和周期特点，合理设定流动资金贷款的业务品种和期限，以满足借款人生产经营的资金需求，实现对贷款资金回笼的有效控制。

本条是办理流动资金贷款管理的纲领性要求。根据借款人的业务规模、经营特点等，合理确定借款人的营运资金需求和实际缺口，并根据审慎经营原则，在客户层面合理确定本机构可以对借款人发放的流动资金贷款总和，即流动资金授信总额。在具体发放每笔贷款的时候，还要审核该笔贷款是否确为借款人生产经营所需。

《流贷办法》第十六条规定，贷款人应根据借款人经营规模、业务特征及应收账款、存货、应付账款、资金循环周期等要素测算其营运资金需求，综合考虑借款人现金流、负债、还款能力、担保等因素，合理确定贷款结构，包括金额、期限、利率、担保和还款方式等。

本条主要说明测算流动资金贷款各要素如何确定，总的思路是首先考虑借款人用于日常经营营运资金需求量，再扣除其现有融资和能够投入到日常经营的自有资金，缺口即为新增流动资金贷款需求量。

对流动资金贷款进行需求测算是《流贷办法》的核心指导思想。这主要是考虑流动资金贷款支付频繁、周转速度快、支付管理控制的成本较高，但影响企业流动资金占用的因素相对较为明确，流动资金需求可进行合理测算等因素。同时，实践中流动资金贷款挪用也多是源于贷款人发放的流动资金贷款金额超出借款人实际流动资金需求。

营运资金＝流动资产－流动负债，是企业的自有资金。其主要包括净利润和折旧扣除资本性支出、股利支付、到期银行和其他借款后，可用于弥补营运资金缺口的资金。

流动资金贷款需求量应基于借款人日常生产经营所需营运资金与现有流动资金的差额(即流动资金缺口)确定。一般来讲，影响流动资金需求的关键因素为存货(原材料、半成品、产成品)、现金、应收账款和应付账款。同时，还会受到借款人所属行业、经营规模、发展阶段、谈判地位等重要因素的影响。银行业金融机构根据借款人当期财务报告和业务发展预测，按以下方法测算其流动资金贷款需求量：

（一）估算借款人营运资金量

借款人营运资金量影响因素主要包括现金、存货、应收账款、应付账款、预收账款、预付账款等。在调查基础上，预测各项资金周转时间变化，合理估算借款人营运资金量。在实际测算中，借款人营运资金需求可参考如下公式：

$$\text{营运资金量}=\text{上年度销售收入}\times(1-\text{上年度销售利润率})\times\frac{1+\text{预计销售收入年增长率}}{\text{营运资金周转次数}}$$

其中：

$$\text{营运资金周转次数}=\frac{360}{\text{存货周转天数}+\text{应收账款周转天数}-\text{应付账款周转天数}+\text{预付账款周转天数}-\text{预收账款周转天数}}$$

$$\text{周转天数}=360/\text{周转次数}$$

$$\text{应收账款周转次数}=\frac{\text{销售收入}}{\text{平均应收账款余额}}$$

$$\text{预收账款周转次数}=\frac{\text{销售收入}}{\text{平均预收账款余额}}$$

$$\text{存货周转次数}=\frac{\text{销售成本}}{\text{平均存货余额}}$$

$$\text{预付账款周转次数}=\frac{\text{销售成本}}{\text{平均预付账款余额}}$$

$$\text{应付账款周转次数}=\frac{\text{销售成本}}{\text{平均应付账款余额}}$$

（二）估算新增流动资金贷款额度

将估算出的借款人营运资金需求量扣除借款人自有资金、现有流动资金贷款以及其他融资，即可估算出新增流动资金贷款额度。

$$\text{新增流动资金贷款额度}=\text{营运资金量}-\text{借款人自有资金}-\text{现有流动资金贷款}-\text{其他渠道提供的营运资金}$$

（三）需要考虑的其他因素

（1）各银行业金融机构应根据实际情况和未来发展情况（如借款人所属行业、规模、发展阶段、谈判地位等）分别合理预测借款人应收账款、存货和应付账款的周转天数，并可考虑一定的保险系数。

（2）对集团关联客户，可采用合并报表估算流动资金贷款额度，原则上纳入合并报表范围内的成员企业流动资金贷款总和不能超过估算值。

（3）对小企业融资、订单融资、预付租金或者临时大额债项融资等情况，可在交易真实性的基础上，确保有效控制用途和回款情况下，根据实际交易需求确定流动资金额度。

（4）对季节性生产借款人，可按每年的连续生产时段作为计算周期估算流动资金需求，主要考虑贷款期限应匹配客户结算周期、生产周期、回款周期合理确定。

对于上述测算方法无法测出融资需求的客户，可在交易真实性的基础上，匹配相应的贸易背景和债项（各种负债情况）根据具体交易需求确定流动资金贷款额度，但须确保对交易过程中资金流向的控制。

案例分析：

某企业向银行申请流动资金贷款，银行需测算该企业流动资金贷款合理需求量。企业部分财务数据如表 2-1-2 所示。

表 2-1-2　企业部分财务数据　　单位：万元

科目	期初余额	期末余额
货币资金	6 000	7 000
应收账款	16 000	18 500
预付款项	4 000	5 000
存货	10 900	21 500
流动资金合计	36 900	52 000
短期借款	1 200	1 000
应付账款	16 500	15 000
预收款项	5 500	6 000
应交税费	1 400	1 300
一年内到期的非流动负债	4 300	3 000
流动负债合计	28 900	26 300

其他资料：

(1) 贷款申请年度的企业销售收入总额为 10 亿元，销售成本为 7 亿元，销售利润率约为 30%。

(2) 企业当年净利润为 7 000 万元，计划分红 2 100 万元。

(3) 企业预计第二年的销售收入年增长率为 10%。

(4) 企业未分配利润中用于营运资金周转的部分 2 000 万元。

(5) 企业当年固定资产折旧为 800 万元。

(6) 企业近期内有一笔 500 万元的短期贷款需要归还。

(7) 企业目前主要是通过银行贷款来筹措营运资金。

测算过程如表 2-1-3 所示。

表 2-1-3　企业营运资金周转次数测测算表

科目	期初余额（万元）	期末余额（万元）	平均余额（万元）	周转次数（次）	周转天数（天）
应收账款	16 000	18 500	17 250	5.80	62.10
预付账款	4 000	5 000	4 500	15.56	23.14
存货	10 900	21 500	16 200	4.32	83.31
应付账款	16 500	15 000	15 750	4.44	81.00
预收账款	5 500	6 000	5 750	17.39	20.70

(1) 估算营运资金周转次数。

营运资金周转次数＝360/(存货周转天数＋应收账款周转天数－应付账款周转天数＋预付账款周转天数－预收账款周转天数)＝360/(83.31＋63.10－81.00＋23.14－20.70)＝5.39(次)

(2) 估算借款人营运资金量。

营运资金量＝上年度销售收入×(1－上年度销售利润率)×(1＋预计销售收入年增长率)/营运资金周转次数＝100 000×(1－30％)×(1＋10％)÷5.39＝14 285.71(万元)

(3) 估算借款人自有资金。

可用自有资金＝未分配利润中可用于营运资金周转的部分＋当年净利润＋折旧－分红－计划归还贷款＝2 000＋7 000＋800－2 100－500＝7 200(万元)

(4) 估算新增流动资金贷款额度(借款人实际需要的流动资金贷款量)。

新增流动资金贷款额度(借款人实际需要的流动资金贷款量)

＝营运资金量－借款人自有资金－现有流动资金贷款－其他渠道提供的营运资金＝14 285.71－7 200－1 000－0＝6 085.71(万元)

三、贷款利率的确定

商业银行目前对企业流动资金贷款的利率的确定，一般是在人民银行相应期限的基准贷款利率的基础上，依据贷款风险程度的大小；期限长短；担保方式；资金供求状况；资金收益要求；与银行的关系(主要是对银行利润的贡献大小)等因素，进行综合考量后确定贷款的定价。

3) 签订借款(用信)合同

经审批同意的授信业务，在客户申请用信时，贷款人应和借款人须面签《借款(用信)合同》，并依法办理登记手续。

对于《借款(用信)合同》的条款和内容，《流贷办法》第二十条规定，贷款人应在借款合同中与借款人明确约定流动资金贷款的金额、期限、利率、用途、支付、还款方式等条款。包括但不限于以下内容：

(1) 贷款资金的支付方式和贷款人受托支付的金额标准。

(2) 支付方式变更及触发变更条件。

(3) 贷款资金支付的限制、禁止行为。

《流贷办法》要求借贷双方应在合同中约定有关支付管理的具体内容。主要包括：

(1) 该笔贷款的资金支付方式，是采用贷款人受托支付还是采用借款人自主支付方式。对采用贷款人受托支付方式的，还应在合同中约定受托支付的起付金额标准。

(2) 要约定贷款人应监督贷款资金支付使用情况，该笔贷款的资金支付方式将根据借款人实际适用资金情况发生变更，同时要详细约定触发贷款资金支付方式发生变更的条件，如借款人信用状况下降、主营业务盈利能力不强、贷款资金使用出现异常，借款人未按诚实信用原则依据约定用途使用资金等。

(3) 要明确约定贷款资金支付的限制和禁止性行为，如不能违反双方约定的用途或事项支付资金，不能将资金支付到违反国家法律法规禁止的领域等。

（4）为确保贷款人能够切实监督贷款用途，对采用贷款人受托支付方式的，借款人应在贷款发放前提交能够证明贷款资金用途的相关资料，对采用借款人自主支付方式的，应在贷款人要求的时间内提供用款记录和相关资料，已备贷款人检查。

《流贷办法》第二十条规定，贷款人应在借款合同中约定由借款人承诺以下事项：

（1）向贷款人提供真实、完整、有效的材料。

（2）配合贷款人进行贷款支付管理、贷后管理及相关检查。

（3）进行对外投资、实质性增加债务融资，以及进行合并、分立、股权转让等重大事项前征得贷款人同意。

（4）贷款人有权根据借款人资金回笼情况提前收回贷款。

（5）发生影响偿债能力的重大不利事项时及时通知贷款人。

《流贷办法》第二十二条规定，贷款人应与借款人在借款合同中约定，出现以下情形之一时，借款人应承担的违约责任和贷款人可采取的措施：

（1）未按约定用途使用贷款的。

（2）未按约定方式进行贷款资金支付的。

（3）未遵守承诺事项的。

（4）突破约定财务指标的。

（5）发生重大交叉违约事件的。

（6）违反借款合同约定的其他情形的。

《流贷办法》第三十一条规定，贷款人应通过借款合同的约定，要求借款人指定专门资金回笼账户并及时提供该账户资金进出情况。

《流贷办法》第三十四条规定，贷款人应根据法律法规规定和借款合同的约定，参与借款人大额融资、资产出售以及兼并、分立、股份制改造、破产清算等活动，维护贷款人债权。

《流贷办法》要求，借款人进行对外投资，实质性增加融资，进行合并、分立、股权转让等重大事项前应征得贷款人同意。

6. 出账处理

1）申请出账

经授信管理部门审核通过后，由客户经理将用信资料上报放款审核岗，经审核通过后，方可通知核心系统（会计系统）进行出账。

然后填写审批意见表和放款通知书，并由借款人按规定填写借款凭证，经银行审核无误后，交有权人签字，然后由核心系统（会计系统）出账。

2）贷款资金支付方式

《流贷办法》第二十四条规定，贷款人在发放贷款前应确认借款人满足合同约定的提款条件，并按照合同约定通过贷款人受托支付或借款人自主支付的方式对贷款资金的支付进行管理与控制，监督贷款资金按约定用途使用。

（1）贷款人受托支付。贷款人受托支付是指贷款人根据借款人的提款申请和支付委托，将贷款通过借款人账户支付给符合合同约定用途的借款人交易对象。

(2) 借款人自主支付。借款人自主支付是指贷款人根据借款人的提款申请将贷款资金发放至借款人账户后,由借款人自主支付给符合合同约定用途的借款人交易对象。

3) 贷款资金支付方式原则

《流贷办法》明确了原则上应采用贷款人受托支付方式的几种情形:

(1) 按照"了解你的客户"的原则,对于新客户,特别是与借款人新建立信贷业务关系且借款人信用状况并不十分优良的客户,原则上要采用贷款人受托支付方式。

(2) 对支付对象明确且单笔支付金额较大的贷款资金支付,原则上都要采用贷款人受托支付方式,商业银行要核对所有文本单据和客户申请文件。

(3) 对贷款人认定的其他情形,如贸易融资相关品种等的对外支付,原则上也应采用贷款人受托支付方式。

采用借款人自主支付的,贷款人应按借款合同约定要求借款人定期汇总报告贷款资金支付情况,并通过账户分析、凭证查验或现场调查等方式核查贷款支付是否符合约定用途。

在贷款人受托支付方式下,贷款发放和支付属于不间断、连续完成的动作,即在贷款支付前,贷款人应确认借款人符合贷款发放条件,且其支付对象符合借款合同约定用途,支付事项与其提交的交易合同等相关资料一致,即将贷款资金通过借款人的账户办理发放和支付,同时将贷款资金通过借款人账户支付给借款人交易对象。这种方式下,贷款资金均不能在借款人账户上停留,真正做到"实贷实付",可有效避免贷款资金被挪用。

7. 用信(贷)后管理

企业贷款发放后 7 日内必须落实首次现场检查,且现场检查的间隔时间原则上不得超过 3 个月。

针对客户所属行业及经营特点,客户经理通过定期与不定期现场检查与非现场监测,对贷款用途是否符合、企业财务状况、抵(质)物现状、后续资料是否及时报送等内容进行全面检查,分析借款人经营、财务、信用、支付、担保及融资数量和渠道变化等状况,掌握各种影响客户偿债能力的风险因素,然后以贷后检查报告的形式反映检查结果以及对发现问题的处理意见。

贷款人可根据客户信用状况、融资情况等,与客户协商签订账户管理协议,明确约定专门的资金回笼账户,加强对指定账户回笼资金进出的管理与监控。在对借款人实行动态监测过程中,应特别关注大额及异常资金以及关联企业间资金流入流出情况,及时发现风险隐患。

贷款人应在事后对借款人的支付情况进行定期检查或不定期抽查,要求借款人提交实际支付的相关凭证(交易合同、发票、支付凭证等),以分析借款人是否按约定的金额和用途实施了支付,检查的手段和内容由贷款人根据需要确定。

例如,通过与支付凭证和账户流水的核对,判断借款人实际支付清单的可信性;借款人实际支付事项是否符合借款合同关于用途的约定;借款人实际支付事项是否与其提款申请时的计划支付事项一致;借款人实际支付是否超过借款人自主支付的金额标准;借款人是否存在化整为零规避贷款人受托支付的情形等。

《流贷办法》第三十二条规定，贷款人应动态关注借款人经营、管理、财务及资金流向等重大预警信号，根据合同约定及时采取提前收贷、追加担保等有效措施防范化解贷款风险。

(1) 借款人(保证人)的经济状况发生重大不利变化，涉及法律诉讼等。

(2) 借款人没有按照合同规定用途使用贷款。

(3) 无法根据客户提供的联系方式联系到客户。

(4) 未经银行同意，抵押人擅自将抵押品转让、处置。

(5) 抵(质)押品损毁、灭失。

(6) 抵(质)押品的价值下降，导致抵(质)押率可能或已经超过银行规定的最高值。

(7) 借款人所购住房未能按时办理产权抵押手续等。

客户经理应将这些预警信息实行分级分类管理。对重大预警信息，应在第一时间分析了解其对贷款的影响，并及时采取有效措施提前收回贷，或要求客户追加更可靠、更充足的担保等。

知识链接

贷款清分

1998 年，中国人民银行《关于开展清理信贷资产、改进贷款分类工作的通知》要求“开展清理信贷资产，改进贷款分类工作(以下简称清分工作)”。清分即清理信贷资产，改进贷款分类的简称。

一、我国贷款分类的沿革

1998 年以前，中国的商业银行一直按照财政部 1988 年《金融保险企业财务制度》的要求，把贷款划分为正常、逾期、呆滞、呆账，后三类，即“一逾两呆”合称为不良贷款。

(1) 逾期贷款指借款合同约定到期(含展期后到期)未归还的贷款。

(2) 呆滞贷款指按财政部有关规定，逾期(含展期后到期)超过规定年限(2 年)以上仍未归还的贷款，或虽未逾期或逾期不满规定年限但生产经营已终止、项目已停建的贷款。

(3) 呆账贷款指按财政部有关规定经确认已无法收回(需要核销)的贷款列为呆账贷款。

2001 年，中国人民银行颁布的《贷款风险分类指导原则》规定了贷款的五级分类标准，贷款按风险程度划分为五类，即正常、关注、次级、可疑、损失。其中次级、可疑和损失合称为不良贷款。

2003 年银监会发布的《关于推进和完善贷款风险分类工作的通知》规定，从 2004 年 1 月 1 日起，我国全面推行五级分类制度，停止执行“一逾两呆”分类制度，同时把实施五级分类的范围从贷款扩大到表外业务。

2004 年 1 月 1 日起，全面实施新的贷款分类制度。

二、五级分类

传统的贷款分类方法主要是以贷款是否逾期和逾期时间长短作为判断贷款风险大

小的依据，实质上是对贷款风险的一种事后统计，不利于银行对贷款风险进行事前控制。

“五级分类”方法是指在对信贷资产进行分类时，以该笔贷款遭受风险程度的大小来判断其内在风险和贷款的真实价值，是一种国际通行的贷款信用风险划分方法。

三、“一逾两呆”和“五级分类”的基本区别

“一逾两呆”方法强调按贷款的期限划分正常贷款和不良贷款，注重贷款形式和手续完备情况的考核。

“五级分类”方法强调按贷款的质量划分正常贷款和不良贷款，注重于对贷款第一还款来源的考虑。

四、五级分类的目的

(1) 揭示信贷资产的实际价值和风险程度，真实、全面、动态地反映信贷资产质量。

(2) 及时发现信贷资产发放、监控、催收和不良资产清理中存在的问题，通过实施差异化信贷管理办法，最大限度地降低风险、减少损失。

(3) 为提取贷款损失准备金提供依据。银监会对商业银行五级分类的监管思路是“提高贷款五级分类准确性——提足拔备——做实利润——资本充足率达标”。

五、五类贷款的特征

五类贷款的主要特征和关键特征如表 2-1-4 所示。

表 2-1-4　五类贷款的主要特征

分类	主要特征	关键特征
正常	借款人有能力履行承诺，并且对贷款的本金和利息进行全额偿还，没有有问题的贷款	偿还有充分把握，不会有损失
关注	(1) 净现金流量减少 (2) 借款人销售收入、经营利润在下降，或净值开始减少，或出现流动性不足的征兆 (3) 借款人的一些关键财务指标低于行业平均水平或有较大下降 (4) 借款人经营管理有较严重问题，借款人未按规定用途使用贷款 (5) 借款人还款愿意差，不与银行积极合作 (6) 贷款的抵押品、质押品价值下降 (7) 银行对抵押品失去控制	偿还没有问题，但是存在潜在缺陷，继续存在下去将会影响贷款的偿还
次级	(1) 借款人支付出现困难，并且难以按市场条件获得新的资金 (2) 借款人不能偿还对其他债权人的债务 (3) 借款人内部管理问题未解决，妨碍债务的及时足额清偿 (4) 借款人采取隐瞒事实等不正当手段套取贷款	次级类贷款已有明显缺陷，正常经营收入已不足以保证还款
可疑	(1) 借款人处于停产、半停产状态 (2) 固定资产贷款项目处于停缓状态 (3) 借款人已资不抵债 (4) 银行已诉诸法律来收回贷款 (5) 贷款经过重组，仍然逾期，或仍然不能正常归还本息	可疑类贷款有明显缺陷；即使执行抵押、担保也肯定要发生一部分损失

（续表）

分类	主要特征	关键特征
损失	(1) 借款人无力偿还，抵押品价值低于贷款额 (2) 抵押品价值不确定 (3) 借款人已彻底停止经营活动 (4) 固定资产贷款项目停止时间很长，复工无望等	贷款要大部分或全部发生损失

六、从五级分类到多级分类

《贷款风险分类指导原则》虽然对五级贷款进行了定义，但较为笼统，商业银行在执行中均制定了实施细则。银监会《关于推进和完善贷款风险分类工作的通知》提出商业银行可以"在保证五级分类工作质量的前提下，有条件的可根据五级分类的基本原理，参照巴塞尔新资本协议所确定的风险分类理念，进一步细化风险分类方法"。

国际银行业对贷款进行多级分类已成为趋势。我国银行业也在推广多级贷款分类（如表 2-1-5 所示）。

表 2-1-5　十级分类标准

分类	概念		特征
正常	借款人能够履行合同，没有足够理由怀疑贷款本息不能按时足额偿还	一级	贷款基本情况、还款能力、担保、非财务因素都比较好，客户信用评级在 AA＋级以上
		二级	贷款基本情况、还款能力、担保、非财务因素均正常，客户信用评级在 AA－级以上
		三级	贷款基本情况、还款能力、担保、非财务因素均正常，客户信用评级在 A 级以上
		四级	贷款基本情况、还款能力、担保、非财务因素尚可，但最近两季现金净流量有不合理趋势，仍能还本付息
关注	尽管借款人目前有能力偿还贷款本息，但存在一些可能对偿还产生不利影响的因素，继续发展下去将可能影响贷款的偿还	一级	①未按合同用款；②发生影响偿债能力和意愿的重大事项；③本金逾期或利息拖欠 31～90 天；④收入、利润下降，或净资产开始减少或出现流动性不足的征兆，开始短贷长用；⑤重点财务比率低于行业平均或较大下降；⑥净现金流呈连续下降趋势，现金流不足，可能影响还贷能力；⑦抵质押物价值下降，或未能有效控制；⑧保证人发生重大变化，不配合贷后检查；⑨借款人不与银行配合，不及时提供报表，不及时报告重大变化；⑩ 借款人产品市场占有率大幅下降，重要客户流失；⑪ 银行对贷款缺乏有效监督，未及时掌握借款人重大变化
		二级	较关注类一级所列情况恶化：①本金逾期或利息拖欠 91～180 天；②长期依赖短贷长用；③抵质押变现困难，担保人保证能力不足；④担保手续不全，缺乏合法性，担保物未买保险；⑤项目配套措施出现不利；⑥属于国家限制或禁止的行业；⑦借款人未能实现对银行的承诺；⑧恶意转移资产；⑨档案管理出现问题，重要文件遗失；⑩ 银行违规发放贷款

（续表）

分类	概念		特征	
次级	借款人还款能力出现明显问题，依靠正常经营收入无法足额偿还本息，即使执行担保，也可能造成一定损失	一级	①资金挪用；②本金逾期或利息拖欠 181～360 天；③亏损，净现金流为负；④难以获得新的资金；⑤财务状况恶化，还款能力下降；⑥债务规模继续扩大，无法按期还贷；⑦正常经营收入无力还款，只能执行担保还款；⑧卷入经济纠纷；⑨采取隐瞒事实等不正当手段套取贷款	预计损失≤30%
		二级	较次级类一级所列情况恶化：①本金逾期或利息拖欠 181～360 天；②借款人卷入经济纠纷，企业法人或管理人员被起诉逮捕可能给企业造成损失；③借款人在改制过程中未能落实银行债务	预计损失 30%～50%
可疑	借款人无法足额偿还贷款本息，即使执行担保，也肯定造成较大损失		①本金逾期或利息拖欠 361 天以上；②债务重组后仍无法还贷；③财务状况恶化，连续两年亏损，负债率超过 90%；④处在停产半停产状态	预计损失 50%～70%
损失	在采取所有可能的措施或一切必要的法律程序之后，本息仍然无法收回，或只能收回极少一部分		①借款人和担保人破产清偿后，仍不能还清贷款；②款人名存实亡，经确认无法还清贷；③无保险赔偿，或赔偿后仍未能还清贷款	预计损失 90%～100%

七、贷款分类时应主要考虑的因素

（1）借款人的还款能力。

（2）借款人的还款记录。

（3）借款人的还款意愿。

（4）贷款项目的盈利能力。

（5）贷款的担保。

（6）贷款偿还的法律责任。

（7）银行的信贷管理状况。

对贷款分类的最重要的依据是贷款归还的可能性。对贷款进行分类时，要以评估借款人的还款能力为核心，把借款人的正常营业收入作为贷款的主要还款来源，贷款的担保作为次要还款来源。借款人的还款能力包括借款人现金流量、财务状况、影响还款能力的非财务因素，如还款愿意、银行管理和法律问题等。

商业银行应至少每季度对全部贷款进行一次分类。如果影响借款人财务状况或贷款偿还因素发生重大变化，应及时调整对贷款的分类。

八、银行风险准备金（拨备）的计提

拨备是指银行业按五级分类贷款标准及风险资产所提取的风险准备金。拨备包括一般拨备、专项拨备和特种拨备。

（1）一般拨备（亦称一般准备）。一般拨备是指用于弥补尚未识别的可能性损失的拨备。主要用于信用卡透支、贴现、银行承兑汇票垫款、信用证垫款、担保垫款、进出口押汇、拆出资金、应收账款、投资(包括股权、债权)等。计提标准银行原则上应不低于风险资产的期末余额的1%。

(2) 专项拨备(亦称专项准备)。专项拨备是指根据《贷款风险分类指导原则》,对贷款进行风险分类后,按每笔贷款损失的程度计提的用于弥补专项损失的拨备。根据人民银行《贷款损失准备计提指引》及财政部有关文件规定,在五级分类中,按关注2%、次级25%、可疑50%、损失100%的拨备率计提;正常贷款是否计提拨备由银行自主决定。

(3) 特种拨备(亦称特种准备)。特种拨备是指针对某一国家、地区、行业或某一类贷款风险计提的拨备。由银行根据不同类别贷款的特殊风险情况、风险损失概率及历史经验自行确定。

贷款拨备率或贷款拨备覆盖率,指为了预防不良资产的发生而准备的金额的比例,实际上就是呆、坏账准备金的提取比率。是衡量商业银行不良贷款损失、坏账准备金是否充足的重要指标。计算公式为:

贷款拨备覆盖率＝提留的贷款损失准备金总额÷不良贷款总额×100%

一般情况下拨备覆盖率只要100%就可以了,也就是说只要坏账有多少拨备就多少。然而有很多不可预知的状况发生,银行为了体现稳健的财务政策,往往拨备覆盖率比较高,有些财务保守稳健的银行拨备覆盖率高达300%。银监会要求我国商业银行的拨备覆盖率不得低于150%。

总而言之,拨备率的高低应适合贷款风险程度,不能过低导致拨备金不足,利润虚增;也不能过高导致拨备金多余,利润虚降;应对拨备前利润(拨备前利润即指尚未扣除风险准备金的利润,等于净利润与风险准备金之和)和拨备后利润综合评价和考核。在经营管理中,兼顾效益与质量、加快发展与防范风险、短期与长期利益的关系,实事求是提高增强抵御风险的能力。

九、贷款回收

(一) 贷款本息的回收

贷款人在短期贷款到期一个星期之前、中长期贷款到期一个月之前,应当向借款人发送还本付息通知单,并在规定的付息时间,由银行会计部门按合同约定的利率和付息方式计算利息,从借款人账户划收。借款人提前归还贷款,应当与贷款人协商。借款人还清贷款后,贷款行应将质押物交还出质人,或者向抵押人出具借款合同履行完结的证明,抵押人凭此到登记部门办理抵押登记注销手续。

(二) 贷款展期

借款人因各项原因不能按时还款的,可在贷款到期前10个工作日向银行提出展期申请,并填写《借款展期申请书》。贷款人应审查贷款所对应的资产转换周期的变化原因和实际需要,决定是否展期,并合理确定贷款展期期限,加强对展期贷款的后续管理。

流动资金贷款展期期限累计不得超过原贷款期限;固定资金贷款展期,中期贷款(3至5年期)展期期限不得超过原贷款期限的一半,长期贷款(5年以上)展期期限不得超过

3年，且只能展期一次。贷款展期，期限累计计算。累计期限达到新的利率期限档次时，自展期之日起，按展期日挂牌的同档次利率计息；达不到新的期限档次时，按展期日的原档次利率计息。

《流贷办法》第三十五条规定，流动资金贷款需要展期的，贷款人应审查贷款所对应的资产转换周期的变化原因和实际需要，决定是否展期，并合理确定贷款展期期限，加强对展期贷款的后续管理。

对需要展期的贷款，贷款人要审慎审查贷款所对应的资产转换周期的变化原因和实际需要。一般情况下，对生产经营正常、具有偿付贷款本息能力，还贷意愿好，无逃废债务或恶意欠息等不良信用记录，能及时向贷款人提供准确、完整的财务报告，配合贷款人的调查、审查和检查，没有违反借款合同约定条款行为的借款人，如因原定贷款期限短于企业生产经营周期测算期限，或因归还贷款计划过于集中导致借款人还贷困难等原因，贷款人可以为其办理展期。对展期贷款，要严格监控，确保按时还款。

（三）贷款重组

《流贷办法》第三十六条规定，流动资金贷款形成不良的，贷款人应对其进行专门管理，及时制定清收处置方案。对借款人确因暂时经营困难不能按期归还贷款本息的，贷款人可与其协商重组。

贷款重组是为贷款人为降低和化解贷款风险而采取的补救措施。

对于贷款重组，贷款人要权衡即时清收与贷款重组的利弊，审慎审查借款人的还款意愿和落实还款计划的能力、贷款担保的保障能力，分析预期风险变化情况，合理确定重组方案，最大限度化解风险和减少损失。

（四）逾期或违约贷款的清收

对逾期贷款，贷款人应及时发出催收通知单，做好逾期贷款本息的催收工作，并按规定加收罚息，必要时可通过诉讼或仲裁程序解决；属于担保贷款的，贷款人可以要求保证人承担保证责任，或者依法行使抵押权或质权。

知识链接

贷款卡

贷款卡是人民银行颁发给注册地企业向国内各金融机构申请贷款的资格证书，由于它记录了企业在所有金融机构借款的笔数、金额、期限、归还记录和借款余额等信息，是金融机构防范贷款风险的工具。

按央行规定，凡与金融机构发生信贷关系的企(事)法人、其他经济组织，应向央行申领贷款卡，且只能申领一张，其编码是唯一的，如遗失、损坏，可向央行申请挂失或换发，换发后编码不变。贷款卡由借款人持有，在全国通用，向金融机构借款时须提供贷款卡。

知识链接

信贷额度的相关规定

(1)《中华人民共和国商业银行法》规定商业银行应遵守资产负债比例管理：贷款余

额与存款余额之比不得超过75%；对同一借款人的贷款余额与商业银行资本余额之比不得超过10%。

(2)《商业银行风险监管核心指标(试行)》第九条规定：单一集团客户授信集中度为最大一家集团客户授信总额与资本净额之比不应高于15%；单一客户贷款集中度为最大一家客户贷款总额与资本净额之比不应高于10%。

(3)《银行开展小企业贷款业务指导意见》规定：对小企业出口信用证贷款最高可支持到信用证金额的80%；一般营运周转贷款原则上可支持到企业最近一年报税营业额的20%。

知识链接

银行核保

银行核保是指银行的公司授信及个人经营性授信业务的《授信业务审批表》审批后，由银行双人对受信人、担保人的相关法律文件的签署过程进行现场核实，并参与抵(质)押登记办理等工作。

核保工作要求：

(1) 对需要在签字样本、授信或借款合同和资料上签字的所有人员，核保人应核对签字人身份，并当面签署，签署的姓名必须与身份证明文件一致，并留存“与原件核对一致”字样的身份证明文件复印件。

(2) 合同或协议的签订原则上应由法定代表人签字或加盖其印章，并加盖公章或合同专用章，若由法定代表人授权代理人签订的，必须由授权代理人签字，并由法定代表人出具授权委托书。

(3) 抵(质)押登记证明文件的办理必须双人前往相关登记部门送审并取得，不得由客户代办、邮寄，但风险经理可由个贷管理部门抵押登记岗替代前往办理。

(4) 办理抵(质)押登记时，核保人员提供给登记部门的所有文件必须与放款时提供的文件一致。

实验案例

一、授信额度实验案例

(一) 基本信息

案例类型：授信额度

案例名称：上海三元商贸有限公司申请授信额度

贷款业务终结设置：结清

贷款账号：0000000000000000

借款借据中：

放款账号：0000000000000000

结算账号：55012376459821087

贷款利率：0

上浮比例：0

年利率：0

案例编号：C010

（二）公司授信额度信息

月均还款额：0

归还借款支出：0

风险限额匡算表中：

上年度末本行授信余额：50.00万元

上年度末全部金融机构授信余额：50.00万元

匡算结果表中：

上年度末中行对客户全部授信总余额：50.00万元

上年度末全部金融机构对客户全部授信总余额：50.00万元

公司贷款/结算授信评审表中：

在我行贷款余额：50.00万元

在其他银行贷款余额：0

公司贷款评审表中：

其他借款：0

不良贷款余额：0

出口创汇额：189.00万美元

结清日期：授信额度生效日起12个月

归还本金：0

合计本息：0

欠息金额：0

（三）案例描述

上海三元商贸有限公司，具有进出口自主经营权，根据外贸结算中出口押汇的需要，向我行申请800 000.00元的出口押汇授信额度，期限1年，以该公司评估价值900 000.00元的自有房产作抵押。

二、流动资金贷款实验案例

（一）基本信息

案例类型：流动资金贷款

案例名称：上海亚一商贸有限责任公司申请流动资金贷款

贷款业务终结设置：展期

贷款账号：22089042136789086

借款借据中：

放款账号：22089042136789086

结算账号：55012376459821049

贷款利率：5.56％

上浮比例：0

案例编号：C001

（二）公司贷款信息

月均还款额：0

归还借款支出：0

借款借据中：

放款账号：22089042136789086

结算账号：55012376459821049

风险限额匡算表中：

上年度末本行授信余额：100.00 万元

上年度末全部金融机构授信余额：100.00 万元

匡算结果表中：

上年度末中行对客户全部授信总余额：100.00 万元

上年度末全部金融机构对客户全部授信总余额：100.00 万元

公司贷款/结算授信评审表中：

在我行贷款余额：20.00 万元

在其他银行贷款余额：0

公司贷款评审表中：

其他借款：0

不良贷款余额：0

出口创汇额：0

流动资金合同中：

流动资金贷款利率：5.56％

展期信息：

展期期限(月)：3 个月

展期后到期日期：展期日开始起 3 个月

展期后利率：5.56％

（三）案例描述

上海亚一商贸有限责任公司，系上海 999 电池股份有限公司的全资子公司，公司向我行申请流动资金贷款授信额度 1 000 000.00 元。额度批复后，公司在额度内向我行申请流动资金贷款，金额 200 000.00 万元，期限 9 个月，利率 5.56％，以销货款作为还款来源，到期一次还本付息。该笔贷款到期不能正常归还，已批准展期 3 个月。

操作流程与内容

（1）授信额度业务系统操作流程(如图 2-1-2 所示)。

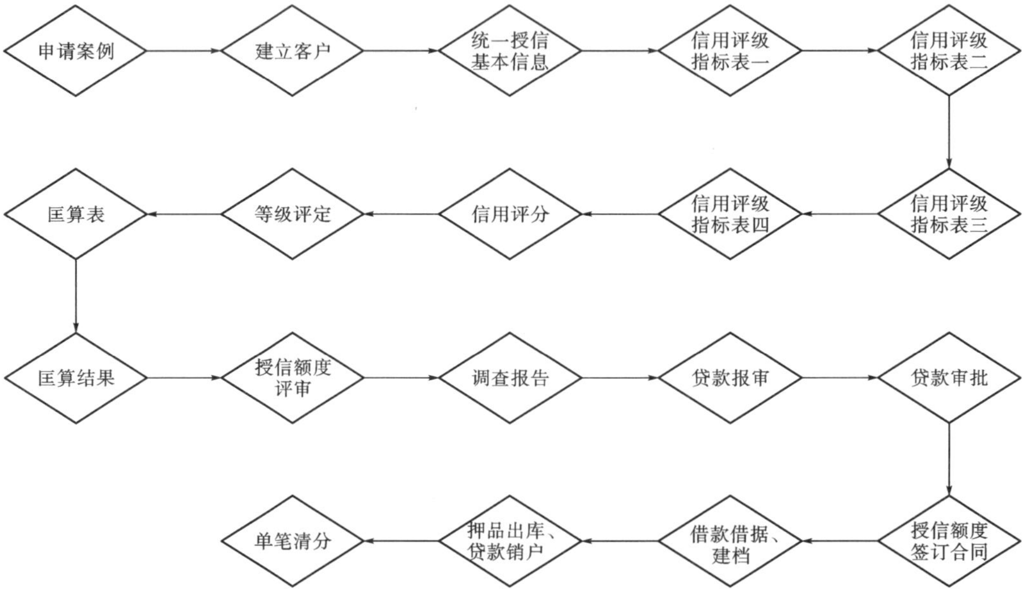

图 2-1-2　授信额度业务系统操作流程图

第一步：打开实验中心查看《银行信贷实验教学平台》中“授信额度”内相应的案例详情以及相关单据，进行“案例申请”操作。

第二步：申请案例后，在《银行信贷实验教学平台》中“客户管理”模块下“客户信息管理”中，进行“建立客户”操作。

第三步：“建立客户”后，在《银行信贷实验教学平台》中“客户授信”模块下“统一授信基本情况”中进行“统一授信基本情况信息表”操作。

第四步：“统一授信基本情况信息表”后，在《银行信贷实验教学平台》中“客户授信”模块下“信用评级”中进行“信用评级指标表一”操作。

第五步：“统一授信基本情况信息表”后，在《银行信贷实验教学平台》中“客户授信”模块下“信用评级”中进行“信用评级指标表二”操作。

第六步：“统一授信基本情况信息表”后，在《银行信贷实验教学平台》中“客户授信”模块下“信用评级”中进行“信用评级指标表三”操作。

第七步：“统一授信基本情况信息表”后，在《银行信贷实验教学平台》中“客户授信”模块下“信用评级”中进行“信用评级指标表四”操作。

第八步：“统一授信基本情况信息表”后，在《银行信贷实验教学平台》中“客户授信”模块下“信用评级”中进行“信用评分”操作。

第九步：“统一授信基本情况信息表”后，在《银行信贷实验教学平台》中“客户授信”模块下“信用评级”中进行“等级评定”操作。

第十步：“统一授信基本情况信息表”后，在《银行信贷实验教学平台》中“客户授信”模块下“匡算表”中进行“建立匡算”操作。

第十一步：“统一授信基本情况信息表”后，在《银行信贷实验教学平台》中“客户授信”模块下“匡算表”中进行“匡算结果”操作。

第十二步：“客户授信的匡算结果”后，在《银行信贷实验教学平台》中“业务管理”模块下“贷前调查”中进行“受理申请”操作。

第十三步：“受理申请”后，在《银行信贷实验教学平台》中“业务管理”模块下“贷前调查”中进行“授信额度评审”操作，评审分为“授信额度评审表”“授信项目审报表”。

第十四步：“授信额度评审”后，在《银行信贷实验教学平台》中“业务管理”模块下“贷前调查”中进行“调查报告”操作。

第十五步：“调查报告”后，在《银行信贷实验教学平台》中“业务管理”模块下“贷款报审”中进行“出口押汇报审”操作。

第十六步：“出口押汇报审”后，在《银行信贷实验教学平台》中“业务管理”模块下“贷款审批”中进行“出口押汇审批”的操作。

第十七步：“出口押汇审批”后，在《银行信贷实验教学平台》中“业务管理”模块下“贷款发放”模块中进行“授信额度签订合同”操作。

第十八步：“授信额度签订合同”操作完毕后，在《银行信贷实验教学平台》中“业务管理”模块下“贷款发放”中进行“借款借据”和“建档”操作。

第十九步：“借款借据”和“建档”操作操作完毕后，在《银行信贷实验教学平台》中“押品出库＋贷款销户”的模块下中进行“押品出库”“出口押汇销户”操作。

第二十步：“出口押汇销户”操作完毕后，在《银行信贷实验教学平台》中“五级清分”模块下“单笔清分”中进行“单笔清分客户信息”的操作，其中分为“客户概要信息”“授权业务信息”“分类意见”。

至此，授信额度业务流程完毕。

链接 2-1-1　授信额度业务

（2）流动资金贷款业务系统操作流程。

第一步：打开实验中心查看《银行信贷实验教学平台》中“流动资金贷款”内相应的案例详情以及相关单据，进行“案例申请”操作。

第二步：申请案例后，在《银行信贷实验教学平台》中“客户管理”模块下“客户信息管理”中，进行“建立客户”操作。

第三步："建立客户"后，在《银行信贷实验教学平台》中"客户授信"模块下"统一授信基本情况"中进行"统一授信基本情况信息表"操作。

第四步："统一授信基本情况信息表"后，在《银行信贷实验教学平台》中"客户授信"模块下"信用评级"中进行"信用评级指标表一"操作。

第五步："统一授信基本情况信息表"后，在《银行信贷实验教学平台》中"客户授信"模块下"信用评级"中进行"信用评级指标表二"操作。

第六步："统一授信基本情况信息表"后，在《银行信贷实验教学平台》中"客户授信"模块下"信用评级"中进行"信用评级指标表三"操作。

第七步："统一授信基本情况信息表"后，在《银行信贷实验教学平台》中"客户授信"模块下"信用评级"中进行"信用评级指标表四"操作。

第八步："统一授信基本情况信息表"后，在《银行信贷实验教学平台》中"客户授信"模块下"信用评级"中进行"信用评分"操作。

第九步："统一授信基本情况信息表"后，在《银行信贷实验教学平台》中"客户授信"模块下"信用评级"中进行"等级评定"操作。

第十步："统一授信基本情况信息表"后，在《银行信贷实验教学平台》中"客户授信"模块下"匡算表"中进行"建立匡算"操作。

第十一步："统一授信基本情况信息表"后，在《银行信贷实验教学平台》中"客户授信"模块下"匡算表"中进行"匡算结果"操作。

第十二步："客户授信的匡算结果"后，在《银行信贷实验教学平台》中"业务管理"模块下"贷前调查"中进行"受理申请"操作。

第十三步："流动资金贷款受理申请"后，在《银行信贷实验教学平台》中"业务管理"模块下"贷前调查"中进行"流动资金贷款评审"操作，评审分为"公司贷款评审表""贷款项目审报表"。

第十四步："流动资金贷款评审"后，在《银行信贷实验教学平台》中"业务管理"模块下"贷前调查"中进行"调查报告"操作。

第十五步："调查报告"后，在《银行信贷实验教学平台》中"业务管理"模块下"贷款报审"中进行"贷款报审"操作。

第十六步："贷款报审"后，在《银行信贷实验教学平台》中"业务管理"模块下"贷款审批"中进行"贷款审批"操作。

第十七步："贷款审批"后，在《银行信贷实验教学平台》中"业务管理"模块下"贷款发放"模块中进行"流动资金贷款签订合同"操作。

第十八步："流动资金签订合同"操作完毕后，在《银行信贷实验教学平台》中"业务管理"模块下"贷款发放"中进行"借款借据"和"建档"操作。

第十九步："借款借据"和"建档"操作操作完毕后，在《银行信贷实验教学平台》中"贷款展期"的模块下中进行"贷款展期"操作。

第二十步："贷款展期"操作完毕后，在《银行信贷实验教学平台》中"五级清分"模块下"单笔清分"中进行"单笔清分客户信息"操作，其中分为"客户信息""授权业务信息""分类意见”。

至此，流动资金贷款业务流程完毕。

链接 2-1-2　流动资金贷款业务

实验练习

一、授信额度实验练习

（一）基本信息

案例类型：授信额度

案例名称：上海兹元实业发展有限公司申请授信额度

贷款业务终结设置：结清

贷款账号：00000000000000000

贷款利率：0

上浮比例：0

案例编号：C020

（二）公司授信额度信息

月均还款额：0

归还借款支出：0

借款借据中：

放款账号：00000000000000000

结算账号：55012376459821041

风险限额匡算表中：

上年度末本行授信余额：65.00 万元

上年度末全部金融机构授信余额：65.00 万元

匡算结果表中：

上年度末中行对客户全部授信总余额：65.00 万元

上年度末全部金融机构对客户全部授信总余额：65.00 万元

公司贷款/结算授信评审表中：

在我行贷款余额：65.00 万元

在其他银行贷款余额：0

公司贷款评审表中：

其他借款：0

不良贷款余额：0

出口创汇额：0

结清日期：授信额度生效日起 12 个月

归还本金：0

合计本息：0

欠息金额：0

（三）案例描述

上海兹元实业发展有限公司，系一家私营企业，主营橡胶输送带系列产品，公司向我行申请短期贷款授信额度 500 000.00 元，期限 1 年，以评估价值 920 000.00 元的公司自有房产作抵押。

二、流动资金贷款实验练习

（一）基本信息

案例类型：流动资金贷款

案例名称：上海宗盛实业有限公司申请流动资金贷款

贷款业务终结设置：结清

贷款账号：22089321302129873

贷款利率：5.35%

上浮比例：0

年利率：5.35%

案例编号：C011

（二）公司授信额度信息

月均还款额：0

归还借款支出：0

借款借据中：

放款账号：22084032109811921

结算账号：55013330120111210

风险限额匡算表中：

上年度末本行授信余额：50.00 万元

上年度末全部金融机构授信余额：50.00 万元

匡算结果表中：

上年度末中行对客户全部授信总余额：50.00 万元

上年度末全部金融机构对客户全部授信总余额：50.00 万元

公司贷款/结算授信评审表中：

在我行贷款余额：0

在其他银行贷款余额：0

公司贷款评审表中：

其他借款：0

不良贷款余额：0

出口创汇额：0

流动资金合同中：

流动资金贷款利率：5.35%

结清日期：贷款放款日起6个月

归还本金：500 000.00元

合计本息：513 375.00元

欠息金额：0

（三）案例描述

上海宗盛实业有限公司向我行申请500 000.00元的流动资金贷款授信额度。额度批复后，公司在额度内向我行申请流动资金贷款，金额500 000.00元，期限6个月，利率5.35%，以销货款作为还款来源，到期一次还本付息。该笔贷款已到期正常归还。

实验项目二 信用证开证保证金授权业务

实验目的

学生通过贸易融资相关知识的学习和信用证开证保证金授权业务操作，了解银行对信用证开证保证金授权风险的控制与管理要求，掌握银行对该业务处理内容、要求和程序，加深对所学知识的理解，提高业务处理能力。

实验内容与要求

学生根据系统提供的案例数据与要求，在业务操作系统上完成信用证开证保证金授权业务流程的操作。

要做好本实验，学生必须了解银行信用证业务和银行授信业务，才能对信用证开证保证金授权业务有一个较为深刻的理解。

实验指导

实验知识

贸易融资是指银行对进口商或出口商提供的与进出口贸易结算相关的短期融资或信用便利。

贸易融资一般包括授信开证、出口押汇、进口押汇、提货担保、打包放款、国际保理、福费廷、买方信贷等。

一、信用证开证保证金授权

信用证开证保证金授权指本银行在未向客户收取全额保证金的情况下，为其开立进口信用证的业务。

信用证保证金，又称信用证保证金存款，是指采用信用证结算方式的企业为取得信用证而按规定存入银行信用证保证金专户的款项。

信用证开证保证金是属于有进出口经营权的企业向银行申请对国外（境外）方开立信

用证而备付的具有担保支付性质的资金。银行将冻结其账户中的资金作为开证保证金，直至申请人有向开证行付清开证所需的全部费用方可解冻。

如果在银行有授信关系，信用证保证金比例一般在20%到50%之间，剩余部分占用企业授信额度；如果没有授信就需要全额保证金或全额担保。

二、授信开证(开证行业务)

信用证开证保证金授权涉及信用证的开证业务，属于开证行业务之一。

授信开证是指开证银行在有授信额度的前提下，应申请人的要求并按其指示向第三方开立的载有一定金额的，在一定的期限内凭符合规定的单据付款的书面保证文件。信用证是国际贸易中最主要、最常用的支付方式。

（一）授信开证的办理条件

(1) 具有进出口经营权。

(2) 资信良好，无不良记录。

(3) 已有开立信用证所需的综合授信额度或单笔授信。

(4) 基础交易背景真实，无涉嫌“洗钱”或其他违法活动，交易对手或对方银行无受国际金融组织制裁的记录，符合银行业务合规审查要求。

(5) 业务资料完整有效。

(6) 在开证行开立本外币结算账户。

（二）授信开证保证金业务基本程序(核有银行授信额度)

(1) 在开证行的授信额度限额内，开证申请人根据合同填写开证申请书并交纳一定比例保证金以及开证手续费和电报费，开证行审核，确认无误后开证。

(2) 开证行根据申请书内容，向受益人开出信用证并电报/寄交出口人所在地通知行。通知行核对印鉴无误后，将信用证交受益人。

(3) 受益人审核信用证内容与合同规定相符后，按信用证规定装运货物、备妥单据并开出汇票，在信用证有效期内，送议付行议付或押汇行押汇，议付行或押汇行按信用证条款审核单据无误后，把货款垫付给受益人。

(4) 议付行或押汇行将汇票和全套商业单据寄开证行或其指定的付款行索偿，开证行核对单据无误后，付款给议付行或押汇行，开证行通知开证人付款赎单。

(5) 开证人(进口商)付款赎单后，凭海运提单去船公司提货；议付行或押汇行收到开证行的信用证付款后，收回向信用证交受益人(出口商)垫付的款项。

（三）信用证

信用证(Letter of Credit, L/C)，是开证银行根据申请人的要求和指示，向受益人开立的，在一定期限内，凭规定的单据，在规定的地点支付一定金额的书面保证。简单讲，信用证是银行的一种付款承诺。

1. 信用证三大特点

(1) 开证行承担第一性付款责任。

(2) 信用证是一项不依附贸易合同的独立文件。

(3) 信用证处理的是单据，而不是货物。

2. 信用证当事人

(1) 开证申请人。

(2) 开证行。

(3) 通知行。

(4) 受益人。

(5) 保兑行。

(6) 议付行、付款行、承兑行。

(7) 偿付行。

3. 信用证种类

(1) 即期付款信用证(Sight Payment Credit)。即期付款信用证指开证行或指定的付款行收到与信用证条款相符合的单据即予以付款的信用证。

(2) 延期付款信用证(Deferred Payment Credit)。延期付款信用证又叫迟期付款信用证，是指远期付款又不需要汇票的信用证。这种信用证一般不要求受益人开立汇票，而仅仅规定受益人交单后若干天付款，或货物装船后若干天付款(通常以提单签发日期作为装船日期)，或在某一固定的将来日期付款。

(3) 承兑信用证(Acceptance Credit)。承兑信用证指远期付款并需要开立汇票的信用证。这种信用证要求受益人开立以指定银行为付款人的远期汇票，连同规定单据向指定银行作承兑交单，该行确认汇票、单据表面合格后，即收下单据并将已承兑的汇票交还给受益人(或受益人的委托银行)，负责到期付款。包括：①卖方远期信用证(Seller's Usance Credit)，卖方承担远期汇票贴现利息；②买方远期信用证(Buyer's Usance Credit)，信用证中规定受益人开立远期汇票，但又规定“远期汇票可即期付款，贴现利息和承兑费用由买方负担”。这种信用证称为买方远期信用证，亦称假远期信用证。

(4) 议付信用证。议付，又称“押汇”，按国际商会UCP600的定义，是指被授权进行议付的银行给付对价购买受益人提交的汇票及单据的行为。如果开证行在信用证中授权一家银行或邀请任何一家银行对信用证项下的汇票及单据进行议付，并注明“议付兑现”字样，就是议付信用证。如果信用证没有指定必须由哪家银行议付，就是自由议付信用证。

4. 即期付款信用证业务结算程序

(1) 买卖双方在贸易合同中规定使用跟单信用证支付。

(2) 买方通知当地银行(开证行)开立以卖方为受益人的信用证。

(3) 开证行请求另一银行通知或保兑信用证。

(4) 通知行通知卖方，信用证已开立。

(5) 卖方收到信用证，并确保其能履行信用证规定的条件后，即装运货物。

(6) 卖方将单据向指定银行提交。该银行可能是开证行，或是信用证内指定的付款、承兑或议付银行。

(7) 该银行按照信用证审核单据。如单据符合信用证规定,银行将按信用证规定进行支付、承兑或议付。

(8) 开证行以外的银行将单据寄送开证行。

(9) 开证行审核单据无误后,以事先约定的形式,对已按照信用证付款、承兑或议付的银行偿付。

(10) 开证行在买方付款后交单,然后买方凭单取货(如图 2-2-1 所示)。

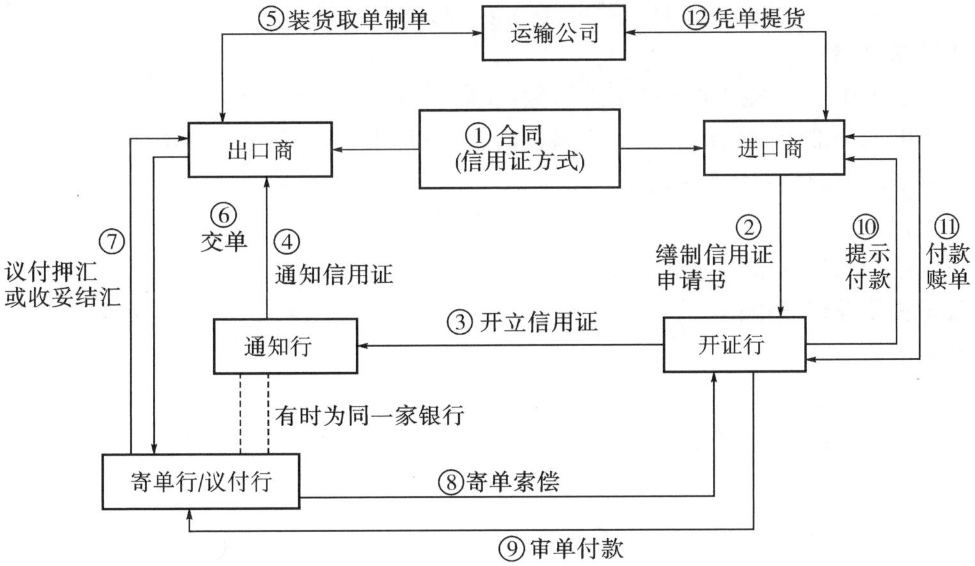

图 2-2-1　即期付款信用证业务结算流程图

实验案例

一、基本信息

案例类型:开证保证金授权

案例名称:上海红磷化工有限公司申请开证保证金减免授信

贷款业务终结设置:结清

贷款账号:22029874239812008

贷款利率:5.10%

上浮比例:0

案例编号:C004

二、公司授信额度信息

月均还款额：0
归还借款支出：0
借款借据中：
放款账号：22029874239812008
结算账号：55021498239723789
风险限额匡算表中：
上年度末本行授信余额：150.00 万美元
上年度末全部金融机构授信余额：150.00 万美元
匡算结果表中：
上年度末中行对客户全部授信总余额：150.00 万元
上年度末全部金融机构对客户全部授信总余额：150.00 万元
公司贷款/结算授信评审表中：
在我行贷款余额：450.00 万元
在其他银行贷款余额：0
公司贷款评审表中：
其他借款：0
不良贷款余额：0
出口创汇额：5 591.00 万美元
结算授信评审表中：
我行批准授信额度：850.00 万元
剩余授信额度：400.00 万元
结清日期(信用证效期)：信用证有效期起算日起 3 个月
归还本金：3 507 604.10 元
合计本息：3 552 326.06 元
欠息金额：0

三、案例描述

上海红磷化工有限公司，主营化工产品，有进出口经营权，公司向我行申请进口开证授信额度，用评估价值为 13 890 000.00 元的自有房产作抵押。额度批复后，本次从越南进口 13 000 吨硫磺，公司在额度内向我行申请开立出口信用证 679 900.00 美元，效期 3 个月。已在我行存入 30%的开证保证金。该笔信用证到期正常结清。

操作流程与内容

开证保证金授权业务系统操作流程(如图 2-2-2 所示)。

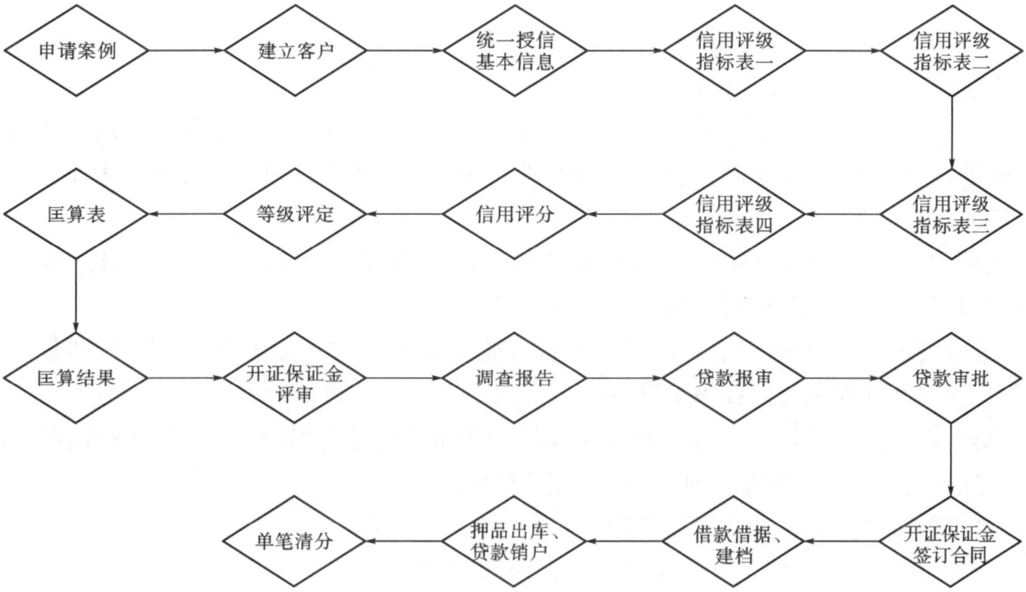

图 2-2-2　开证保证金授权业务系统操作流程图

第一步：打开实验中心查看《银行信贷实验教学平台》中“开证保证金授权”内相应的案例详情以及相关单据，进行“案例申请”操作。

第二步：申请案例后，在《银行信贷实验教学平台》中“客户管理”模块下“客户信息管理”中，进行“建立客户”操作。

第三步：“建立客户”后，在《银行信贷实验教学平台》中“客户授信”模块下“统一授信基本情况”中进行“统一授信基本情况信息表”操作。

第四步：“统一授信基本情况信息表”后，在《银行信贷实验教学平台》中“客户授信”模块下“信用评级”中进行“信用评级指标表一”操作。

第五步：“统一授信基本情况信息表”后，在《银行信贷实验教学平台》中“客户授信”模块下“信用评级”中进行“信用评级指标表二”操作。

第六步：“统一授信基本情况信息表”后，在《银行信贷实验教学平台》中“客户授信”模块下“信用评级”中进行“信用评级指标表三”操作。

第七步：“统一授信基本情况信息表”后，在《银行信贷实验教学平台》中“客户授信”模块下“信用评级”中进行“信用评级指标表四”操作。

第八步：“统一授信基本情况信息表”后，在《银行信贷实验教学平台》中“客户授信”模块下“信用评级”中进行“信用评分”操作。

第九步：“统一授信基本情况信息表”后，在《银行信贷实验教学平台》中“客户授信”模块下“信用评级”中进行“等级评定”操作。

第十步：“统一授信基本情况信息表”后，在《银行信贷实验教学平台》中“客户授信”模块下“匡算表”中进行“建立匡算”操作。

第十一步：“统一授信基本情况信息表”后，在《银行信贷实验教学平台》中“客户授信”

模块下“匡算表”中进行“匡算结果”操作。

第十二步：“客户授信的匡算结果”后，在《银行信贷实验教学平台》中“业务管理”模块下“贷前调查”中进行“受理申请”操作。

第十三步：“受理申请”后，在《银行信贷实验教学平台》中“业务管理”模块下“贷前调查”中进行“开证保证金评审”，操作评审分为“结算授信业务评审表”“单笔授信评审表”“授信项目审报表”。

第十四步：“开证保证金评审”后，在《银行信贷实验教学平台》中“业务管理”模块下“贷前调查”中进行“调查报告”操作。

第十五步：“调查报告”后，在《银行信贷实验教学平台》中“业务管理”模块下“贷款报审”中进行“开证保证金授权报审”操作。

第十六步：“开证保证金授权报审”后，在《银行信贷实验教学平台》中“业务管理”模块下“贷款审批”中进行“开证保证金授权审批”操作。

第十七步：“开证保证金授权审批”后，在《银行信贷实验教学平台》中“业务管理”模块下“贷款发放”模块中进行“开证保证金签订合同”操作。

第十八步：“开证保证金签订合同”操作完毕后，在《银行信贷实验教学平台》中“业务管理”模块下“贷款发放”中进行“借款借据”和“建档”操作。

第十九步：“借款借据”和“建档”操作操作完毕后，在《银行信贷实验教学平台》中“押品出库＋贷款销户”的模块下中进行“信用证销户”操作。

第二十步：“信用证销户”操作完毕后，在《银行信贷实验教学平台》中“五级清分”模块下“单笔清分”中进行“单笔清分客户信息”操作，其中分为“客户概要信息”“授权业务信息”“分类意见”。

至此，开证保证金业务流程完毕。

链接 2-2-1　开证保证金业务

实验练习

一、基本信息

案例类型：开证保证金授权

案例名称：上海耐胜卡兰实业有限公司申请开证保证金减免授信

信用证业务终结设置：结清

贷款账号：22023098201922981

贷款利率：5.10%
上浮比例：0
案例编号：C014

二、公司授信额度信息

月均还款额：0
归还借款支出：0
借款借据中：
放款账号：22023098201922981
结算账号：55021302109812091
风险限额匡算表中：
上年度末本行授信余额：650.00 万美元
上年度末全部金融机构授信余额：650.00 万美元
匡算结果表中：
上年度末中行对客户全部授信总余额：650.00 万美元
上年度末全部金融机构对客户全部授信总余额：650.00 万美元
公司贷款/结算授信评审表中在我行进口额度余额：650.00 万元
在其他银行贷款余额：0
公司贷款评审表中：
其他借款：0
不良贷款余额：0
出口创汇额：4 409.00 万美元
结算授信评审表中：
我行批准授信额度：800.00 万元
剩余授信额度：150.00 万元
结清日期(信用证效期)：信用证有效期起算日起 3 个月
归还本金：2 110 500.00 元
合计本息：2 124 680.00 元
欠息金额：0

三、案例描述

上海耐胜卡兰实业有限公司，主营橡胶输送带系列产品进出口，公司向我行申请进口开证授信额度，用评估价值为 5 760 000.00 元的自有房产作抵押。额度批复后，本次从越南进口 12 000 条橡胶输送带，公司在额度内向我行申请出口信用证 450 000.00 美元，效期 3 个月。已存入 30%的开证保证金。该笔信用证到期正常结清。

实验项目三 提货担保业务

实验目的

学生通过贸易融资相关知识的学习和提货担保业务操作，了解银行对提货担保风险的控制与管理要求，掌握银行对该业务处理内容、要求和程序，加深对所学知识的理解，提高业务处理能力。

实验内容与要求

学生根据系统提供的案例数据与要求，在业务操作系统上完成提货担保业务流程的操作。

要做好本实验，学生必须了解银行信用证业务的流程和做法，才能对信用证中提货担保业务有一个较为深刻的理解。

实验指导

实验知识

提货担保是指当货物先于提单达到目的港时，进口商(即收货人)为及时提货，请求银行以保证人的身份向轮船公司出立提货担保书，以代替提单先行提货。

一、申请条件

(1) 依法核准登记，具有经过年检的法人营业执照。
(2) 有贷款卡。
(3) 在办理行开立本外币结算账户。
(4) 申请人在办理行有授信额度、单笔授信或存入全额保证金。

二、办理提货担保的基本前提

(1) 以信用证为结算方式。
(2) 运输方式为海运。
(3) 信用证要求提交全套海运提单。

三、提货担保业务基本程序

(一) 申请

进口商向银行通常是开证行提出办理提货担保业务申请，填写提货担保申请书，并提供以下资料：

（1）副本发票。

（2）副本提单。

（3）船公司到货通知。

（二）开证行进行审核、调查

（1）开证行在受理进口商提货担保申请后，对以下内容进行审核：①经办行是否为与提货担保相关信用证的开证行，是否该信用证项下的提货担保，货物是否是属于该信用证项下的货物；②审核副本发票、提单、信用证，确保单据与信用证内容完全一致，且单单相符；提单必须为全套海运提单；③在开证行是否核定有授信额度或单笔授信，提货担保是否在授信限额内，如没有则要求申请人提供担保或存入全额保证金。

（2）银行调查申请人经营、资金实力、担保状况、资信状况等内容（如有授信额度或单笔授信可略）。

（3）要求申请人承诺：①当单据到达后，无论有无不符点，均不提出拒付货款或拒绝承兑；②正本提单到达后 7 个工作日内，凭正本提单向船公司换回银行的提货担保书，并将其交还银行，以解除银行的保证责任；③完全负责赔偿银行因出具提货担保书而可能遭受的一切损失。

（三）银行签发提货担保书

银行在办妥上述事宜并收妥提货担保费用后，向申请人签发提货担保书。银行对出具提货担保书应进行专项登记并跟踪检查，应定期检查有关记录，查看运输单据是否收到；若未收到则应向信用证通知行查询受益人的交单情况。

（四）进口商提货换单

正本单据达到后，通知进口商付款赎单，并督促进口商及时到船公司用正本提单换回银行提货担保书；银行收到进口商交回的提货担保书后，进行逐笔核销（如图 3-1 所示）。

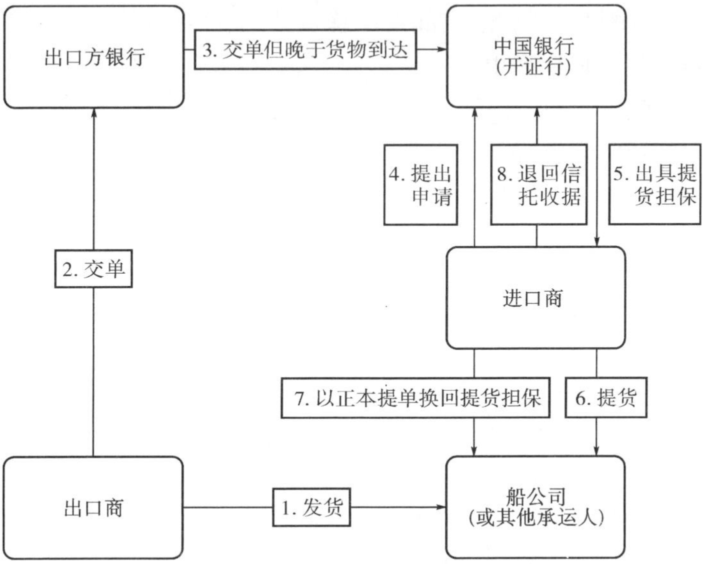

图 2-3-1　提货担保业务流程图

实验案例

一、基本信息

案例类型：提货担保

案例名称：上海金荣化工有限公司申请提货担保

贷款业务终结设置：结清

贷款账号：22014785367822098

贷款利率：0

上浮比例：0

案例编号：C008

二、公司授信额度信息

月均还款额：0

归还借款支出：0

借款借据中：

放款账号：22014785367822098

结算账号：55032478590312897

风险限额匡算表中：

上年度末本行授信余额：350.00 万元

上年度末全部金融机构授信余额：350.00 万元

匡算结果表中：

上年度末中行对客户全部授信总余额：350.00 万元

上年度末全部金融机构对客户全部授信总余额：350.00 万元

公司贷款/结算授信评审表中：

在我行贷款余额：300.00 万元

在其他银行贷款余额：0

公司贷款评审表中：

其他借款：0

不良贷款余额：0

出口创汇额：889.00 万美元

结算授信评审表中：

我行批准授信额度：400.00 万元

剩余授信额度：300.00 万元

提货担保审批表中：

提货担保授信额度：100.00 万元

进出口押汇提货担保审批表中：

授信额度总额：400.00 万元

已使用额度：100.00 万元

剩余额度：300.00 万元

有效期：是

打包贷款提货担保审批表中：

贸易融资授信总额：400.00 万元

未用授信余额：300.00 万元

未用余额：100.00 万元

三、提货担保信息

结清日期：提货担保日起 2 个月

归还本金：0

合计本息：0

欠息金额：0

四、案例描述

上海金荣化工有限公司，主营化工产品，有进出口经营权，公司向我行申请提货担保授信额度。额度批复后，公司在额度内申请提货担保，金额 637 000.00 美元，期限 2 个月。已在我行存入 30％的提货担保保证金。该担保未发生垫款，到期自动终止解除。

操作流程与内容

提货担保业务系统操作流程（如图 2-3-2 所示）。

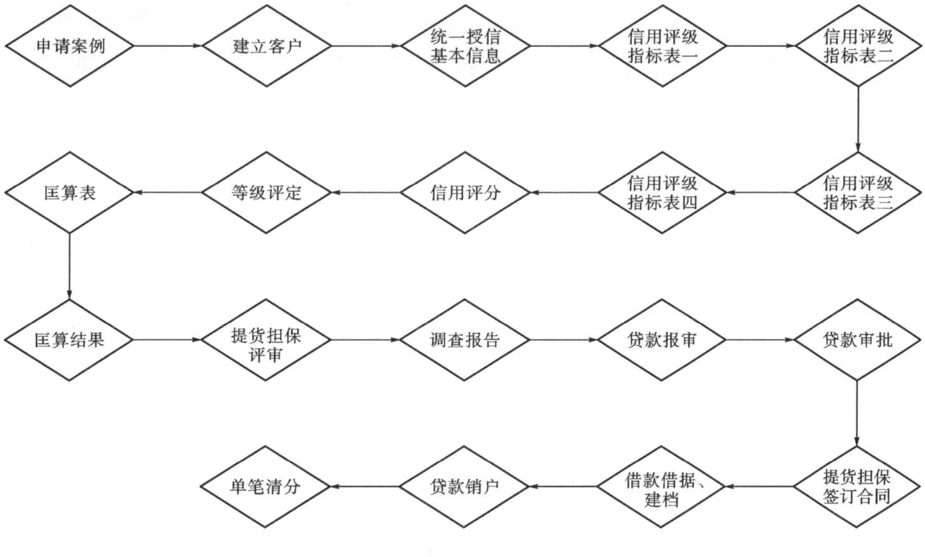

图 2-3-2　提货担保业务系统操作流程图

第一步：打开实验中心查看《银行信贷实验教学平台》中“提货担保”内相应的案例详情以及相关单据，进行“案例申请”操作。

第二步：申请案例后，在《银行信贷实验教学平台》中“客户管理”模块下“客户信息管理”中，进行“建立客户”操作。

第三步：“建立客户”后，在《银行信贷实验教学平台》中“客户授信”模块下“统一授信基本情况”中进行“统一授信基本情况信息表”操作。

第四步：“统一授信基本情况信息表”后，在《银行信贷实验教学平台》中“客户授信”模块下“信用评级”中进行“信用评级指标表一”操作。

第五步：“统一授信基本情况信息表”后，在《银行信贷实验教学平台》中“客户授信”模块下“信用评级”中进行“信用评级指标表二”操作。

第六步：“统一授信基本情况信息表”后，在《银行信贷实验教学平台》中“客户授信”模块下“信用评级”中进行“信用评级指标表三”操作。

第七步：“统一授信基本情况信息表”后，在《银行信贷实验教学平台》中“客户授信”模块下“信用评级”中进行“信用评级指标表四”操作。

第八步：“统一授信基本情况信息表”后，在《银行信贷实验教学平台》中“客户授信”模块下“信用评级”中进行“信用评分”操作。

第九步：“统一授信基本情况信息表”后，在《银行信贷实验教学平台》中“客户授信”模块下“信用评级”中进行“等级评定”操作。

第十步：“统一授信基本情况信息表”后，在《银行信贷实验教学平台》中“客户授信”模块下“匡算表”中进行“建立匡算”操作。

第十一步：“统一授信基本情况信息表”后，在《银行信贷实验教学平台》中“客户授信”模块下“匡算表”中进行“匡算结果”操作。

第十二步：“客户授信的匡算结果”后，在《银行信贷实验教学平台》中“业务管理”模块下“贷前调查”中进行“受理申请”操作。

第十三步：“受理申请”后，在《银行信贷实验教学平台》中“业务管理”模块下“贷前调查”中进行“提货担保评审”，操作评审分为“提货担保呈批表”“单笔授信评审”“结算授信业务评审”“授信项目审报表”。

第十四步：“提货担保评审”后，在《银行信贷实验教学平台》中“业务管理”模块下“贷前调查”中进行“调查报告”操作。

第十五步：“调查报告”后，在《银行信贷实验教学平台》中“业务管理”模块下“贷款报审”中进行“提货担保报审”操作。

第十六步：“贷款报审”后，在《银行信贷实验教学平台》中“业务管理”模块下“贷款审批”中进行“提货担保审批”的操作。

第十七步：“提货担保审批”后，在《银行信贷实验教学平台》中“业务管理”模块下“贷款发放”模块中进行“提货担保签订合同”操作。

第十八步：“提货担保签订合同”操作完毕后，在《银行信贷实验教学平台》中“业务管理”模块下“贷款发放”中进行“借款借据”和“建档”操作。

第十九步："借款借据"和"建档"操作操作完毕后，在《银行信贷实验教学平台》中"押品出库＋贷款销户"的模块下中进行"提货担保销户"操作。

第二十步："提货担保销户"操作完毕后，在《银行信贷实验教学平台》中"五级清分"模块下"单笔清分"中进行"单笔清分客户信息"操作，其中分为"客户概要信息""授权业务信息""分类意见"。

至此，提货担保业务流程完毕。

链接 2-3-1　提货担保业务

实验练习

一、基本信息

案例类型：提货担保

案例名称：上海新捷洋进出口有限公司申请提货担保

贷款业务终结设置：结清

贷款账号：22013309348734509

借款借据中：

放款账号：22013309348734509

结算账号：55033309384712091

贷款利率：0

上浮比例：0

案例编号：C018

二、公司授信额度信息

月均还款额：0

风险限额匡算表中：

上年度末本行授信余额：400.00 万元

上年度末全部金融机构授信余额：400.00 万元

匡算结果表中：

上年度末中行对客户全部授信总余额：400.00 万元

上年度末全部金融机构对客户全部授信总余额：400.00 万元

公司贷款/结算授信评审表中：

在我行贷款余额：400.00 万元

在其他银行贷款余额：0

公司贷款评审表中：

其他借款：0

不良贷款余额：0

出口创汇额：1 233.00 万美元

结算授信评审表中：

我行批准授信额度：800.00 万元

剩余授信额度：400.00 万元

提货担保审批表中：

提货担保授信额度：300.00 万元

进出口押汇提货担保审批表中：

授信额度总额：800.00 万元

已使用额度：400.00 万元

剩余额度：400.00 万元

有效期：是

打包贷款提货担保审批表中：

贸易融资授信总额：800.00 万元

未用授信余额：400.00 万元

未用余额：300.00 万元

三、提货担保信息

结清日期：提货担保日起 30 天

归还本金：0

合计本息：0

欠息金额：0

四、案例描述

上海新捷洋进出口有限公司，主营铝制品，有进出口经营权，公司向我行申请提货担保授信额度。额度批复后，公司在我行额度内申请提货担保，金额 497 500.00 美元，期限 30 天。已在我行存入 30%的提货担保保证金。该担保未发生垫款，到期自动终止解除。

实验项目四 打包贷款业务

实验目的

学生通过贸易融资和贷款相关知识的学习和打包贷款业务操作，了解银行对打包贷款风险的控制与管理要求，掌握银行对该贷款业务处理内容、要求和程序，加深对所学知识的理解，提高业务处理能力。

实验内容与要求

学生根据系统提供的案例数据与要求，在业务操作系统上完成打包贷款业务流程的操作。

要做好本实验，学生必须了解银行信用证业务和银行贷款业务，才能对打包贷款业务有一个较为深刻的理解。

实验指导

实验知识

打包贷款，又称信用证抵押贷款，是指出口商收到境外开来的信用证，出口商在采购这笔信用证有关的出口商品或生产出口商品时，资金出现短缺，用该笔信用证作为抵押，向银行申请本、外币流动资金贷款，用于出口货物进行加工、包装及运输过程出现的资金缺口。由于融资需求发生在装船前，也有称之为装船前信贷。

一、申请条件

(1) 企业应当是独立核算，自负盈亏，且经营作风良好，无违法违规和违约等不良行为记录，企业须有出口业务经营权。

(2) 企业须有出口亏损弥补来源，有齐全的生产销售计划和健全的财务管理制度，信誉良好，有按期偿付贷款本息的能力。

(3) 企业所持的有效信用证正本需由资信良好的海外银行开立，不可撤销，且信用证条款必须经银行核准，抵押信用证项下的出口单据必须交银行进行议付。

(4) 企业应向银行提供有关外销合同，如属代理出口须提供代理协议，以便银行了解有关贸易背景；企业具有良好的贸易履约能力，制单能力强，能按期、按质、按量完成生产

(收购)和交货计划。

(5) 能及时、准确地向银行提供相关贸易背景资料和财务报告,主动配合银行的调查、审查和检查。

(6) 贷款用途符合中国的国家法律、法规及有关政策规定。

(7) 信誉良好,有按期偿付贷款本息的能力。

(8) 在贷款行开立本外币结算账户。

(9) 银行要求的其他条件。

二、打包贷款的贷款额度

打包贷款的额度一般是信用证金额折人民币的60%～80%。

三、打包贷款的期限

打包贷款的期限不超过信用证有效期后的15天。一般不超过4个月,最长不超过半年。

四、贷款展期(延期交割)

当信用证出现修改最后装船期、信用证有效期时,出口商不能按照原定的时间将单据交给银行,出口商应在贷款到期前10个工作日向银行申请展期。

展期所需要提供的资料:贷款展期申请书、信用证修改的正本。

五、打包贷款对于银行的风险

(一) 出口商信用风险

(1) 挪用贷款,不积极备货交单。

(2) 因商业纠纷或单据的或有问题遭拒付。

(3) 纯粹诈骗。

(二) 第一还款来源损失风险

(1) 国家与地区风险。

(2) 来自开证行和代收行的风险。

(3) 进口商信用风险。

(4) 进口国市场风险。

六、打包贷款业务基本程序

(一) 打包贷款申请

出口商在收到信用证后,向融资行提出打包贷款申请,填写《打包贷款申请书》,并提供以下资料:

(1) 经年检的《企业法人营业执照》。

(2) 企业组织机构代码证。

(3) 税务登记证。

(4) 进出口业务许可证。

(5) 贷款卡。

(6) 申请授信/打包贷款的董事会决议。

(7) 董事会成员名单及签字样本。

(8) 企业近 3 年及最近期财务报表(年报须付审计报告)。

(9) 不可撤销信用证正本及全部信用证修改正本(如有)。

(10) 出口销售合同。

(11) 出口商品配额或许可证等有关批文。

(12) 国家限制出口的商品,应提交国家有权部门同意出口的证明文件。

(13) 担保方面的资料。

(14) 公司章程。

(15) 银行要求的其他资料。

(二) 融资行审查

(1) 在开证行是否核定有授信额度或单笔授信,贷款金额是否在授信限额内;无授信额度则要求申请人提供担保。

(2) 严把单证审核关,保证单证审核质量。①对信用证真实性的审查;②对软条款的审查;③对运输条款的审查;④对单据完整性的审查;⑤对信用证项下的出口商品性质的审查;⑥对已过有效期的信用证、延期付款信用证、装船期即到来不及备货的信用证、可转让或撤销信用证、限制我行议付信用证不予打包贷款。

(3) 严格对出口商及进口商的资信审查。①严格对出口商的资格审查、信用分析、财务分析、资金的用途和期限、原材料的供应情况、出口贸易历史业绩,特别是其履约能力,交单能力进行调查、审查;②通过国外代理行咨询国外进口商的资信,业务性质、地位能力,防止不良外商的欺诈行为。

(4) 对开证行资信进行分析和判断。通过每年国际著名评级公司对全球银行的评级,国际业务部门每年与开证行的业务往来的考核记录、开证行的年报来汇总、分析,掌握代理行的情况,合理及时规避开证行的风险。

(5) 对开证行所在国进行调查和分析,以控制国家风险。①通过国外代理行进行咨询了解;②通过新闻媒体对开证行所在国的政治形势、经济状况的报道进行判断;③通过国际商业杂志定期刊登的由国际银行专家组提供的国家风险参照指标来判断一国的风险等级。

(6) 密切关注市场走向。①银行要对常规商品主要供货、销货地的紧俏程度、价格范围、未来变动趋势,要做到心中有数,避免常识性的错误;②要能敏锐地发现进出口商品贸易结算中可能存在的疑点,必要时可向境外银行查询,以获得来自当地的信息,及时防范与化解风险。

(7) 担保及风险转嫁。信用证只是一个有条件的付款承诺,并非严格意义上的合格

“抵押品”，因此，贷款的担保除了授信额度审批时确定的担保，还可以利用保理将风险转嫁到保理公司身上，同时可加速收汇；投保出口信用保险业可以达到转嫁风险的目的。

（三）签署合同及放贷

审核通过后，与出口商签署《打包贷款合同》，发放打包贷款。为确保专款专用，银行有权审核客户的用款情况。

（四）贷后跟踪检查

（1）贷款发放后，客户经理要对出口商的经营情况、贸易背景、货物销售进行跟踪检查，防止挪用贷款。

（2）要对贷款资金的使用进行全过程监控，严格监督贷款资金按照合同约定的使用用途购买原料、进行生产等，确保出口商品装运制单，按照信用证要求的日期装运、收汇、结汇，及时收回贷款，一旦发现问题要及时采取纠正和补救措施。①出口商利用资金组织或生产出口货物，按信用证要求及时发货；②出口商出口货物取得信用证项下全套单据后向融资行交单议付，融资行向开证行寄单索汇；③开证行偿付贷款，打包贷款收到信用证付款后，扣除贷款本息后，多余款项贷记出口商账户。

七、打包贷款须注意的问题

（1）凭以融资的信用证以融资银行为通知行，且融资银行可以议付、押汇、付款。
（2）企业信用证中最好不含有出口商无法履行的“软条款”。
（3）企业申请打包贷款后，信用证正本须留存于融资银行。
（4）正常情况下，企业信用证项下收汇款须作为打包贷款的第一还款来源。
（5）借款人装运货物并取得信用证项下全套单据后，应及时向银行进行交单。
（6）专款专用，仅用于为执行信用证而进行的购货或生产加工用途。

实验案例

一、基本信息

案例类型：打包贷款
案例名称：上海旺达商贸有限公司申请出口打包贷款
贷款业务终结设置：逾期
贷款账号：22019823459012894
贷款利率：5.10%
上浮比例：0
案例编号：C007

二、公司授信额度、贷款信息

月均还款额：0

归还借款支出：0

借款借据中：

放款账号：22019823459012894

结算账号：55032209876423890

风险限额匡算表中：

上年度末本行授信余额：100.00万元

上年度末全部金融机构授信余额：100.00万元

匡算结果表中：

上年度末中行对客户全部授信总余额：50.00万元

上年度末全部金融机构对客户全部授信总余额：50.00万元

公司贷款/结算授信评审表中：

在我行贷款余额：50.00万元

在其他银行贷款余额：0

公司贷款评审表中：

其他借款：0

不良贷款余额：0

出口创汇额：449.00万美元

结算授信评审表中：

我行批准授信额度：0

剩余授信额度：0

打包贷款审批表中：

打包贷款授信额度：0

打包贷款提货担保审批表中：

贸易融资授信总额：0

未用授信余额：0

未用余额：0

逾期信息：

逾期本金：1 200 000.00元

逾期利息：20 400.00元

连续第几次逾期：1次

逾期天数：30天

三、案例描述

上海旺达商贸有限公司，具有进出口自主经营权，公司向我行申请打包贷款授信额度。额度批复后，本次向越南出口铁路转向架，越南工商银行出具信用证，公司在额度内向我行申请出口打包贷款，金额1 200 000.00元人民币，期限4个月，利率5.10%，到期一次还本付息。该笔贷款逾期30天。

操作流程与内容

打包贷款业务系统操作流程(如图 2-4-1 所示)。

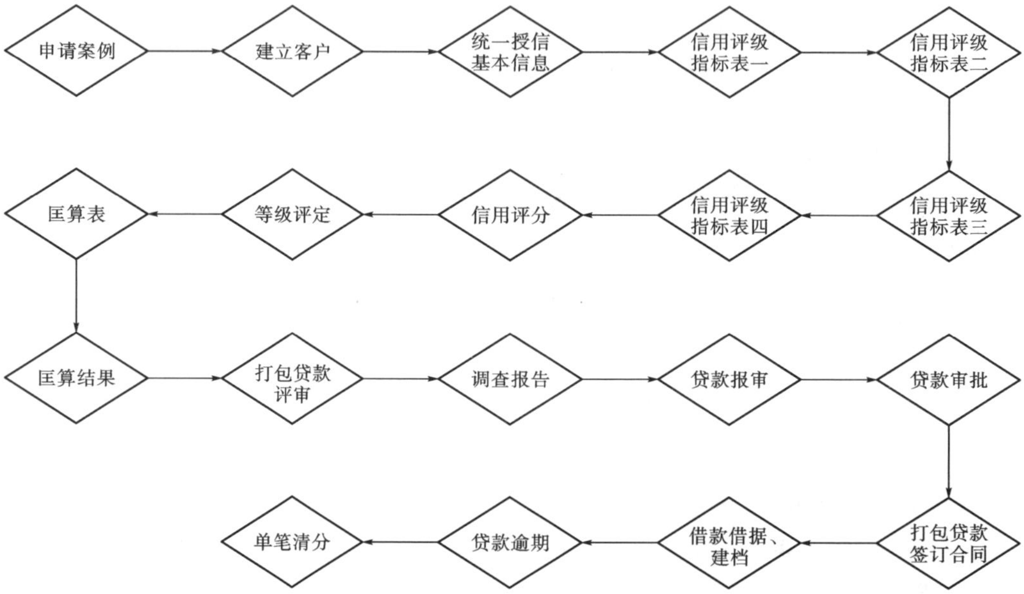

图 2-4-1　打包贷款业务系统操作流程图

第一步：打开实验中心查看《银行信贷实验教学平台》中“打包贷款”内相应的案例详情以及相关单据,进行“案例申请”操作。

第二步：申请案例后,在《银行信贷实验教学平台》中“客户管理”模块下“客户信息管理”中,进行“建立客户”操作。

第三步:“建立客户”后,在《银行信贷实验教学平台》中“客户授信”模块下“统一授信基本情况”中进行“统一授信基本情况信息表”操作。

第四步:“统一授信基本情况信息表”后,在《银行信贷实验教学平台》中“客户授信”模块下“信用评级”中进行“信用评级指标表一”操作。

第五步:“统一授信基本情况信息表”后,在《银行信贷实验教学平台》中“客户授信”模块下“信用评级”中进行“信用评级指标表二”操作。

第六步:“统一授信基本情况信息表”后,在《银行信贷实验教学平台》中“客户授信”模块下“信用评级”中进行“信用评级指标表三”操作。

第七步:“统一授信基本情况信息表”后,在《银行信贷实验教学平台》中“客户授信”模块下“信用评级”中进行“信用评级指标表四”操作。

第八步:“统一授信基本情况信息表”后,在《银行信贷实验教学平台》中“客户授信”模块下“信用评级”中进行“信用评分”操作。

第九步："统一授信基本情况信息表"后，在《银行信贷实验教学平台》中"客户授信"模块下"信用评级"中进行"等级评定"操作。

第十步："统一授信基本情况信息表"后，在《银行信贷实验教学平台》中"客户授信"模块下"匡算表"中进行"建立匡算"操作。

第十一步："统一授信基本情况信息表"后，在《银行信贷实验教学平台》中"客户授信"模块下"匡算表"中进行"匡算结果"操作。

第十二步："客户授信的匡算结果"后，在《银行信贷实验教学平台》中"业务管理"模块下"贷前调查"中进行"受理申请"操作。

第十三步："受理申请"后，在《银行信贷实验教学平台》中"业务管理"模块下"贷前调查"中进行"打包贷款评审"，操作评审分为"打包贷款审批表""信用证调查报告书""公司贷款评审""结算授信业务评审"。

第十四步："开证保证金评审"后，在《银行信贷实验教学平台》中"业务管理"模块下"贷前调查"中进行"调查报告"操作。

第十五步："调查报告"后，在《银行信贷实验教学平台》中"业务管理"模块下"贷款报审"中进行"贷款报审"操作。

第十六步："贷款报审"后，在《银行信贷实验教学平台》中"业务管理"模块下"贷款审批"中进行"贷款审批"操作。

第十七步："贷款审批"后，在《银行信贷实验教学平台》中"业务管理"模块下"贷款发放"模块中进行"打包贷款签订合同"操作。

第十八步："打包贷款签订合同"操作完毕后，在《银行信贷实验教学平台》中"业务管理"模块下"贷款发放"中进行"借款借据"和"建档"操作。

第十九步："借款借据"和"建档"操作操作完毕后，在《银行信贷实验教学平台》中"贷款逾期"的模块下中进行"贷款逾期"操作。

第二十步："贷款逾期"操作完毕后，在《银行信贷实验教学平台》中"五级清分"模块下"单笔清分"中进行"单笔清分客户信息"操作，其中分为"客户概要信息""授权业务信息""分类意见"。

至此，打包贷款业务流程完毕。

链接 2-4-1　打包贷款业务

实验练习

一、基本信息

案例类型：打包贷款
案例名称：上海龙漾进出口有限公司申请出口打包贷款
贷款业务终结设置：逾期
贷款账号：22013098120923871
贷款利率：5.10%
上浮比例：0
案例编号：C017

二、公司授信额度、贷款信息

月均还款额：0
归还借款支出：0
借款借据中：
放款账号：22013098120923871
结算账号：55033309210923471
风险限额匡算表中：
上年度末本行授信余额：240.00 万元
上年度末全部金融机构授信余额：240.00 万元
匡算结果表中：
上年度末中行对客户全部授信总余额：240.00 万元
上年度末全部金融机构对客户全部授信总余额：240.00 万元
公司贷款/结算授信评审表中：
在我行贷款余额：240.00 万元
在其他银行贷款余额：0.00 万元
公司贷款评审表中：
其他借款：0
不良贷款余额：0
出口创汇额：560.00 万美元
结算授信评审表中：
我行批准授信额度：0
剩余授信额度：0
打包贷款审批表中：
打包贷款授信额度：100.00 万元

打包贷款提货担保审批表中：

贸易融资授信总额：300.00 万元

未用授信余额：60.00 万元

未用余额：100.00 万元

逾期信息：

逾期本金：500 000.00 元

逾期利息：6 375.00 元

连续第几次逾期：1 次

逾期天数：10 天

三、案例描述

上海龙漾进出口有限公司，具有进出口自主经营权，公司向我行申请打包贷款授信额度。额度批复后，本次向越南出口玻璃制品，越南银行出具信用证，公司在额度内向国内授信银行申请出口打包贷款，金额 500 000.00 元，期限 3 个月，贷款利率 5.10%，用信用证做抵押，到期一次还本付息。该笔贷款逾期 10 天。

实验项目五 出口押汇业务

实验目的

学生通过贸易融资相关知识的学习和出口押汇业务操作，了解银行对出口押汇风险的控制与管理要求，掌握银行对该业务处理内容、要求和程序，加深对所学知识的理解，提高业务处理能力。

实验内容与要求

学生根据系统提供的案例数据与要求，在业务操作系统上完成出口押汇业务流程的操作。

要做好本实验，学生必须了解银行信用证业务和银行授信额度业务，才能对出口押汇业务有一个较为深刻的理解。

实验指导

实验知识

出口押汇是指出口商发出货物并交来信用证或合同要求的单据后，银行买入单据并按票面金额扣除从押汇日到预计收汇日的利息及有关手续费用，将净额预先付给出口商并保留追索权的一种贸易融资方式。

出口商根据买卖合同的规定向进口商发出货物后，取得各种单据，同时，根据有关条款，向进口商开出汇票。这时，进口商不能立即支付汇票票款，出口商为尽快收回货款，将汇票和单据持往出口地某个银行，请求该银行对汇票进行贴现。如果该银行进行审查后，同意贴现，即收下汇票和单据，然后把汇票票款扣除贴现利息后，支付给出口商。这种出口地银行对出口商提供的资金融通，称为出口押汇。出口地银行收下汇票和单据后，在汇票到期时提交给进口商，要求其付款，进口商付款后，银行收回垫付资金，如果进口商拒绝支付票款，则出口地银行有权要求出口商归还票款。

一、出口押汇的目的

出口押汇为短期的资金融通业务，客户能在国外收汇款项到达之前提前从银行得到垫款，加速资金周转。银行在办理出口押汇时，保留对出口商的追索权，但银行作为付款行、保兑行或承兑行时不能行使追索权;对远期信用证项下的出口押汇,必须在收到开证行承兑后方可叙作。

二、出口押汇的条件

(1) 企业应在申请行开立人民币和外币结算账户,办理进出口结算业务,并在押汇融资业务项下核算一切收支。

(2) 企业资信良好,履约能力强,收汇记录良好,具有一定的外贸经验。

(3) 出口的商品应为企业主要出口创汇产品,适应市场需求,国内外进销网络健全畅通,并能取得必要的配额及批文。

(4) 企业应具有健全的财务会计制度,能按时向银行报送财务报表,接受银行对企业生产经营及财务状况的实时审核;出口押汇款项应用于合理的资金周转需要。

(5) 开证行及偿付行所在地政局及经济形势稳定,无外汇短缺,无特别严格外汇管制,无金融危机状况,且开证行自身资信可靠,经营作风稳健,没有故意挑剔单据不符点而无理拒付的不良记录。

(6) 信用证条款清晰完整且符合国际惯例,经银行认可无潜在风险因素。转让信用证银行原则上不予办理出口押汇。

(7) 叙作出口押汇的单据必须严格符合信用证条款,做到单单一致、单证一致。

三、申请出口押汇应避免的情况

(1) 运输单据为非物权单据。

(2) 未能提交全套物权单据。

(3) 信用证项下的单据有不符点。

(4) 信用证为可撤销(或可转让)。

(5) 信用证已用于质押(包括打包贷款)。

(6) 开证银行的信誉不佳。

四、出口押汇适用范围

(1) 出口商流动资金有限,依靠快速的资金周转开展业务。

(2) 出口商在发货后、收款前遇到临时资金周转困难。

(3) 出口商在发货后、收款前遇到的新的投资机会,且预期收益率高于押汇利率。

五、信用证出口押汇的金额

(1) 押汇金额最高为汇票金额的 90%,一般采用预扣利息方式,即:押汇金额－押汇利息。

(2) 即期信用证的押汇利息＝(押汇金额×押汇利率×押汇天数)/360 天。

(3) 远期信用证押汇利息＝(押汇金额×押汇利率×押汇天数)×(承兑付款日－押汇起息日)/360。

六、押汇期限

即期信用证押汇期限根据各个国家(地区)的不同而不同,一般为 15～30 天。一般情况下期限如下:

(1) 15 天:日本、韩国、中国港澳、新加坡、马来西亚。

(2) 20 天:欧洲、美国、加拿大、澳大利亚、新西兰。

(3) 25 天:西亚各国、中南美洲、非洲。

(4) 30 天:其他国家或地区。

远期信用证承兑后押汇的期限为押汇起息日起至承兑付款日,最长不超过 90 天。

七、出口押汇业务基本程序

(一) 出口商向银行提出押汇申请

出口商如需向银行申请出口押汇,须向银行各分支机构的国际结算部门或总行国际业务部贸易科提出申请。企业应填制《出口押汇申请书》(申请书内容包括企业的基本情况的介绍、企业的财务状况、申请的金额、申请的期限)及《出口押汇质押书》各一式二份,加盖公司公章及有权签字人签字,并向银行提供有关的资料:

(1) 经工商局年检的企业法人营业执照。

(2) 外贸合同或代理协议。

(3) 企业的近 3 年年度财务报表及最近一期的财务报表。

(4) 信用证正本及信用证修改的正本。

(5) 信用证(包括信用证修改)要求的全套单据。

(6) 借款人有权签字人授权书及签字样本。

(7) 其他银行需要的文件材料。

(二) 押汇行受理、审核

(1) 审核客户提交的全部资料,尤其单证。

(2) 审查后交复核人员复核,并送主管人员审批。

(3) 收妥押汇手续费、邮电费。

(4) 如有押汇额度的,确定押汇金额在额度内。

(5) 无授信额度,且首次押汇情况下,一般要求全额保证金;有授信额度情况下,保证金比例优惠,一般 20%的保证金,优质客户可 100%免保证金。

(6) 银行在《出口押汇申请书》、申报单上加盖业务公章,将《申请书》第二联(回单联)及其他回单交给汇款人。

(三) 押汇放款

押汇行审批通过后,将押汇款项(信用证金额的 90%)划入公司在银行的账户。

(四) 押汇行寄单索汇

押汇行将全套单据整理、缮制单据目录,然后寄给开证(付款)行索汇。

（五）开证（付款）行提示付款

开证（付款）行收到全套单据后：

（1）开证（付款）行审单、审证。

（2）向进口商提示付款赎单。

（3）如单单相符、单证相符，即向押汇行付款。

（六）开证（付款）行付款、押汇行归还押汇款项

开证（付款）行向押汇行付款，押汇行确认收到押汇款后，用以归还支付给出口商的押汇款，多余款项划入出口商在银行开立的公司账户（如图 2-5-1 所示）。

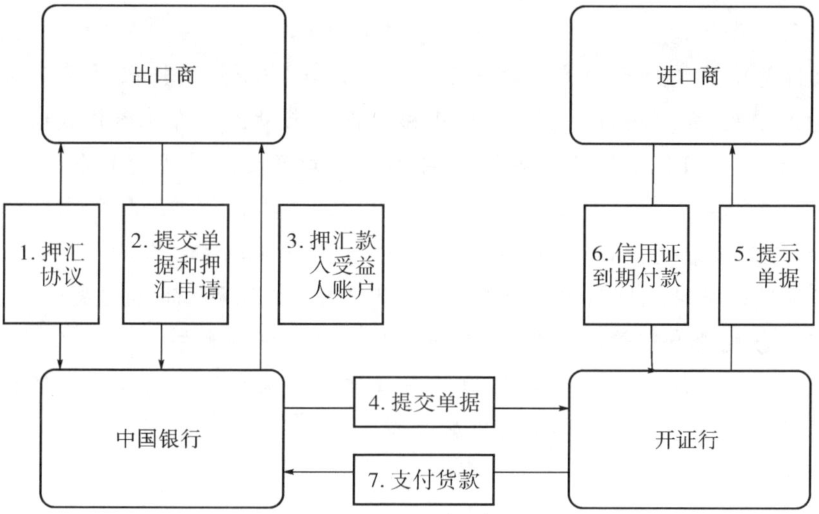

图 2-5-1　出口押汇流程图

知识链接

出口押汇与打包贷款的区别

打包贷款和出口押汇都是出口地银行给予出口商资金融通的方式。但两者有以下区别：

（1）打包贷款是银行只凭出口商提交的国外客户开来的信用证作为要求预支金额的凭证，而出口押汇则是银行以出口商提出交的代表货物所有权的货运单据作为垫款的依据。

（2）打包贷款的行为发生在货物装运之前，是出口商因购货、包装、装运的需要而要求银行给予资金融通，由于银行仅以出口商标提供的信用证为凭，无法控制出口商的出货行为，如果提供贷款后，出口商不出货，信用证无法兑现，银行存在很大的风险；而出口押汇的行为发生在货物装运之后，是出口商为了资金周转，在交货后押汇而提前取得资金，银行以出口商提出交的代表货物所有权的货运单据作为抵押，银行风险相对较小。

（3）在打包贷款业务中，银行通常只付给信用证金额的一部分（80%）；而在出口押汇业务中，银行通常在押汇时付出更高金额(90%)。

(4) 办理打包贷款业务时，出口商需要提交信用证后，订立一份合同即可办理；办理出口押汇业务时，出口商需要填写总质权书和申请书，有时还需要提出保人出面担保，填具担保书。

知识链接

出口押汇与议付的区别

(1) 国际商会在1993年制定的《跟单信用证统一惯例》(以下简称《UCP500》)没有涉及出口押汇，出口押汇是我国银行在信用证业务的操作过程中，将国际上通行的议付作了变通后产生的一个概念。

(2) 议付是信用证业务中常见的一个专业术语，《UCP500》将议付定义为“被授权议付的银行对汇票及/或单据付出对价。仅审核单据而未付出对价并不构成议付”。也就是说，议付时应由银行审核单据并购买单据，银行与出口商之间是买卖关系。

出口押汇不是买入出口商提交的单据，是出口商将单据质押给银行，银行给出口商贷款，一个“押”字足以表明出口商和银行之间是借贷和质押担保关系。

(3) 银行做议付时就有审单的义务，如果审单有误，将承担审单过失责任。银行如果做的是押汇业务就没有审单的义务，更不会承担审单过失的责任。

(4) 在国外开证行拒付的情况下，办理出口押汇的银行较容易从出口商处追回融资，而办理议付的银行向出口商追要融资则较复杂。

实验案例

一、基本信息

案例类型：出口押汇

案例名称：上海兴旺国际物流有限公司申请出口押汇

贷款业务终结设置：结清

贷款账号：22039856043215689

借款借据中：

放款账号：22039856043215689

结算账号：55025904330912487

贷款利率：5.10%

上浮比例：0

案例编号：C005

二、公司授信额度信息

月均还款额：0

归还借款支出：0

风险限额匡算表中：

上年度末本行授信余额：80.00 万元

上年度末全部金融机构授信余额：80.00 万元

匡算结果表中：

上年度末中行对客户全部授信总余额：80.00 万元

上年度末全部金融机构对客户全部授信总余额：80.00 万元

公司贷款/结算授信评审表中：

在我行贷款余额：80.00 万元

在其他银行贷款余额：0

公司贷款评审表中：

其他借款：0

不良贷款余额：0

出口创汇额：490.00 万美元

结算授信评审表中：

我行批准授信额度：350.00 万元

剩余授信额度：270.00 万元

出口押汇审批表中：

证下已做打包放款：是

打包金额：83.00 万元

进出口押汇提货担保审批表中：

授信额度总额：350.00 万元

已使用额度：80.00 万元

剩余额度：270.00 万元

有效期：是

进出口押汇合同中：

押汇贷款利率：2.69%

三、押汇信息

结清日期：押汇日起 1 个月

归还本金：828 120.00 元

合计本息：829 974.63 元

欠息金额：0

四、案例描述

海兴旺国际物流有限公司，主营国际国内货物运输代理，有外贸进出口经营权，公司向我行申请出口押汇授信额度。额度批复后，本次向越南出口铅锭，在额度内申请出口押汇，金额 828 120.00 元，期限 1 个月，利率执行美元一年期以内固定利率 2.687 5%，该笔押汇到期正常结清。

操作流程与内容

出口押汇业务系统操作流程(如图 2-5-2 所示)。

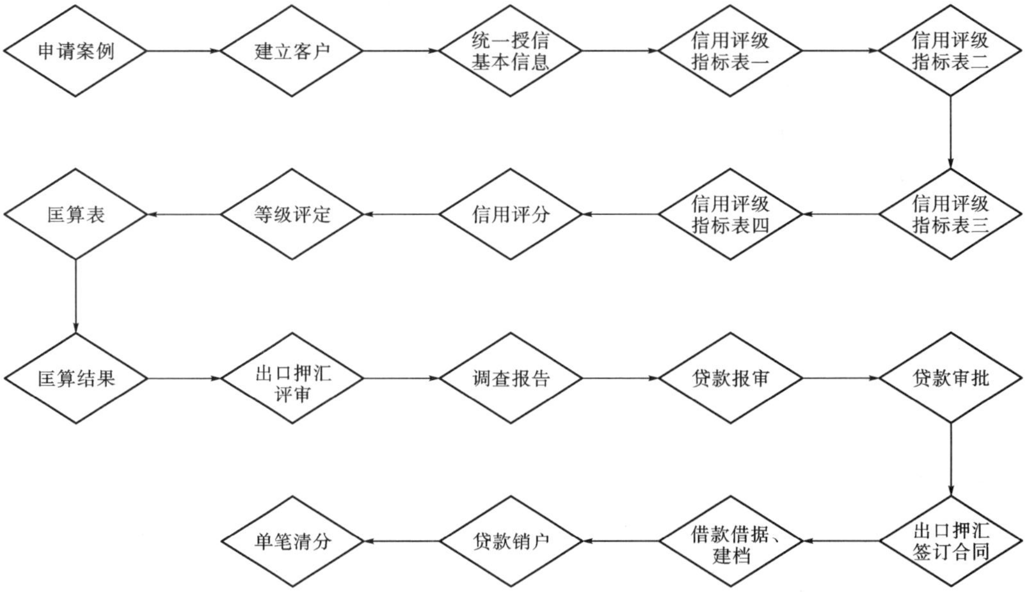

图 2-5-2　出口押汇业务系统操作流程图

第一步：打开实验中心查看《银行信贷实验教学平台》中“出口押汇”内相应的案例详情以及相关单据，进行“案例申请”操作。

第二步：申请案例后，在《银行信贷实验教学平台》中“客户管理”模块下“客户信息管理”中，进行“建立客户”操作。

第三步：“建立客户”后，在《银行信贷实验教学平台》中“客户授信”模块下“统一授信基本情况”中进行“统一授信基本情况信息表”操作。

第四步：“统一授信基本情况信息表”后，在《银行信贷实验教学平台》中“客户授信”模块下“信用评级”中进行“信用评级指标表一”操作。

第五步：“统一授信基本情况信息表”后，在《银行信贷实验教学平台》中“客户授信”模块下“信用评级”中进行“信用评级指标表二”操作。

第六步：“统一授信基本情况信息表”后，在《银行信贷实验教学平台》中“客户授信”模块下“信用评级”中进行“信用评级指标表三”操作。

第七步：“统一授信基本情况信息表”后，在《银行信贷实验教学平台》中“客户授信”模块下“信用评级”中进行“信用评级指标表四”操作。

第八步：“统一授信基本情况信息表”后，在《银行信贷实验教学平台》中“客户授信”模块下“信用评级”中进行“信用评分”操作。

第九步:“统一授信基本情况信息表”后,在《银行信贷实验教学平台》中“客户授信”模块下“信用评级”中进行“等级评定”操作。

第十步:“统一授信基本情况信息表”后,在《银行信贷实验教学平台》中“客户授信”模块下“匡算表”中进行“建立匡算”操作。

第十一步:“统一授信基本情况信息表”后,在《银行信贷实验教学平台》中“客户授信”模块下“匡算表”中进行“匡算结果”操作。

第十二步:“客户授信的匡算结果”后,在《银行信贷实验教学平台》中“业务管理”模块下“贷前调查”中进行“受理申请”操作。

第十三步:“受理申请”后,在《银行信贷实验教学平台》中“业务管理”模块下“贷前调查”中进行“出口押汇评审”,操作评审分为“出口押汇审批表”“信用证调查报告”“公司贷款评审”“结算授信业务评审”。

第十四步:“出口押汇评审”后,在《银行信贷实验教学平台》中“业务管理”模块下“贷前调查”中进行“调查报告”操作。

第十五步:“调查报告”后,在《银行信贷实验教学平台》中“业务管理”模块下“贷款报审”中进行“出口押汇报审”操作。

第十六步:“出口押汇报审”后,在《银行信贷实验教学平台》中“业务管理”模块下“贷款审批”中进行“出口押汇审批”操作。

第十七步:“出口押汇审批”后,在《银行信贷实验教学平台》中“业务管理”模块下“贷款发放”模块中进行“出口押汇签订合同”操作。

第十八步:“出口押汇签订合同”操作完毕后,在《银行信贷实验教学平台》中“业务管理”模块下“贷款发放”中进行“借款借据”和“建档”操作。

第十九步:“借款借据”和“建档”操作完毕后,在《银行信贷实验教学平台》中“押品出库+贷款销户”的模块下中进行“出口押汇销户”操作。

第二十步:“出口押汇销户”的操作完毕后,在《银行信贷实验教学平台》中“五级清分”模块下“单笔清分”中进行“单笔清分客户信息”操作,其中分为“客户概要信息”“授权业务信息”“分类意见”。

至此,出口押汇业务流程完毕。

链接 2-5-1 出口押汇业务

实验练习

一、基本信息

案例类型：出口押汇
案例名称：上海易胜进出口有限公司申请出口押汇
贷款业务终结设置：结清
贷款账号：22034093120933091
贷款利率：2.69%
上浮比例：0
案例编号：C015

二、公司授信额度信息

月均还款额：0
归还借款支出：0
借款借据中：
放款账号(押汇入账账号)：22034093120933091
结算账号：55024098231090761
风险限额匡算表中：
上年度末本行授信余额：210.00 万元
上年度末全部金融机构授信余额：210.00 万元
匡算结果表中：
上年度末中行对客户全部授信总余额：210.00 万元
上年度末全部金融机构对客户全部授信总余额：210.00 万元
公司贷款/结算授信评审表中：
在我行贷款余额：210.00 万元
在其他银行贷款余额：0
公司贷款评审表中：
其他借款：0
不良贷款余额：0
出口创汇额：550.00 万美元
结算授信评审表中：
我行批准授信额度：400.00 万元
剩余授信额度：190.00 万元
出口押汇审批表中：
证下已做打包放款：是

打包金额：77.00 万元

进出口押汇提货担保审批表中：

授信额度总额：400.00 万元

已使用额度：210.00 万元

剩余额度：190.00 万元

有效期：是

进出口押汇合同中：

押汇贷款利率：2.69％

三、押汇信息

结清日期：押汇日起 45 天

归还本金：770 500.00 元

合计本息：776 251.95 元

欠息金额：0

四、案例描述

上海易胜进出口有限公司，有外贸进出口经营权，公司向我行申请出口押汇授信额度。额度批复后，本次向美国出口皮鞋，在额度内申请出口押汇，金额 770 500.00 元，期限 45 天，押汇利率执行美元一年期以内固定利率 2.69％。该笔押汇到期正常结清。

实验项目六 进口押汇业务

实验目的

学生通过贸易融资相关知识的学习和进口押汇业务操作，了解银行对进口押汇风险的控制与管理要求，掌握银行对该业务处理内容、要求和程序，加深对所学知识的理解，提高业务处理能力。

实验内容与要求

学生根据系统提供的案例数据与要求，在业务操作系统上完成进口押汇业务流程的操作。

要做好本实验，学生必须了解银行信用证业务和银行授信业务，才能对进口押汇业务有一个较为深刻地认识。

实验指导

实验知识

进口押汇是指信用证项下单到并经审核无误后，开证行要求进口商付款赎单时，开证申请人（进口商）因资金周转关系，无法及时对外付款赎单，以该信用证项下代表货权的单据为质押，并同时提供必要的抵押/质押或其他担保，由银行先行代为对外付款。进口押汇是银行为信用证开证申请人提供的一种短期融资。

此时客户无须支付信用证项下的款项，即可取得信用证项下的单据，不但节省了占用资金的成本，而且获得了融资便利。

客户申请办理进口押汇，一般须向银行出具押汇申请书和信托收据，将货物的所有权转让给银行，同时还须提供保证人；有的银行还要求客户与之签订《总质押书》，然后银行将提单等货权凭证交给客户，并代客户付款。

一、进口押汇的特点

进口押汇的特殊之处在于，虽然货权凭证质押给了银行，但银行毕竟不是贸易合同的当事人，进口商（也即信用证开证申请人）才是货物的真正需求人，他必须取得并处理货物。于是，在进口押汇中，信托收据成为必不可少的一纸法律文件。通过信托收据，进口商将货物的所有权转移给银行，银行再将货物信托给进口商处理。

信托收据是开证申请人向银行出具的，用以证明银行对有关单据及单据项下货物享有所有权的确认书。信托收据也是银行和开证申请人间的信托合同，客户为银行的受托人代替银行处理信用证项下货物。

二、进口押汇的对象

企业（开证申请人）如使用银行授信额度开立信用证，由于单证相符必须承担对外付款责任时，因资金临时周转困难等原因，确实无法在规定付款日前筹措到付款资金的，可在收到银行《进口信用证到单通知书》后向银行申请叙作进口押汇。

三、进口押汇的条件

(1) 企业应当具备独立法人资格，且经营作风良好，无违规、违法和违约等不良记录。

(2) 企业必须在银行开有外币和人民币结算账户，保持经常结算往来，信誉良好。

(3) 企业应有齐全的财务管理制度和生产销售网络，进口商品有正常合理的销售渠道和可靠的资金回笼来源，能够按期偿还银行的垫款资金。

(4) 企业财务状况良好，具备短期偿债能力，如需要，企业应向银行提供经认可的贷款担保或抵押。

四、进口押汇的币种、利率、期限

进口押汇币种为付款币种，押汇利率参照银行同期流动资金贷款利率，采取利随本清的计息方式；进口押汇的期限自每笔对外付款日起至押汇归还日止，原则上不超过3个月。

五、进口押汇的好处

(1) 减少资金占压。企业在办理进口开证、进口代收后继续叙做进口押汇，等于完全利用银行的信用和资金进行商品进口和国内销售，不占压任何资金即可完成贸易、赚取利润。

(2) 把握市场先机。当企业无法立即付款赎单时，进口押汇可以使其在不支付货款的条件下取得物权单据、提货、转卖，从而抢占市场先机。

(3) 优化资金管理。如企业在到期付款时遇到更好的投资机会，且该投资的预期收益率高于贸易融资的利息成本，使用进口押汇，既可保证商品的正常购买、转售，又可同时赚取投资收益，实现资金使用效率的最大化。

六、进口押汇的适用范围

(1) 进口商遇到临时资金周转困难，无法按时付款赎单，且进口商品处于上升行情。

(2) 进口商在付款前遇到新的投资机会，且预期收益率高于押汇利率。

(3) 专款专用,仅用于履行押汇信用证项下的对外付款。

(4) 进口押汇是短期融资,期限一般不超过 90 天,90 天以内的远期信用证,其押汇期限与远期期限相加一般不得超过 90 天。

七、进口押汇业务基本程序

(一) 开证申请人向开证行提出申请

开证申请人(进口商)在全套出口单据到达并收到银行《进口信用证到单通知书》后,企业如需申请叙作进口押汇,须在信用证付款到期日前到开证行提出申请,并填写《进口押汇申请书》,加盖公章及有权签字人签字后提交银行,并向银行提供有关的资料:

(1) 经工商局年检的企业法人营业执照。

(2) 外贸合同或代理协议。

(3) 企业的近 3 年年度财务报表及最近一期的财务报表。

(4) 开证申请书。

(5) 借款人有权签字人授权书及签字样本。

(6) 其他银行需要的文件资料。

(二) 押汇行受理、审核

企业应向银行提供财务报表,以便银行审核该公司近期的财务状况及偿债能力,如需要提供担保或抵押,应向银行提供有关担保方或抵押物的资料,银行将按贷款程序进行审核。

(1) 审查后交复核人员复核,并送主管人员审批。

(2) 收妥押汇费用。

(3) 如有押汇额度的,确定押汇金额在授信额度内。

经银行审核同意后,与银行签订《进口押汇协议书》并向银行出具《信托收据》,明确双方的责任和义务。并在必要时提供保证金等担保措施。

(三) 押汇放款

押汇行审批通过后,银行根据押汇协议向开证申请人发放进口押汇款,代进口商向出口商银行付款。

(四) 企业还款

企业从银行取得全套单据,持海运提单去船公司提货,将货物卖出后,归还银行押汇款本息(如图 2-6-1 所示)。

例 银行应进口商 A 公司的申请开立了金额为 500 万美元的即期信用证。信用证项下单据到达后,A 公司向银行提出进口押汇申请。经审查,所到单据为信用证项下全套物权单据,且完全符合信用证的要求。A 公司系银行贸易融资重点客户,银行为其核有 1 000 万美元的进口押汇客户授信额度,按银行规定可直接办理此笔业务,无须进行信贷审查。在此情况下,A 公司向银行出具了信托收据,并与银行签订了进口押汇协议。办妥上述手续后,银行放单给 A 公司,并先行对外付款。

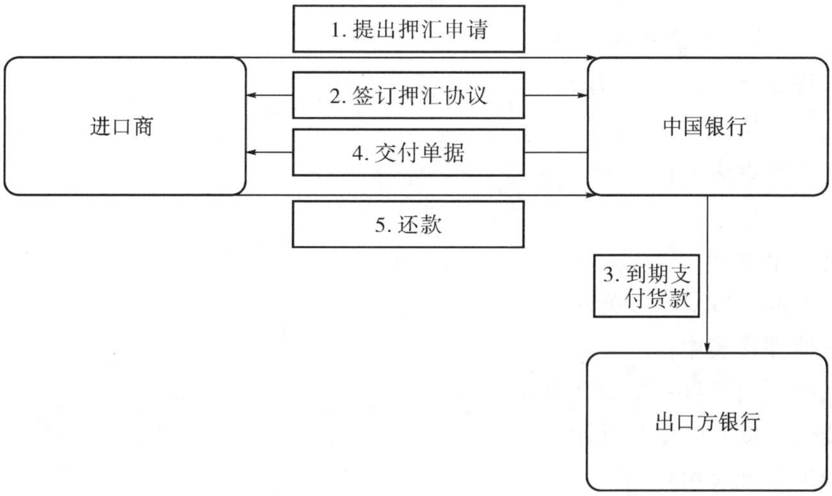

图 2-6-1　进口押汇流程图

实验案例

一、基本信息

案例类型：进口押汇
案例名称：上海兴隆商贸有限公司申请进口押汇
贷款业务终结设置：结清
贷款账号：22054789324512789
贷款利率：2.69%
上浮比例：0
案例编号：C006

二、公司授信额度信息

月均还款额：0
借款借据中：
放款账号：22054789324512789
结算账号：55023498338912876
风险限额匡算表中：
上年度末本行授信余额：50.00 万元
上年度末全部金融机构授信余额：50.00 万元
匡算结果表中：
上年度末中行对客户全部授信总余额：50.00 万元

上年度末全部金融机构对客户全部授信总余额：50.00 万元

公司贷款/结算授信评审表中：

在我行贷款余额：20.00 万元

在其他银行贷款余额：0

公司贷款评审表中：

其他借款：0

不良贷款余额：0

出口创汇额：339.00 万美元

结算授信评审表中：

我行批准授信额度：250.00 万元

剩余授信额度：144.00 万元

进口押汇审批表中：

押汇授信额度：110.00 万元

押汇未用余额：110.00 万元

进出口押汇提货担保审批表中：

授信额度总额：250.00 万元

已使用额度：106.00 万元

剩余额度：144.00 万元

有效期：是

进出口押汇合同中：

押汇贷款利率：2.69％

三、押汇信息

结清日期：银行对外付款(进口押汇)日起 30 天

归还本金：1 058 600.00 元

合计本息：1 060 970.80 元

欠息金额：0

四、案例描述

上海兴隆商贸有限公司，主营服装进出口，公司向我行申请进口押汇授信额度。额度批复后，本次出口一批服装到越南，由我行开立信用证，公司在额度内申请进口押汇，金额 1 058 600.00 元，期限 30 天，利率执行美元一年期以内固定利率 2.69％。该笔押汇到期正常结清。

操作流程与内容

进口押汇业务系统操作流程(如图 2-6-2 所示)。

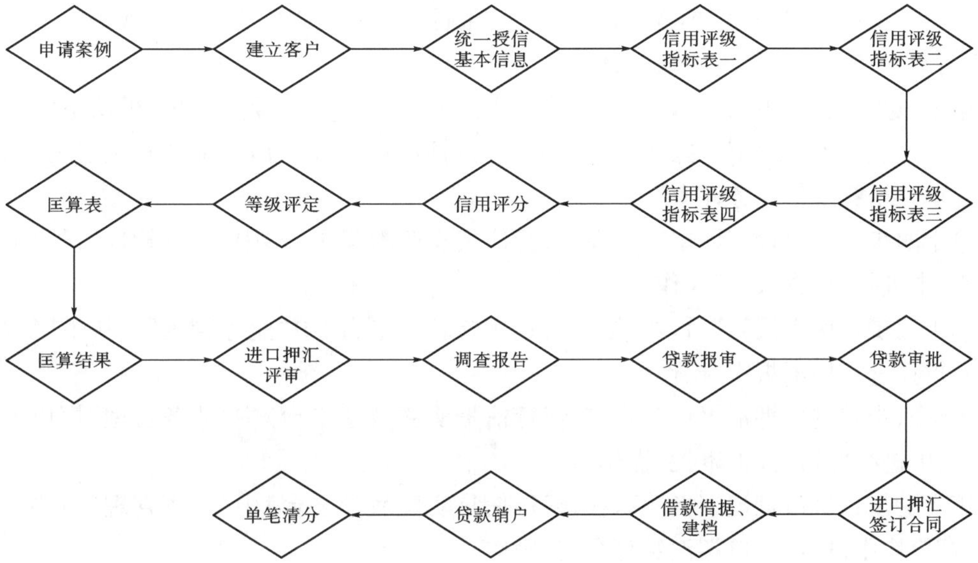

图 2-6-2 进口押汇业务系统操作流程图

第一步：打开实验中心查看《银行信贷实验教学平台》中“进口押汇”内相应的案例详情以及相关单据，进行“案例申请”操作。

第二步：申请案例后，在《银行信贷实验教学平台》中“客户管理”模块下“客户信息管理”中，进行“建立客户”操作。

第三步：“建立客户”后，在《银行信贷实验教学平台》中“客户授信”模块下“统一授信基本情况”中进行“统一授信基本情况信息表”操作。

第四步：“统一授信基本情况信息表”后，在《银行信贷实验教学平台》中“客户授信”模块下“信用评级”中进行“信用评级指标表一”操作。

第五步：“统一授信基本情况信息表”后，在《银行信贷实验教学平台》中“客户授信”模块下“信用评级”中进行“信用评级指标表二”操作。

第六步：“统一授信基本情况信息表”后，在《银行信贷实验教学平台》中“客户授信”模块下“信用评级”中进行“信用评级指标表三”操作。

第七步：“统一授信基本情况信息表”后，在《银行信贷实验教学平台》中“客户授信”模块下“信用评级”中进行“信用评级指标表四”操作。

第八步：“统一授信基本情况信息表”后，在《银行信贷实验教学平台》中“客户授信”模块下“信用评级”中进行“信用评分”操作。

第九步：“统一授信基本情况信息表”后，在《银行信贷实验教学平台》中“客户授信”模块下“信用评级”中进行“等级评定”操作。

第十步：“统一授信基本情况信息表”后，在《银行信贷实验教学平台》中“客户授信”模块下“匡算表”中进行“建立匡算”操作。

第十一步：“统一授信基本情况信息表”后，在《银行信贷实验教学平台》中“客户授信”模块下“匡算表”中进行“匡算结果”操作。

第十二步："客户授信的匡算结果"后，在《银行信贷实验教学平台》中"业务管理"模块下"贷前调查"中进行"受理申请"操作。

第十三步："受理申请"后，在《银行信贷实验教学平台》中"业务管理"模块下"贷前调查"中进行"进口押汇评审"，操作评审分为"进口押汇审批表""信用证调查报告书""公司贷款评审""结算授信业务评审"。

第十四步："进口押汇评审"后，在《银行信贷实验教学平台》中"业务管理"模块下"贷前调查"中进行"调查报告"操作。

第十五步："调查报告"后，在《银行信贷实验教学平台》中"业务管理"模块下"贷款报审"中进行"进口押汇报审"操作。

第十六步："进口押汇报审"后，在《银行信贷实验教学平台》中"业务管理"模块下"贷款审批"中进行"进口押汇审批"操作。

第十七步："进口押汇审批"后，在《银行信贷实验教学平台》中"业务管理"模块下"贷款发放"模块中进行"进口押汇签订合同"操作。

第十八步："进口押汇签订合同"操作完毕后，在《银行信贷实验教学平台》中"业务管理"模块下"贷款发放"中进行"借款借据"和"建档"操作。

第十九步："借款借据"和"建档"操作操作完毕后，在《银行信贷实验教学平台》中"押品出库＋贷款销户"的模块下中进行"进口押汇销户"操作。

第二十步："进口押汇销户"的操作完毕后，在《银行信贷实验教学平台》中"五级清分"模块下"单笔清分"中进行"单笔清分客户信息"操作，其中分为"客户概要信息""授权业务信息""分类意见"。

至此，进口押汇业务流程完毕。

链接 2-6-1　进口押汇业务

实验练习

一、基本信息

案例类型：进口押汇

案例名称：上海特索贸易有限公司申请进口押汇

贷款业务终结设置：结清

贷款账号：22053302129823149

贷款利率：2.69％

上浮比例：0
案例编号：C016

二、公司授信额度信息

月均还款额：0
借款借据中：
放款账号：22054789324512789
结算账号：55023498338912876
风险限额匡算表中：
上年度末本行授信余额：450.00 万元
上年度末全部金融机构授信余额：450.00 万元
匡算结果表中：
上年度末中行对客户全部授信总余额：450.00 万元
上年度末全部金融机构对客户全部授信总余额：450.00 万元
公司贷款/结算授信评审表中：
在我行贷款余额：450.00 万元
在其他银行贷款余额：0
公司贷款评审表中：
其他借款：0
不良贷款余额：0
出口创汇额：1 229.00 万美元
结算授信评审表中：
我行批准授信额度：750.00 万元
剩余授信额度：300.00 万元
进口押汇审批表中：
押汇授信额度：100.00 万元
押汇未用余额：100.00 万元
进出口押汇提货担保审批表中：
授信额度总额：750.00 万元
已使用额度：450.00 万元
剩余额度：300.00 万元
有效期：是
进出口押汇合同中：
押汇贷款利率：2.69％

三、押汇信息

结清日期：银行对外付款(进口押汇)日起 30 天

归还本金：1 005 000.00 元

合计本息：1 007 250.80 元

欠息金额：0

四、案例描述

上海特索贸易有限公司，主营新能源产品、纯电动汽车、太阳能、风能产品，具有进出口经营权，公司向我行申请进口押汇授信额度。这次出口一批电动汽车到越南，由我行开立信用证，公司在额度内申请进口押汇，金额 1 005 000.00 元，期限 30 天，利率执行美元一年期以内固定利率 2.69%。该笔押汇到期正常结清。

实验项目七　票据承兑业务

实验目的

学生通过票据承兑相关知识的学习和业务操作，了解银行对票据承兑风险的控制与管理要求，掌握银行对该业务处理内容、要求和程序，加深对所学知识的理解，提高业务处理能力。

实验内容与要求

学生根据系统提供的案例数据与要求，在业务操作系统上完成票据承兑业务流程的操作。

实验指导

实验知识

票据是在货币或商品流动中为体现债权、债务的发生、转移和偿付而使用的一种信用工具。一般认为，票据是具有法律规定的格式，约定由债务人按期无条件支付一定金额，并可以流通的书面凭证。

一、票据分类

《中华人民共和国票据法》第二条规定，票据是指汇票、本票和支票（如图 2-7-1 所示）。

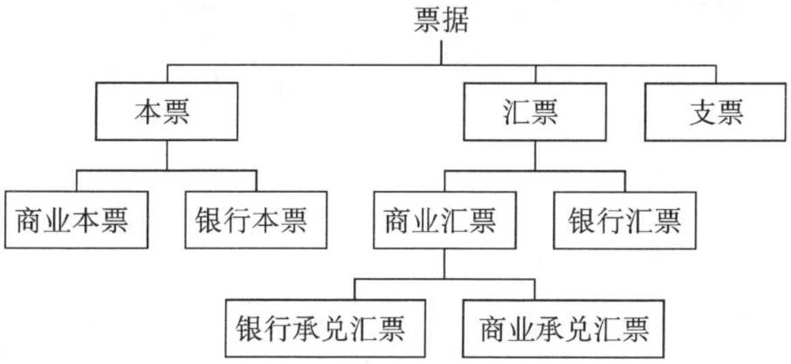

图 2-7-1　票据分类示意图

（一）支票

支票是出票人签发的，委托办理支票存款业务的银行或者其他金融机构在见票时无条件支付确定的金额给收款人或者持票人的票据。出票人一般为企业。

（二）本票

本票是出票人签发的，承诺自己在见票时无条件支付确定的金额给收款人或者持票人的票据。按出票人又分为银行本票和商业本票。

（三）汇票

汇票是出票人签发的，委托付款人在见票时或者在指定日期无条件支付确定的金额给收款人或者持票人的票据。汇票分为银行汇票和商业汇票。其中商业汇票分银行承兑汇票和商业承兑汇票。

票据按照付款期限不同，又分为即期票据和远期票据。我国现行的票据包括银行汇票、商业汇票、银行本票和银行支票 4 种，除了商业汇票为远期票据外，其余 3 种均为即期票据。因此，只有商业汇票可以进行票据的贴现、转贴现业务，行使交换和转让职能，它构成了我国货币市场中票据市场子市场中交易的主体。

二、商业汇票

（一）商业承兑汇票

商业承兑汇票是指由银行以外的付款人承兑的商业汇票，即债务人作为汇票的承兑人，在汇票上签章并承兑，承诺于汇票到期日支付票款的汇票。

商业承兑汇票一式三联。第一联为卡片，由承兑人留存；第二联为商业承兑汇票，由收款人开户银行随结算凭证交付款人开户银行作付出传票附件；第三联为存根，由签发人存查（如图 2-7-2 所示）。

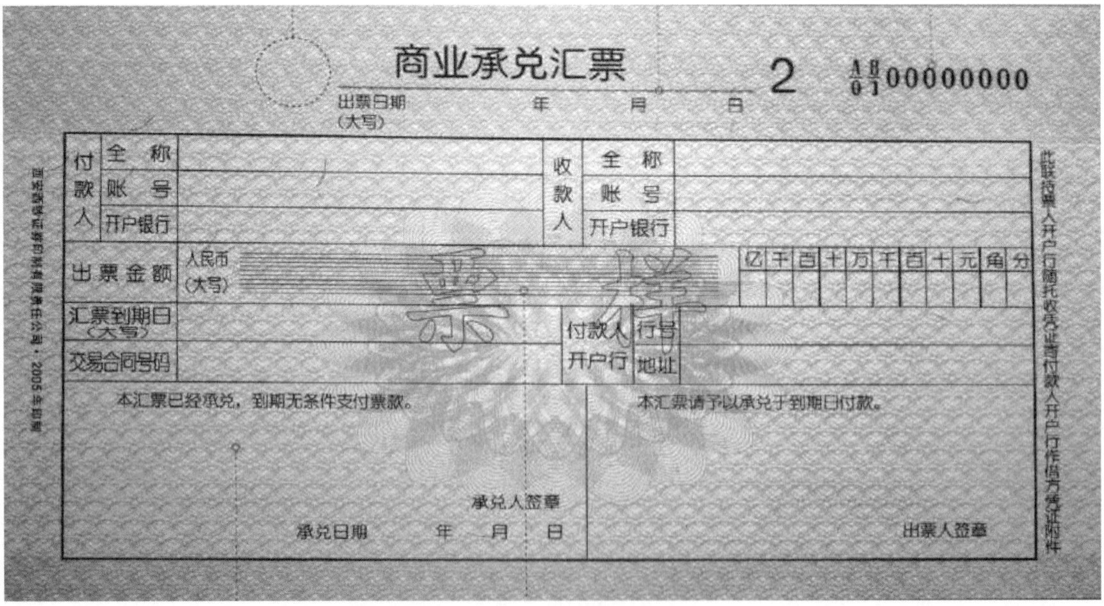

图 2-7-2　商业承兑汇票票样

商业承兑汇票可以由付款人签发并承兑，也可以由收款人签发交由付款人承兑。商业汇票的付款人为承兑人。商业承兑汇票的出票人，为在银行开立存款账户的法人以及其他组织，与付款人具有真实的委托付款关系，具有支付汇票金额的可靠资金来源。

（1）在商业承兑汇票中，“收款人”“付款人”是指交易双方当事人而不是汇票当事人。按照一般票据规定，商业承兑汇票的出票人应是卖方（交易中的收款人）或买方（交易中的付款人）；承兑人应是买方，付款人应是买方；收款人应是交易中的卖方。

（2）在交易活动中，债权人签发向债务人索取票款的汇票，由债务人在票面上注明承认到期付款的“承兑”字样并签章，从而承担付款的责任，债权人同时也获得付款请求权。

（3）付款人拒绝承兑的，必须出具拒绝承兑的证明。

（4）商业承兑汇票由付款人出票并承兑的应分别在“出票人签章”处和“承兑人签章”处签章。

（二）银行承兑汇票

银行承兑汇票是指由在承兑银行开立存款账户的存款人签发，向开户银行申请并经银行审查同意承兑的，保证在指定日期无条件支付确定的金额给收款人或持票人的远期汇票。

当客户拿到一张银行承兑汇票后，可以等到汇票到期日承兑，得到票款；也可以在拿到汇票时向银行办理贴现立时兑现。

银行承兑汇票一式三联。第一联为卡片，由承兑银行作为底卡进行保存；第二联为银行承兑汇票，由收款人开户行向承兑银行收取票款时作联行往来账付出传票；第三联为存根，由签发人编制有关凭证（如图 2-7-3 所示）。

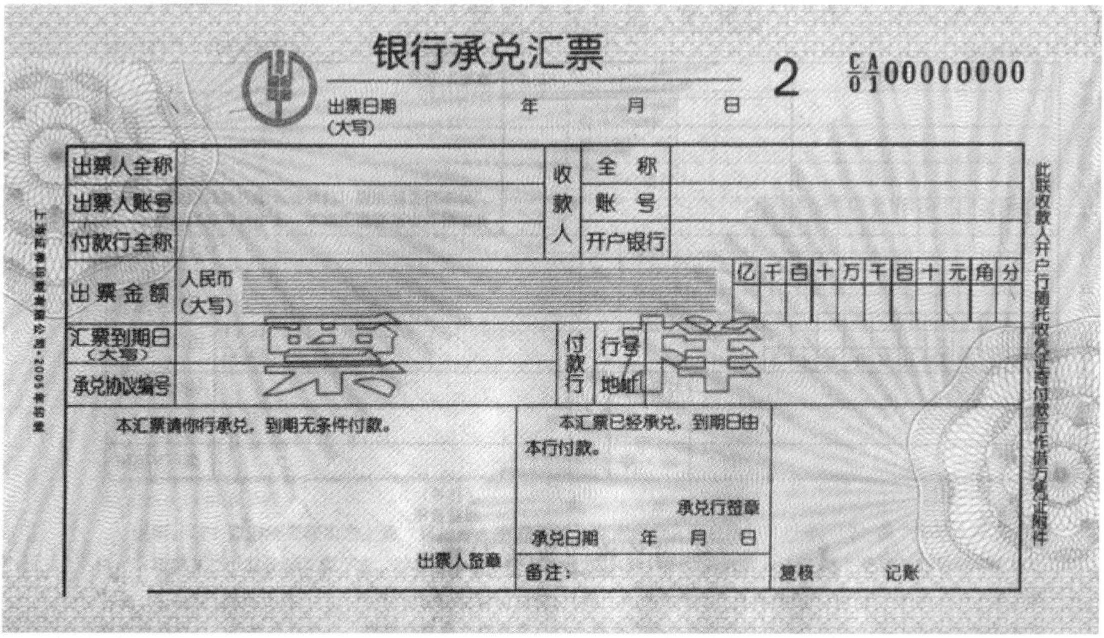
银行承兑汇票 2 CA 01 00000000

出票日期（大写） 年 月 日

出票人全称		收款人	全　称	
出票人账号			账　号	
付款行全称			开户银行	
出票金额	人民币（大写）			亿 千 百 十 万 千 百 十 元 角 分
汇票到期日（大写）		付款行	行号	
承兑协议编号			地址	

本汇票请你行承兑，到期无条件付款。

出票人签章

本汇票已经承兑，到期日由本行付款。

承兑行签章

承兑日期 年 月 日

备注：

复核 记账

此联收款人开户行随托收凭证寄付款行作借方凭证附件

票样

图 2-7-3 银行承兑汇票第二联正面

根据《票据法》和《支付结算办法》的规定，签发银行承兑汇票必须记载下列事项：表明"银行承兑汇票"的字样；无条件支付的委托；确定的金额；付款人名称；收款人名称；出票日期；出票人签章。

欠缺记载上述规定事项之一的，银行承兑汇票无效。

对出票人签发的商业汇票进行承兑是银行基于对出票人资信的认可而给予的信用支持，意味着银行对购货企业承付货款提供了担保。一旦商业汇票到期购贷方无力支付货款，银行必须无条件替企业垫付资金。从这个意义上讲，银行承兑汇票是银行的一种对外担保业务，亦称表外业务。银行承兑汇票以真实商品交易为基础，银行将信贷资金投放、收回与真实商品销售结算紧密结合在一起，是银行支付工具、信用工具、结算工具及融资工具的结合体。

（三）票据承兑

票据承兑是指汇票的付款人承诺负担票据债务的行为。承兑为汇票所独有。汇票的发票人和付款人之间是一种委托关系，发票人签发汇票，并不等于付款人就一定付款，持票人为确定汇票到期时能得到付款，在汇票到期前向付款人进行承兑提示。

票据承兑是指商业银行根据在本行开户客户提出的承兑申请，对客户的资信情况、交易背景情况、担保情况进行审查，决定是否承兑的过程。票据承兑的对象是商业承兑汇票和银行承兑汇票，由于商业承兑汇票属于商业信用，其风险的不确定性，导致银行在做商业承兑汇票时都极为谨慎，大部分银行只做银行承兑汇票。票据承兑业务一般归类于授信业务，通过商业银行的承兑，商业信用就转化为银行信用，通常由商业银行的信贷部门负责。

（四）银行承兑汇票的办理要求

(1) 提示付款期限自汇票到期日起 10 日(需要在汇票到期之日前 10 日内办理承兑)。

(2) 签发银行承兑汇票最长期限(付款期限)不超过 6 个月。

(3) 单笔金额不超过 1 000 万元。

(4) 出票人必须是在承兑银行开立结算账户的法人。

(5) 按银行承兑汇票金额的 5‰向出票人一次性收取承兑手续费。

(6) 银行承兑汇票纳入企业统一授信进行管理。

（五）银行承兑汇票承兑业务基本程序

1. 交易双方签订交易合同

交易双方签订交易合同，并在合同中注明采用银行承兑汇票进行结算。

2. 承兑申请

出票人(付款人)根据合同要求出票(签发银行承兑汇票)并向其开户银行提出承兑申请，填写银行承兑业务申请书，并向开户行提交以下资料：

(1) 经会计(审计)事务所年审过的近 3 年度和当期资产负债表、损益表、现金流量表。成立不足 3 年的企业，提供其成立期限相当的财务会计报表。

(2) 承兑申请所依据的商品、劳务交易合同、增值税发票、货运凭证等原件及复印件。

(3)《企业法人营业执照》副本或复印件及年检证明。

(4)《国税务登记证》复印件及年检证明。

(5) 公司章程、经董事会或股东会审议并出具申请银行承兑汇票承兑的正式文件。

(6) 法人代表、负责人或代理人的身份证明复印件。

(7) 核对后的法人代表、负责人或代理人的签字样本。

(8) 经年检的贷款卡及查询码。

(9) 在人民银行 IE 查询系统查询申请人负债、对外担保等情况资料。

(10) 拟设置抵(质)押物权属证明复印件。

(11) 承兑人要求提供的其他文件资料。

3. 调查与审查

了解客户信息,掌握其经营变化情况,重点调查出票人经营行业风险、产品的市场风险、管理状况、财务状况、资金回笼情况,是否有足够的资金支付到期汇票金额以及对担保人担保能力的变化和抵(质)押物状况的价值变化的分析。

1) 调查真实合法性

(1) 出票人和担保人的身份与资格是否真实有效。

(2) 出票人和担保人提供资料是否真实合法。

(3) 出票人申请承兑是否正属于货款支付或劳务支付,是否符合规定用途,是否存在以银行承兑汇票套取资金。

(4) 购销合同标的物是否属于国家、政策禁止生产经营的范围,或是国家禁止流通物或未经许可的限制流通物,或是国家法律、政策所不允许的行为。

(5) 购销合同内容是否超过出票人营业执照的经营范围和经营方式。

(6) 通过对出票人的实地调查,对其生产经营、材料储备的查验,是否属于出票人生产经营需要。

2) 审查出票人对到期承兑汇票的偿债能力

(1) 调查出票人到期支付汇票资金来源是否可靠,充分考虑商品是否适销对路及货款回笼周期是否与银行承兑汇票期限对称。

(2) 对工业企业要调查其近期生产经营是否正常,销售货款是否顺畅。

(3) 对物资贸易和批发企业要调查所购货物是否落实销售下游,先货后款方式清算的货物在运输中是否出现毁损。

(4) 对施工企业要调查所承包工程的投资是否落实,工程材料是否按时到位等。

4. 审查与审批

对上述申请资料的真实性、完备性和有效性进行审查、核实。经资格审查合格的,向出票人开具《申请资料收妥单》;对不符合规定的,应对客户进行解释婉言拒绝其申请。

经初审同意后,银行信贷部门将银行承兑业务申请审批书、申请人提交的材料以及审查报告等按审批权限报有权人审批。

5. 承兑出票

(1) 承兑人根据出票人的信用等级通知出票人按比例存入保证金，但不得少于承兑汇票票面金额的30%。

(2) 签订《银行承兑协议》和担保合同(保证合同、抵押合同、质押合同)，按规定办理抵(质)押登记；有授信额度无须担保合同。

(3) 向会计部门(或营业网点)送交《银行承兑协议》和审批单(复印件)一份。

(4) 会计部门凭《银行承兑协议》和审批单(复印件)一份，在银行承兑汇票上盖章承兑，向出票人一次性收取票面金额5‰的承兑手续费。然后向其交付承兑后的汇票。

6. 承兑后管理

银行承兑汇票承兑以后，客户经理应进行跟踪检查。检查内容有：

(1) 申请人是否按申请用途使用银行承兑汇票。

(2) 在银行承兑汇票到期前7天，查询出票人在承兑人开立的账户存款情况，如账户存款不足以支付汇票金额的，应书面通知出票人和担保人，督促其将票款足额存入其账户，确保不发生垫款。

(3) 保证金必须实行逐户逐笔专户管理不得提前支取保证金。

(4) 申请人承兑期间的重大经营决策和经营状况。

(5) 保证能力、抵押物和质押物变化情况。

(6) 逐笔建立档案登记，落实专人管理。

7. 解付

汇票到期日(如为法定节假日则顺延)，承兑申请人不能支付或不能足额支付票款时，承兑银行除凭票向持票人无条件付款外，对出票人尚未支付汇票金额按每天万分之五计收利息。

承兑银行收到收款人(持票人)或背书人客户银行发来的银行承兑汇票和委托收款凭证后，经办人要仔细辨别汇票的真伪，与底卡和汇票复印件核对，确认事实后，审查背书是否连续，印章是否正确清晰，填写是否合规。审查无误后办理解付手续。

知识链接

商业承兑汇票和银行承兑汇票的区别

(1) 承兑主体不同。银行承兑汇票由银行承兑，商业承兑汇票由银行以外的付款人承兑。

(2) 信用等级不同。商业承兑汇票和银行承兑汇票的承兑人不同，决定了商业承兑汇票是商业信用，银行承兑汇票是银行信用。

(3) 风险不同。商业承兑汇票当承兑人无款支付时，会发生支付风险，风险高；银行承兑汇票无支付风险，且可向银行贴现提前获取资金。

(4) 流通性不同。商业汇票信用等级及流通性上低于银行承兑汇票。

(5) 汇票到期时处理方式不同。银行承兑汇票到期时，如果购货企业不能足额支付票款，承兑银行按承兑协议，按逾期借款处理，并计收罚息。银行会付款给持票人，可以按期收回贷款。商业承兑汇票到期时，账户没有足够的钱，银行不负责付款，由购销双方自行处理。

实验案例

一、基本信息

案例类型：票据承兑
案例名称：上海时利合商贸有限公司申请银行承兑汇票承兑
贷款业务终结设置：结清
贷款账号：22025509450315689
贷款利率：5.10%
利率上浮比例：0
案例编号：C002

二、公司授信额度信息

月均还款额：0
归还借款支出：0
借款借据中：
放款账号：22025509450315689
结算账号：55082391378612569
风险限额匡算表中：
上年度末本行授信余额：150.00 万元
上年度末全部金融机构授信余额：150.00 万元
匡算结果表中：
上年度末中行对客户全部授信总余额：150.00 万元
上年度末全部金融机构对客户全部授信总余额：150.00 万元
公司贷款/结算授信评审表中：
在我行贷款余额：80.00 万元
在其他银行贷款余额：0
公司贷款评审表中：
其他借款：0
不良贷款余额：0
出口创汇额：0
结算授信评审表中：
我行批准授信额度：0

剩余授信额度：0

票据承兑合同中：

手续费：200.00 元

结清日期：承兑日起 3 个月

归还本金：400 000.00 元

合计本息：405 100.00 元

欠息金额：0

三、案例描述

上海时利合商贸有限公司，主营化工产品，公司向我行申请银行承兑汇票承兑授信额度。额度批复后，公司向我行申请金额为 400 000.00 元的银行承兑汇票承兑，期限 3 个月。该笔银行承兑汇票正常结清。

操作流程与内容

票据承兑业务系统操作流程(如图 2-7-4 所示)。

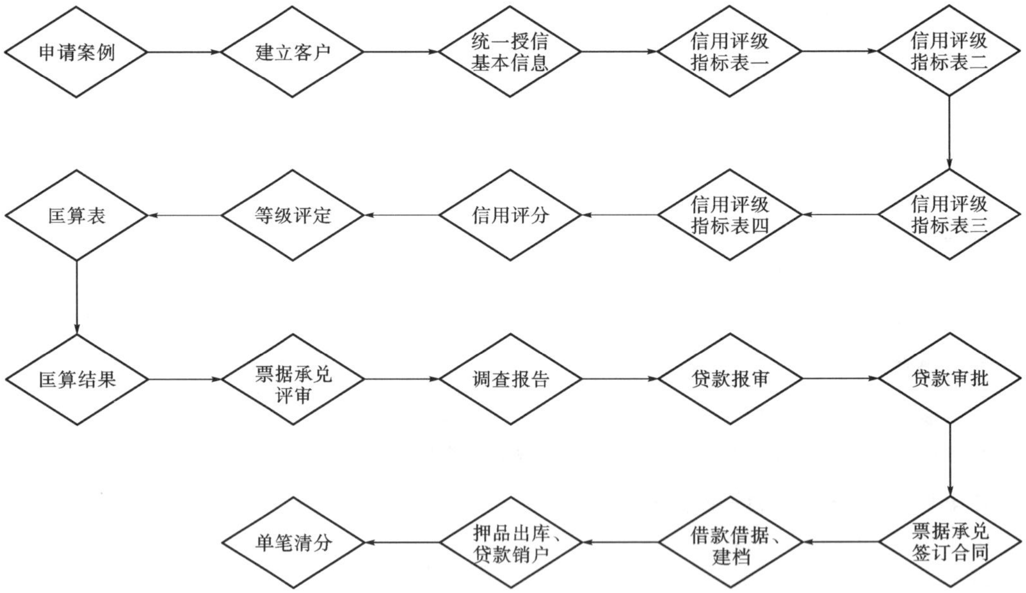

图 2-7-4　票据承兑业务系统操作流程图

第一步：打开实验中心查看《银行信贷实验教学平台》中“票据承兑贷款”内相应的案例详情以及相关单据，进行“案例申请”操作。

第二步：申请案例后，在《银行信贷实验教学平台》中“客户管理”模块下“客户信息管理”中，进行“建立客户”操作。

第三步:“建立客户”后,在《银行信贷实验教学平台》中“客户授信”模块下“统一授信基本情况”中进行“统一授信基本情况信息表”操作。

第四步:“统一授信基本情况信息表”后,在《银行信贷实验教学平台》中“客户授信”模块下“信用评级”中进行“信用评级指标表一”操作。

第五步:“统一授信基本情况信息表”后,在《银行信贷实验教学平台》中“客户授信”模块下“信用评级”中进行“信用评级指标表二”操作。

第六步:“统一授信基本情况信息表”后,在《银行信贷实验教学平台》中“客户授信”模块下“信用评级”中进行“信用评级指标表三”操作。

第七步:“统一授信基本情况信息表”后,在《银行信贷实验教学平台》中“客户授信”模块下“信用评级”中进行“信用评级指标表四”操作。

第八步:“统一授信基本情况信息表”后,在《银行信贷实验教学平台》中“客户授信”模块下“信用评级”中进行“信用评分”操作。

第九步:“统一授信基本情况信息表”后,在《银行信贷实验教学平台》中“客户授信”模块下“信用评级”中进行“等级评定”操作。

第十步:“统一授信基本情况信息表”后,在《银行信贷实验教学平台》中“客户授信”模块下“匡算表”中进行“建立匡算”操作。

第十一步:“统一授信基本情况信息表”后,在《银行信贷实验教学平台》中“客户授信”模块下“匡算表”中进行“匡算结果”操作。

第十二步:“客户授信的匡算结果”后,在《银行信贷实验教学平台》中“业务管理”模块下“贷前调查”中进行“受理申请”操作。

第十三步:“受理申请”后,在《银行信贷实验教学平台》中“业务管理”模块下“贷前调查”中进行“票据承兑评审”,操作评审分为“调查表一”“调查表二”“调查表三”“票据承兑审查表”。

第十四步:“票据承兑评审”后,在《银行信贷实验教学平台》中“业务管理”模块下“贷前调查”中进行“调查报告”操作。

第十五步:“调查报告”后,在《银行信贷实验教学平台》中“业务管理”模块下“贷款报审”中进行“票据承兑报审”操作。

第十六步:“票据承兑报审”后,在《银行信贷实验教学平台》中“业务管理”模块下“贷款审批”中进行“票据承兑审批”操作。

第十七步:“票据承兑审批”后,在《银行信贷实验教学平台》中“业务管理”模块下“贷款发放”模块中进行“票据承兑签订合同”操作。

第十八步:“票据承兑签订合同”操作完毕后,在《银行信贷实验教学平台》中“业务管理”模块下“贷款发放”中进行“借款借据”和“建档”操作。

第十九步:“借款借据”和“建档”操作操作完毕后,在《银行信贷实验教学平台》中“押品出库+贷款销户”的模块下中进行“押品出库”“票据承兑销户”操作。

第二十步:“押品出库”“票据承兑销户”操作完毕后,在《银行信贷实验教学平台》中“五级清分”模块下“单笔清分”中进行“单笔清分客户信息”操作,其中分为“客户概要信息”“授权业务信息”“分类意见”。

至此，票据承兑贷款业务流程完毕。

链接 2-7-1　票据承兑业务

实验练习

一、基本信息

案例类型：票据承兑
案例名称：上海新弈杰实业有限公司申请银行承兑汇票承兑
贷款业务终结设置：结清
贷款账号：22025023109840331
贷款利率：5.10%
上浮比例：0
案例编号：C012

二、公司授信额度信息

月均还款额：0
归还借款支出：0
借款借据中：
放款账号：22025023109840331
结算账号：55083021908734521
风险限额匡算表中：
上年度末本行授信余额：70.00 万元
上年度末全部金融机构授信余额：70.00 万元
匡算结果表中：
上年度末中行对客户全部授信总余额：70.00 万元
上年度末全部金融机构对客户全部授信总余额：70.00 万元
公司贷款/结算授信评审表中在我行贷款余额：70.00 万元
在其他银行贷款余额：0
公司贷款评审表中：
其他借款：0

不良贷款余额：0

出口创汇额：0

结算授信评审表中：

我行批准授信额度：0

剩余授信额度：0

票据承兑合同中：

手续费：100.00 元

结清日期：承兑日起 2 个月

归还本金：200 000.00 元

合计本息：201 700.00 元

欠息金额：0

三、案例描述

上海新弈杰实业有限公司，主营快速消费品，公司向我行申请银行承兑汇票承兑授信额度。额度批复后，公司向我行申请金额为 200 000.00 元的银行承兑汇票承兑，期限 2 个月。该笔银行承兑汇票正常结清。

实验项目八 票据贴现业务

实验目的

学生通过票据贴现相关知识的学习和业务操作，了解银行对票据贴现风险的控制与管理要求，掌握银行对该业务处理内容、要求和程序，加深对所学知识的理解，提高业务处理能力。

实验内容与要求

学生根据系统提供的案例数据与要求，在业务操作系统上完成票据贴现业务流程的操作。

实验指导

实验知识

票据贴现是指贷款人以购买借款人未到期的商业票据、银行承兑票据或短期债券的方式发放的贷款。票据贴现可以说是特殊的质押贷款，是借款人以未到期的商业票据向银行申请贴现，银行按一定的利率扣除贴现利息，将票面余额支付给持票人的一种贷款形式，它是一种风险较小的贷款。

一、票据贴现的种类

一般而言，票据贴现可以分为 3 种，分别是贴现、转贴现和再贴现。

(1) 贴现是指客户(持票人)将没有到期的票据出卖给贴现银行，以便提前取得现款。一般工商企业向银行办理的票据贴现就属于这一种。

(2) 转贴现是指银行以贴现购得的没有到期的票据向其他商业银行所作的票据转让，转贴现一般是商业银行间相互拆借资金的一种方式。

(3) 再贴现是指贴现银行持未到期的已贴现汇票向中国人民银行的贴现，通过转让汇票取得中国人民银行再贷款的行为。再贴现是中国人民银行的一种信用业务，是中国人民银行为执行货币政策而运用的一种货币政策工具。

二、申请票据贴现的条件

票据贴现包括银行承兑汇票贴现和商业承兑汇票贴现。目前，我国商业银行办理最多的是银行承兑汇票贴现。票据持票人向商业银行申请办理贴现时，必须具备下列条件：

(1) 企业法人和其他经济组织，并依法从事经营活动。

(2) 贴现申请人具有良好的信誉和还款能力，与出票人或者直接前手之间具有真实、合法的商品交易关系；并提供与其直接前手之间的商品交易合同、增值税发票和商品发运单据及复印件。

(3) 在申请贴现的银行开立存款账户。

三、票据贴现的期限

票据的贴现期限是指票据从贴现之日起至到期日的时间。票据贴现的期限较短，一般为 3～6 个月，最长不超过 6 个月。票据的再贴现和转贴现期限是以再贴现和转贴现之日起至票据到期日止的时间。再贴现和转贴现的期限也在 6 个月内。

四、贴现利息的计算

（一）贴现利息

在票据贴现业务中，贴现申请人贴付给银行的利息称为贴现利息。贴现的计算公式：

贴现利息 ＝ 贴现汇票票面金额 × 实际贴现天数 × 日贴现率

贴现实付金额 ＝ 贴现汇票的票面金额 － 贴现利息

（二）汇票金额

汇票金额即持票人所持银行承兑汇票上记载的“出票金额”。

（三）贴现天数

贴现天数指自贴现之日起至商业汇票到期日止(算头不算尾)。如到期日为法定节假日要相应顺延至第一个工作日；如承兑人为异地的另加 3 天划款期；到期日为法定节假日同时承兑人为异地的，需在顺延的基础上另加 3 天划款期。

贴现日即持票人向金融机构申请银行承兑汇票贴现当日，实付贴现计息日为金融机构放款日。到期日即是银行承兑汇票票面上的“汇票到期日”。

（四）贴现率

贴现率是指票据持有人在汇票尚未到期前在贴现市场上背书转让，银行购买该汇票时计算所要扣除贴现息的利率。

贴现率是一种市场化程度较高的利率工具，受中国人民银行再贴现率、银行资金头寸、相关货币市场利率水平等因素综合影响。按中国人民银行规定，贴现率应在中国人民银行现行的再贴现利率的基础上进行上浮，由双方协商确定，但最高不能超过现行的贷款利率。在实践操作中，贴现利率已经实现市场化，金融机构根据自身的资金头寸情况、贷款规模情况、同业的贴现利率情况决定制订贴现利率价格。

五、票据贴现业务基本程序(银行承兑汇票)

（一）银行受理贴现申请

(1) 持票人向开户行申请银行承兑汇票贴现，银行市场营销岗位客户经理根据持票人提出的业务类型结合自身的贴现业务政策决定是否接受持票人的业务申请。

(2) 银行客户经理依据持票人的业务类型、期限、票面情况结合本行制定的相关业务利率向客户作出业务报价。

(3) 持票人接受业务报价后，银行正式受理业务，要求持票人准备各项办理业务所需的资料。其中包括：①申请人营业执照副本或正本复印件、企业代码证复印件；②贴现票据项下的商品交易合同原件和复印件；③能够证明票据项下的商品交易确已履行的凭证(增值税发票复印件)；④贷款卡；⑤贴现申请人的财务会计报表(复印件)；⑥未到期且要式完整的银行承兑汇票。

(4) 持票人根据票据最后一手背书的票据复印件、《银行承兑汇票查询申请书》，由客户经理持银行承兑汇票复印件和填写完整的《银行承兑汇票查询申请书》交清算岗位办理查询。

清算岗位根据承兑行确定的查询方式，属本行的在系统内网上查询，属他行的填写银行承兑汇票一式三联查询书，通过交换向承兑银行查询票据的真实性；也可将汇票上的内容通过银行大额支付系统传递到出票银行，查询票面上各项要素的内容是否确实。

如有必要，贴现银行到出票银行会计柜面进行实地查询汇票上记载内容的准确性，查询票面上各项要素的内容是否确实存在。

(5) 收到会计结算部门提供的承兑人查复书后，市场营销岗位换人进行电话复查，核对汇票的票面要素，复查无误后通知贴现企业前来银行办理贴现业务。

(6) 持票人持贴现所需的资料和已背书完整的银行承兑汇票前来办理业务，填写《商业汇票贴现申请书》《贴现凭证》。

客户经理进行票面初审，检查银行承兑汇票背书是否完整、清晰、连续；第一背书人印章是否与票据正面记载的收款人名称一致；最后背书人与贴现申请人、合同及增值税发票、普通发票中的供应方是否一致；背书是否按规定全额背书；票据背书是否按规定使用公章、财务专用章等合法印章，背书章是否加盖在背书栏里等。

审核完毕后客户经理填写票据收执，陪同客户将银行承兑汇票移交给票据审核岗位；票据审核岗位在核对票据原件和票据收执后，在票据收执上加盖收讫章，交由客户保管。

票据审核岗位受理贴现银行应审查的内容：①承兑汇票是否可以转让，有“不得转让”字样的不能贴现；②背书人的信用程度以及背书人数；③汇票是否在有效期内且要式是否完整；④数字、印章等要素是否合法、规范，凭证、压数、印模是否真实、可靠；⑤审查贴现申请人的资信状、资产负债状况及其还款能力；⑥如有授信额度的，确定贴现金额在授信额度内；⑦审查申请贴现的用途是否真实、合理。票据贴现款只能用于贴现申请人维持和发展正常的商品生产或商品流转的合理需要；是否符合国家的产业政策和信贷政策；⑧贴现汇票的金额是否超过限额(1 000 万元的限额不得超过)；⑨商业汇票是否以真实、合法的商品交易为基础；⑩商业汇票项下的商品交易合同双方注明以商业汇票作为结算工具或方式；⑪银行承兑汇票记载的要素是否完整。

(7) 客户经理对申请人提供的票据交易文件进行初审，客户经理填妥《商业汇票贴现申请审批书》并签字，负责电话查复的客户经理在电话查复一栏中签字。营销主管进行复审并在审批书中签字确认。营销主管复审完毕后，客户经理交各项跟单资料至风险审核岗位，并办理交接手续。

（二）资金申报

客户经理测算业务资金需求，提前向资金营运部门申报预约资金。

（三）票据审查

票据审核岗位对贴现票据进行票面审查。审查完毕后，及时通知客户经理票据票据瑕疵情况和退票情况，由客户经理和客户进行沟通，商量对瑕疵票据是否出具说明。票据审查岗位在审批书上签字。

（四）票据交易文件审查

风险审核岗位对票据交易文件和资料进行审查，并对企业贷款卡进行查询。查询完毕后，及时通知客户经理票据跟单资料瑕疵情况和退票情况，由客户经理和客户进行沟通，商量对跟单资料瑕疵的处理方法。风险审核岗位在审批书上签字。

（五）数据录入、贴现凭证制作

客户经理在票据业务系统中录入贴现业务数据，并打印制作贴现凭证。

（六）复核利息、计算实际划款金额

票据审核岗位剔除因票面因素和跟单资料因素无法办理贴现业务的票据后，对剩余的票据根据交易文件审核后均合格的票据贴现凭证、经有权签字确认的申请审批表等进行利息复核，并计算本次业务的实际划款金额。票据审核岗位在审批书上签字。

（七）签批

客户经理将已填写完整的申请审批表交授权签批人或最高签批人签批。

（八）合同盖章

客户经理通知申请人来银行面签贴现协议书。填写用印单，将已填写完整的贴现协议书同已签批的申请审批表交风险审核岗位盖章。

（九）向申请人划付资金

客户经理将依据填写完整并经过最终签批的申请审批表和贴现协议书一并提交资金调拨岗位，资金调拨岗位根据交易合同上的户名、开户行、账号及申请审批表上的实际划款金额填写资金调拨通知书。

票据审核岗位向客户收回已加盖转讫章的票据收执，清算岗位根据资金调拨通知书填制会计凭证，并向客户划付资金。

客户经理将已加盖转讫章的贴现凭证第四联和一份已填写完整的交易合同交给客户。

（十）业务登记、销账

业务办理完毕后，由风险审核岗位负责信贷台账的登记和到期收妥资金后销账的工作。

例　A公司于8月15日持一张面值为100 000.00元的银行承兑汇票到银行申请贴现，该银行承兑汇票签发于5月30日，到期日为10月29日，申请办理时银行贴现率为

4.1%。

贴现天数：17(8 月)+30(9 月)+28(10 月)=75(天)

贴现息：75×100 000×(4.1%/360)=854.17(天)

所得贴现金额：100 000-854.17=99 145.83(天)

知识链接

票据贴现与贷款的区别

(1) 资金流动性不同。由于票据的流通性，票据持有者可到银行或贴现公司进行贴现，换得资金。一般来说，贴现银行只有在票据到期时才能向付款人要求付款，但银行如果急需资金，它可以向中国人民银行再贴现。但贷款是有期限的，在到期前是不能回收的。

(2) 利息收取时间不同。贴现业务中利息的取得是在业务发生时即从票据面额中扣除，是预先扣除利息。而贷款是事后收取利息，它可以在期满时连同本金一同收回，或根据合同规定，定期收取利息。

(3) 利息率不同。票据贴现的利率要比贷款的利率低，因为持票人贴现票据目的是得到现在资金的融通，并非没有这笔资金。如果贴现率太高，则持票人取得融通资金的负担过重、成本过高，贴现业务就不可能发生。

(4) 资金使用范围不同。持票人在贴现了票据以后，就完全拥有了资金的使用权，他可以根据自己的需用使用这笔资金而不会受到贴现银行和公司的任何限制。但借款人在使用贷款时，要受到贷款银行的审查、监督和控制，因为贷款资金的使用情况直接关系到银行能否很好地回收贷款。

(5) 债务债权的关系人不同。贴现的债务人不是申请贴现的人而是出票人即付款人，遭到拒付时才能向贴现人或背书人追索票款。而贷款的债务人就是申请贷款的人，银行直接与借款人发生债务关系。有时银行也会要求借款人寻找保证人以保证偿还款项，但与贴现业务的关系人相比还是简单得多。

(6) 资金的规模和期限不同。票据贴现的金额一般不太大，每笔贴现业务的资金规模有限，可以允许部分贴现。票据的期限较短，一般为 2～4 个月。然而贷款的形式多种多样，期限长短不一，规模一般较大，贷款到期的时候，经银行同意，借款人还可继续贷款。

附　银行承兑汇票贴现协议模版

银行承兑汇票贴现协议

贴现申请人：__________________________(以下简称“甲方”)

住所：____________

邮政编码：

法定代表人：

电话：

传真：

开户银行：

账号：

贴现人：中国建设银行大连分行　　　　　（以下简称“乙方”）
住所：
邮政编码：
法定代表人/主要负责人：
电话：
传真：

甲方向乙方申请银行承兑汇票贴现，甲、乙双方协商一致，达成本协议：

第1条　本协议项下申请贴现的银行承兑汇票如下：

汇票号码	票面金额	出票人	出票日期	承兑银行	到期日期

第2条　本协议项下银行承兑汇票的贴现利率为________，贴现期限内，如遇国家调整利率，本协议项下贴现利率不做调整。

第3条　本协议项下的银行承兑汇票的贴现期限______天，即从____年__月__日起至____年__月__日止。

第4条　甲、乙双方同意按贴现票面金额、贴现利率、贴现期限计算贴现利息，从票面金额中扣除贴现利息后的余额即为实付贴现金额，贴现当日，乙方将贴现金额贷记甲方存款账户。

第5条　本协议项下的银行承兑汇票的贴现利息为____________，实付贴现金额为（大写）____________________。

第6条　本协议项下的贴现资金用途：__________________________。

第7条　甲方的保证

1. 甲方为企业法人或其他经济组织，并依法从事经营活动。

2. 甲方向乙方申请贴现的承兑汇票及其他申请材料是真实的。

3. 甲方取得前款所述的承兑汇票是合法的，且有真实、合法的商品交易作基础。

4. 甲方在乙方处已开立存款账户。

5. 已贴现的承兑汇票遭拒付，甲方按本协议第9条的约定向乙方承担支付责任。

第8条　甲方的权利和义务

1. 申请贴现时，甲方应向乙方提交承兑汇票及相对应增值税发票，并根据乙方要求提交甲方企业设立情况、资信、财务状况、有关商品交易合同等资料。

2. 贴现时甲方应真实有效地完成票据背书转让行为。且背书时不得附加任何条件。

3. 甲方应负责所申请贴现的银行承兑汇票背书的连续性和其前手背书的真实性。

第 9 条　乙方的权利和义务

1. 乙方对甲方提交的承兑汇票,有权按规定向承兑银行以书面方式查询。

2. 在本协议生效后,应及时将贴现金额贷记甲方账户。

3. 银行承兑汇票贴现后在汇票到期日前如遇承兑人宣告破产或责令终止业务活动或在汇票到期时限拒绝付款,乙方对甲方行使票据追索权时,有权要求甲方支付下列金额及费用:

(1) 被拒绝付款的汇票票面金额。

(2) 汇票票面金额自贴现期限到期日起至清偿日止。按万分之五计算逾期利息。

(3) 乙方为行使追索权而支付的诉讼费、律师费、差旅费和其他一切相关费用。

(4) 赔偿其他经济损失。

第 10 条　协议双方在履行本协议中如发生纠纷,双方可协商解决;如协商不成需诉讼的,由乙方所在地法院管辖。

第 11 条　计算贴现利息及贴现金额的贴现凭证为本协议的组成部分。

第 12 条　本协议未尽事宜,遵照《中华人民共和国票据法》及相关法律规范执行。

第 13 条　本协议自甲、乙双方法定代表人/主要负责人或其委托代理人签字并加盖公章后生效。

第 14 条　本协议于____年__月__日在________________签订。

甲方:　　　　　　　　　(盖章)　　　乙方:　　　　　　　　　(盖章)

法定代表人/主要负责人　　　　　　　法定代表人/主要负责人

(或委托代理人)　　(签字)　　(或委托代理人)　　　　(签字)

____年__月__日　　　　　　　　　　　　____年__月__日

实验案例

一、基本信息

案例类型:票据贴现

案例名称:上海陆化云星工贸有限公司申请银行承兑汇票贴现

贴现业务终结设置:结清

贷款账号：22010985459812458
贷款利率：4.00％
上浮比例：0
案例编号：C003

二、公司授信额度信息

月均还款额：0
归还借款支出：0
借款借据中：
放款账号：22010985459812458
结算账号：55091287398076490
风险限额匡算表中：
上年度末本行授信余额：50.00 万元
上年度末全部金融机构授信余额：50.00 万元
匡算结果表中：
上年度末中行对客户全部授信总余额：50.00 万元
上年度末全部金融机构对客户全部授信总余额：50.00 万元
公司贷款/结算授信评审表中：
在我行贷款余额：0
在其他银行贷款余额：0
公司贷款评审表中：
其他借款：0
不良贷款余额：0
出口创汇额：0
结算授信评审表中：
我行批准授信额度：0
剩余授信额度：0
票据贴现合同中：
贴现利率：4.00％
结清日期：贴现日起 54 天
归还本金：500 000.00 元
合计本息：503 000.00 元
欠息金额：0

三、案例描述

上海陆化云星工贸有限公司，主营化工产品，公司向我行申请贴现授信额度。额度批复后，公司持杭州市商业银行延安支行签发的金额为 500 000.00 元的银行承兑汇票，在额度内向我行申请贴现,该汇票已经 4 次背书。期限 54 天,贴现利率 4.00%。汇票真伪已经核实,汇票背书连续。该笔贴现到期正常结清。

操作流程与内容

票据贴现业务系统操作流程(如图 2-8-1 所示)。

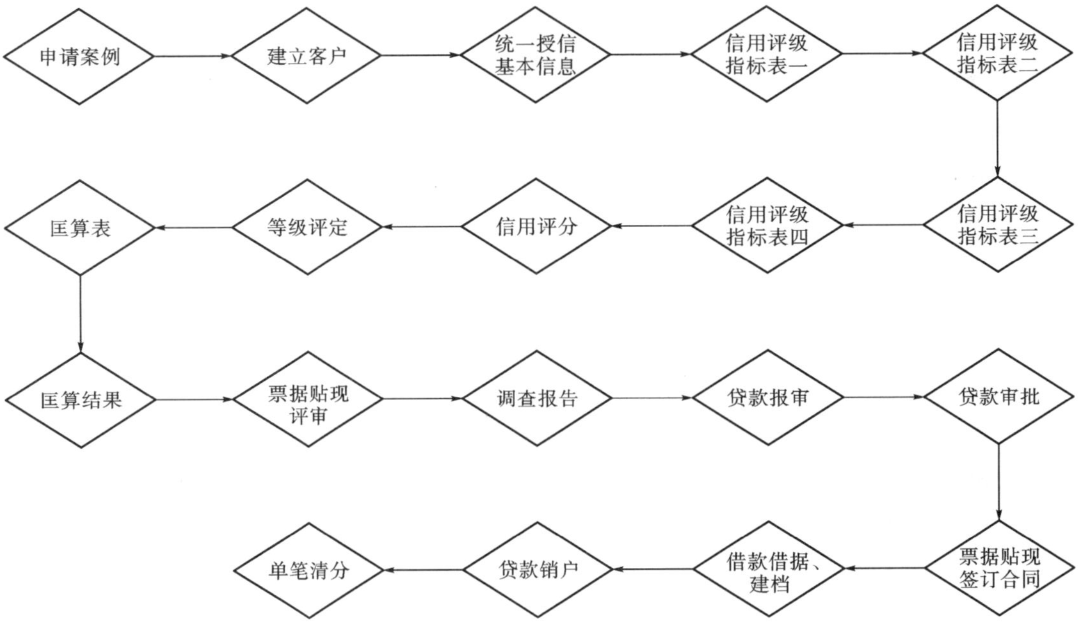

图 2-8-1 票据贴现业务系统操作流程图

第一步:打开实验中心查看《银行信贷实验教学平台》中"票据贴现贷款"内相应的案例详情以及相关单据,进行"案例申请"操作。

第二步:申请案例后,在《银行信贷实验教学平台》中"客户管理"模块下"客户信息管理"中,进行"建立客户"操作。

第三步:"建立客户"后,在《银行信贷实验教学平台》中"客户授信"模块下"统一授信基本情况"中进行"统一授信基本情况信息表"操作。

第四步:"统一授信基本情况信息表"后,在《银行信贷实验教学平台》中"客户授信"模块下"信用评级"中进行"信用评级指标表一"操作。

第五步:"统一授信基本情况信息表"后,在《银行信贷实验教学平台》中"客户授信"模块下"信用评级"中进行"信用评级指标表二"操作。

第六步:"统一授信基本情况信息表"后,在《银行信贷实验教学平台》中"客户授信"模块下"信用评级"中进行"信用评级指标表三"操作。

第七步:"统一授信基本情况信息表"后,在《银行信贷实验教学平台》中"客户授信"模块下"信用评级"中进行"信用评级指标表四"操作。

第八步："统一授信基本情况信息表"后，在《银行信贷实验教学平台》中"客户授信"模块下"信用评级"中进行"信用评分"操作。

第九步："统一授信基本情况信息表"后，在《银行信贷实验教学平台》中"客户授信"模块下"信用评级"中进行"等级评定"操作。

第十步："统一授信基本情况信息表"后，在《银行信贷实验教学平台》中"客户授信"模块下"匡算表"中进行"建立匡算"操作。

第十一步："统一授信基本情况信息表"后，在《银行信贷实验教学平台》中"客户授信"模块下"匡算表"中进行"匡算结果"操作。

第十二步："客户授信的匡算结果"后，在《银行信贷实验教学平台》中"业务管理"模块下"贷前调查"中进行"受理申请"操作。

第十三步："受理申请"后，在《银行信贷实验教学平台》中"业务管理"模块下"贷前调查"中进行"票据贴现评审"，操作评审分为"承兑汇票查询申请书""承兑汇票查询申请书""贴现通知书"。

第十四步："票据贴现评审"后，在《银行信贷实验教学平台》中"业务管理"模块下"贷前调查"中进行"调查报告"操作。

第十五步："调查报告"后，在《银行信贷实验教学平台》中"业务管理"模块下"贷款报审"中进行"票据贴现报审"操作。

第十六步："票据贴现报审"后，在《银行信贷实验教学平台》中"业务管理"模块下"贷款审批"中进行"票据贴现审批"操作。

第十七步："票据贴现审批"后，在《银行信贷实验教学平台》中"业务管理"模块下"贷款发放"模块中进行"票据贴现签订合同"操作。

第十八步："票据贴现签订合同"操作完毕后，在《银行信贷实验教学平台》中"业务管理"模块下"贷款发放"中进行"借款借据"和"建档"操作。

第十九步："借款借据"和"建档"操作操作完毕后，在《银行信贷实验教学平台》中"押品出库＋贷款销户"的模块下中进行"票据贴现销户"操作。

第二十步："票据贴现销户"操作完毕后，在《银行信贷实验教学平台》中"五级清分"模块下"单笔清分"中进行"单笔清分客户信息"操作，其中分为"客户概要信息""授权业务信息""分类意见"。

至此，票据贴现业务流程完毕。

链接 2-8-1　票据贴现业务

实验练习

一、基本信息

案例类型：票据贴现

案例名称：上海卡拉优尼服饰有限公司申请银行承兑汇票贴现

贴现业务终结设置：结清

贷款账号：22019087123739021

贷款利率：4.00％

上浮比例：0

案例编号：C013

二、公司授信额度信息

月均还款额：0

归还借款支出：0

借款借据中：

放款账号：22019087123739021

结算账号：55091209834712010

风险限额匡算表中：

上年度末本行授信余额：130.00 万元

上年度末全部金融机构授信余额：130.00 万元

匡算结果表中：

上年度末中行对客户全部授信总余额：130.00 万元

上年度末全部金融机构对客户全部授信总余额：130.00 万元

公司贷款/结算授信评审表中在我行贷款余额：0

在其他银行贷款余额：0

公司贷款评审表中：

其他借款：0

不良贷款余额：0

出口创汇额：0

结算授信评审表中：

我行批准授信额度：0

剩余授信额度：0

票据贴现合同中：

贴现利率：4.00％

结清日期：贴现日起 45 天

归还本金：400 000.00 元
合计本息：402 000.00 元
欠息金额：0

三、案例描述

上海卡拉优尼服饰有限公司，主营服装制造，公司向我行申请贴现授信额度。额度批复后，公司持金额为 400 000.00 元的银行承兑汇票，在额度内向我行申请贴现，期限 45 天，贴现利率 4.00%。汇票真伪已经核实，汇票背书连续。该笔贴现到期正常结清。

实验项目九 预付款保函业务

实验目的

学生通过银行保函相关知识的学习和预付款保函业务操作，了解银行对预付款保函风险的控制与管理要求，掌握银行对该业务处理内容、要求和程序，加深对所学知识的理解，提高业务处理能力。

实验内容与要求

学生根据系统提供的案例数据与要求，在业务操作系统上完成预付款保函业务流程的操作。

实验指导

实验知识

银行保函是指银行应客户的申请而开立的有担保性质的书面承诺文件，一旦申请人未按其与受益人签订的合同的约定偿还债务或履行约定义务时，由银行履行担保责任。

一、银行保函的特点

（1）银行信用作为保证，易于为客户接受。

（2）保函是依据商务合同开出的，但又不依附于商务合同，是具有独立法律效力的法律文件。

二、银行保函分类

（1）融资类保函。融资类保函指为保函申请人融资行为承担担保责任的保函，出具保函的目的是资金融通。主要包括：借款保函、有价证券保付保函、融资租赁保函、延期付款保函、以现汇方式偿还的补偿贸易保函、授信额度保函等。

（2）非融资类保函。非融资保函指为保函申请人的非融资行为承担担保责任的保函。主要包括：投标保函、履约保函、预付款保函、海事保函、即期付款保函、关税保付保函、诉讼保函等。

三、预付款保函

预付款保函又称定金保函或还款保函，是指担保银行应预收款人的请求，开给预付款人的书面保证文件。担保银行承诺如果预收款人没有履行合同或未能全部按合同约定使用预付款，银行将根据预付款人的退款要求，负责返还保函规定的预付款金额。

（一）预付款保函的应用

预付款保函广泛应用于：

(1) 国际贸易。进口方为避免出口方拿到预付款后不履行合同而遭受损失，要求出口方提供偿还预付款的银行担保。一般规定如货物的提供方（出口方）未能按有关合同交付货物，担保银行将负责偿还受益人已付或预付给申请人的金额。

(2) 工程承包。在中标签约后，业主向中标人支付一定比例的预付款作为工程启动资金，但承包商必须向业主提供一份银行预付款保函，保证如果承包商不履约或未能按合同规定使用定金，必须将定金退还给工程业主。

（二）预付款保函的作用

对于承包方或卖方而言：

(1) 预付款资金及时到位，受益人获得资金后，可以顺利开工或进行供货准备工作。

(2) 有利于加快工程建设或备货等环节的资金周转，缓解自身的资金紧张问题。

(3) 也有利于维护承包商或卖方的正当权益。

对于业主或买方而言：

(1) 保证业主可以在承包商或卖方拿到预付款后但不履行合同义务时，将预付款顺利收回，资金不受损失，保证交易公平。

(2) 可有效加强对承包商或卖方按规定履行合同的制约，按照合同约定使用预付款资金。

（三）预付款保函的金额

预付款保函的金额一般为合同总价的10%～30%。

（四）预付款保函的有效期

保函一般在预收款人收到有关的预付款后生效；失效期一般在预收款人履约后或将该笔预付款全部用于备货（工程款）后终止，或根据合同情况约定失效期。

（五）预付款保函业务基本程序

(1) 买卖或交易双方签订合同，在合同中约定使用预付款保函。

(2) 申请人向银行提出申请（开立本外币结算账户，且一般要求有授信额度）。申请人填写开立保函申请书；并提交以下资料：①合同相关的基础资料；②银行授信所需要的资料；③银行要求的其他资料。

(3) 银行审核。对客户资格、交易和相关资料进行审查；审核保函的书面申请及保函格式；提供符合要求的保证金或者担保措施；重点审查申请人以往履行同类交易合同的记录。如有授信额度的，确定预付款保函金额在其授信额度内。

(4) 开立保函。审批通过后,银行开立预付款保函(一般直接通过 WWIFT 电讯方式送达对方银行)。

(5) 预付款使用。保函开出后,客户收到预付款,进入银行指定的账户,客户按照约定使用(与其他保函不同)。

(6) 银行赔付或结清。如受益人因为申请人未履约等原因遭受经济损失而向银行提供书面索赔要求,银行根据书面索赔通知进行赔付;如合同正常履行完毕,该保函在到期后自动失效,保函业务结清。

实验案例

一、基本信息

案例类型:预付款保函
案例名称:上海方圆商贸有限责任公司申请预付款保函
业务终结设置:结清
贷款账号:00000000000000000
贷款利率:0
上浮比例:0
案例编号:C009

二、公司授信额度信息

月均还款额:0
归还借款支出:0
借款借据中:
放款账号:00000000000000000
结算账号:00000000000000000
风险限额匡算表中:
上年度末本行授信余额:250.00 万元
上年度末全部金融机构授信余额:250.00 万元
匡算结果表中:
上年度末中行对客户全部授信总余额:250.00 万元
上年度末全部金融机构对客户全部授信总余额:250.00 万元
公司贷款/结算授信评审表中:
在我行贷款余额:50.00 万元
在其他银行贷款余额:0
公司贷款评审表中:
其他借款:0

不良贷款余额：0

出口创汇额：229.00 万美元

结算授信评审表中：

我行批准授信额度：250.00 万元

剩余授信额度：200.00 万元

预付款保函合同中：

保函/备用信用证有效期：系统开始日至系统日期 60 天

结清日期：保函生效日起 2 个月

归还本金：0

合计本息：0

欠息金额：0

三、案例描述

上海方圆商贸有限责任公司，主营原煤、精煤及其产品，公司向我行申请预付款保函授信额度。额度批复后，本次向越南出口洗精煤，公司在额度内申请预付款保函，金额 144 000.00 美元，期限 2 个月（或 60 天）。已在我行存入 20%的保函保证金。出口商按合同约定交付货物，该笔保函未发生垫款，到期自动终止解除。

操作流程与内容

预付款保函业务系统操作流程（如图 2-9-1 所示）。

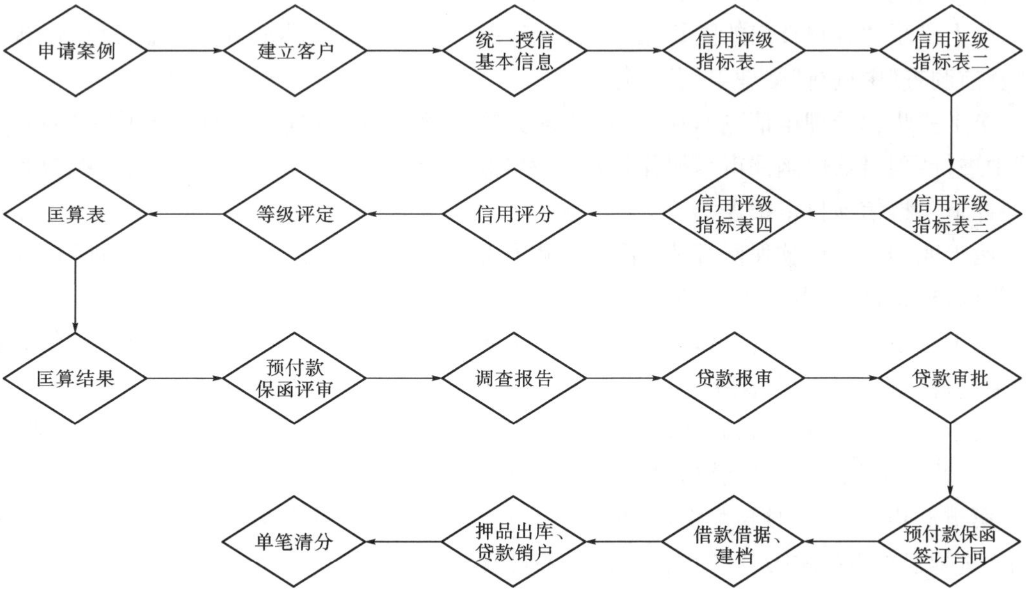

图 2-9-1　预付款保函业务系统操作流程图

第一步：打开实验中心查看《银行信贷实验教学平台》中“预付款保函”内相应的案例详情以及相关单据，进行“案例申请”操作。

第二步：申请案例后，在《银行信贷实验教学平台》中“客户管理”模块下“客户信息管理”中，进行“建立客户”操作。

第三步：“建立客户”后，在《银行信贷实验教学平台》中“客户授信”模块下“统一授信基本情况”中进行“统一授信基本情况信息表”操作。

第四步：“统一授信基本情况信息表”后，在《银行信贷实验教学平台》中“客户授信”模块下“信用评级”中进行“信用评级指标表一”操作。

第五步：“统一授信基本情况信息表”后，在《银行信贷实验教学平台》中“客户授信”模块下“信用评级”中进行“信用评级指标表二”操作。

第六步：“统一授信基本情况信息表”后，在《银行信贷实验教学平台》中“客户授信”模块下“信用评级”中进行“信用评级指标表三”操作。

第七步：“统一授信基本情况信息表”后，在《银行信贷实验教学平台》中“客户授信”模块下“信用评级”中进行“信用评级指标表四”操作。

第八步：“统一授信基本情况信息表”后，在《银行信贷实验教学平台》中“客户授信”模块下“信用评级”中进行“信用评分”操作。

第九步：“统一授信基本情况信息表”后，在《银行信贷实验教学平台》中“客户授信”模块下“信用评级”中进行“等级评定”操作。

第十步：“统一授信基本情况信息表”后，在《银行信贷实验教学平台》中“客户授信”模块下“匡算表”中进行“建立匡算”操作。

第十一步：“统一授信基本情况信息表”后，在《银行信贷实验教学平台》中“客户授信”模块下“匡算表”中进行“匡算结果”操作。

第十二步：“客户授信的匡算结果”后，在《银行信贷实验教学平台》中“业务管理”模块下“贷前调查”中进行“受理申请”操作。

第十三步：“受理申请”后，在《银行信贷实验教学平台》中“业务管理”模块下“贷前调查”中进行“预付款保函评审”，操作评审分为“保函审批表”“单笔授信评审表”“结算授信业务评审”“授信项目审报表”。

第十四步：“预付款保函评审”后，在《银行信贷实验教学平台》中“业务管理”模块下“贷前调查”中进行“调查报告”操作。

第十五步：“调查报告”后，在《银行信贷实验教学平台》中“业务管理”模块下“贷款报审”中进行“贷款（预付款保函）报审”操作。

第十六步：“贷款（预付款保函）报审”后，在《银行信贷实验教学平台》中“业务管理”模块下“贷款审批”中进行“贷款（预付款保函）审批”操作。

第十七步：“贷款（预付款保函）报审”后，在《银行信贷实验教学平台》中“业务管理”模块下“贷款发放”模块中进行“预付款保函签订合同”操作。

第十八步：“预付款保函签订合同”操作完毕后，在《银行信贷实验教学平台》中“业务管理”模块下“贷款发放”中进行“借款借据”和“建档”操作。

第十九步：“借款借据”和“建档”操作操作完毕后，在《银行信贷实验教学平台》中“押品出库＋贷款销户”的模块下中进行“贷款（预付款保函）销户”操作。

第二十步：进行“贷款（预付款保函）销户”的操作完毕后，在《银行信贷实验教学平台》中“五级清分”模块下“单笔清分”中进行“单笔清分客户信息”操作，其中分为“客户概要信息”“授权业务信息”“分类意见”。

至此，预付款保函业务流程完毕。

链接 2-9-1　预付款保函业务

实验练习

一、基本信息

案例类型：预付款保函

案例名称：上海哈呐机电设备有限公司申请预付款保函

贷款业务终结设置：结清

贷款账号：00000000000000000

贷款利率：0

上浮比例：0

案例编号：C019

二、公司授信额度信息

月均还款额：0

归还借款支出：0

借款借据中：

放款账号：00000000000000000

结算账号：00000000000000000

风险限额匡算表中：

上年度末本行授信余额：920.00 万元

上年度末全部金融机构授信余额：920.00 万元

匡算结果表中：

上年度末中行对客户全部授信总余额：920.00 万元

上年度末全部金融机构对客户全部授信总余额：920.00 万元

公司贷款/结算授信评审表中：

在我行贷款余额：550.00 万元

在其他银行贷款余额：370.00 万元

公司贷款评审表中：

其他借款：0

不良贷款余额：0

出口创汇额：2 219.00 万美元

结算授信评审表中：

我行批准授信额度：900.00 万元

剩余授信额度：350.00 万元

预付款保函合同中：

保函/备用信用证有效期：系统开始日至系统日期 50 天

结清日期：保函生效日起 50 天

归还本金：0

合计本息：0

欠息金额：0

三、案例描述

上海哈呐机电设备有限公司，主营机电设备，公司向我行申请预付款保函授信额度。额度批复后，本次向越南出口 EMI 镀膜，公司在额度内申请预付款保函，金额 235 000.00 美元，期限 50 天。已在我行存入 10%的保函保证金。出口商按合同约定交付货物，该笔保函未发生垫款，到期自动终止解除。

附　录

附录 1

个人贷款管理暂行办法

第一章　总　　则

第一条　为规范银行业金融机构个人贷款业务行为，加强个人贷款业务审慎经营管理，促进个人贷款业务健康发展，依据《中华人民共和国银行业监督管理法》《中华人民共和国商业银行法》等法律法规，制定本办法。

第二条　中华人民共和国境内经中国银行业监督管理委员会批准设立的银行业金融机构（以下简称贷款人）经营个人贷款业务，应遵守本办法。

第三条　本办法所称个人贷款，是指贷款人向符合条件的自然人发放的用于个人消费、生产经营等用途的本外币贷款。

第四条　个人贷款应当遵循依法合规、审慎经营、平等自愿、公平诚信的原则。

第五条　贷款人应建立有效的个人贷款全流程管理机制，制订贷款管理制度及每一贷款品种的操作规程，明确相应贷款对象和范围，实施差别风险管理，建立贷款各操作环节的考核和问责机制。

第六条　贷款人应按区域、品种、客户群等维度建立个人贷款风险限额管理制度。

第七条　个人贷款用途应符合法律法规规定和国家有关政策，贷款人不得发放无指定用途的个人贷款。

贷款人应加强贷款资金支付管理，有效防范个人贷款业务风险。

第八条　个人贷款的期限和利率应符合国家相关规定。

第九条　贷款人应建立借款人合理的收入偿债比例控制机制，结合借款人收入、负债、支出、贷款用途、担保情况等因素，合理确定贷款金额和期限，控制借款人每期还款额不超过其还款能力。

第十条　中国银行业监督管理委员会依照本办法对个人贷款业务实施监督管理。

第二章　受理与调查

第十一条　个人贷款申请应具备以下条件：

（一）借款人为具有完全民事行为能力的中华人民共和国公民或符合国家有关规定

的境外自然人；

（二）贷款用途明确合法；

（三）贷款申请数额、期限和币种合理；

（四）借款人具备还款意愿和还款能力；

（五）借款人信用状况良好，无重大不良信用记录；

（六）贷款人要求的其他条件。

第十二条 贷款人应要求借款人以书面形式提出个人贷款申请，并要求借款人提供能够证明其符合贷款条件的相关资料。

第十三条 贷款人受理借款人贷款申请后，应履行尽职调查职责，对个人贷款申请内容和相关情况的真实性、准确性、完整性进行调查核实，形成调查评价意见。

第十四条 贷款调查包括但不限于以下内容：

（一）借款人基本情况；

（二）借款人收入情况；

（三）借款用途；

（四）借款人还款来源、还款能力及还款方式；

（五）保证人担保意愿、担保能力或抵（质）押物价值及变现能力。

第十五条 贷款调查应以实地调查为主、间接调查为辅，采取现场核实、电话查问以及信息咨询等途径和方法。

第十六条 贷款人在不损害借款人合法权益和风险可控的前提下，可将贷款调查中的部分特定事项审慎委托第三方代为办理，但必须明确第三方的资质条件。

贷款人不得将贷款调查的全部事项委托第三方完成。

第十七条 贷款人应建立并严格执行贷款面谈制度。

通过电子银行渠道发放低风险质押贷款的，贷款人至少应当采取有效措施确定借款人真实身份。

第三章 风险评价与审批

第十八条 贷款审查应对贷款调查内容的合法性、合理性、准确性进行全面审查，重点关注调查人的尽职情况和借款人的偿还能力、诚信状况、担保情况、抵（质）押比率、风险程度等。

第十九条 贷款风险评价应以分析借款人现金收入为基础，采取定量和定性分析方法，全面、动态地进行贷款审查和风险评估。

贷款人应建立和完善借款人信用记录和评价体系。

第二十条 贷款人应根据审慎性原则，完善授权管理制度，规范审批操作流程，明确贷款审批权限，实行审贷分离和授权审批，确保贷款审批人员按照授权独立审批贷款。

第二十一条 对未获批准的个人贷款申请，贷款人应告知借款人。

第二十二条 贷款人应根据重大经济形势变化、违约率明显上升等异常情况，对贷款审批环节进行评价分析，及时、有针对性地调整审批政策，加强相关贷款的管理。

第四章　协议与发放

第二十三条　贷款人应与借款人签订书面借款合同,需担保的应同时签订担保合同。贷款人应要求借款人当面签订借款合同及其他相关文件,但电子银行渠道办理的贷款除外。

第二十四条　借款合同应符合《中华人民共和国合同法》的规定,明确约定各方当事人的诚信承诺和贷款资金的用途、支付对象(范围)、支付金额、支付条件、支付方式等。

借款合同应设立相关条款,明确借款人不履行合同或怠于履行合同时应当承担的违约责任。

第二十五条　贷款人应建立健全合同管理制度,有效防范个人贷款法律风险。

借款合同采用格式条款的,应当维护借款人的合法权益,并予以公示。

第二十六条　贷款人应依照《中华人民共和国物权法》《中华人民共和国担保法》等法律法规的相关规定,规范担保流程与操作。

按合同约定办理抵押物登记的,贷款人应当参与。贷款人委托第三方办理的,应对抵押物登记情况予以核实。

以保证方式担保的个人贷款,贷款人应由不少于两名信贷人员完成。

第二十七条　贷款人应加强对贷款的发放管理,遵循审贷与放贷分离的原则,设立独立的放款管理部门或岗位,负责落实放款条件、发放满足约定条件的个人贷款。

第二十八条　借款合同生效后,贷款人应按合同约定及时发放贷款。

第五章　支 付 管 理

第二十九条　贷款人应按照借款合同约定,通过贷款人受托支付或借款人自主支付的方式对贷款资金的支付进行管理与控制。

贷款人受托支付是指贷款人根据借款人的提款申请和支付委托,将贷款资金支付给符合合同约定用途的借款人交易对象。

借款人自主支付是指贷款人根据借款人的提款申请将贷款资金直接发放至借款人账户,并由借款人自主支付给符合合同约定用途的借款人交易对象。

第三十条　个人贷款资金应当采用贷款人受托支付方式向借款人交易对象支付,但本办法第三十三条规定的情形除外。

第三十一条　采用贷款人受托支付的,贷款人应要求借款人在使用贷款时提出支付申请,并授权贷款人按合同约定方式支付贷款资金。

贷款人应在贷款资金发放前审核借款人相关交易资料和凭证是否符合合同约定条件,支付后做好有关细节的认定记录。

第三十二条　贷款人受托支付完成后,应详细记录资金流向,归集保存相关凭证。

第三十三条　有下列情形之一的个人贷款,经贷款人同意可以采取借款人自主支付方式:

(一) 借款人无法事先确定具体交易对象且金额不超过三十万元人民币的;

(二) 借款人交易对象不具备条件有效使用非现金结算方式的;

（三）贷款资金用于生产经营且金额不超过五十万元人民币的；

（四）法律法规规定的其他情形的。

第三十四条 采用借款人自主支付的，贷款人应与借款人在借款合同中事先约定，要求借款人定期报告或告知贷款人贷款资金支付情况。

贷款人应当通过账户分析、凭证查验或现场调查等方式，核查贷款支付是否符合约定用途。

第六章 贷后管理

第三十五条 个人贷款支付后，贷款人应采取有效方式对贷款资金使用、借款人的信用及担保情况变化等进行跟踪检查和监控分析，确保贷款资产安全。

第三十六条 贷款人应区分个人贷款的品种、对象、金额等，确定贷款检查的相应方式、内容和频度。贷款人内部审计等部门应对贷款检查职能部门的工作质量进行抽查和评价。

第三十七条 贷款人应定期跟踪分析评估借款人履行借款合同约定内容的情况，并作为与借款人后续合作的信用评价基础。

第三十八条 贷款人应当按照法律法规规定和借款合同的约定，对借款人未按合同承诺提供真实、完整信息和未按合同约定用途使用、支付贷款等行为追究违约责任。

第三十九条 经贷款人同意，个人贷款可以展期。

一年以内（含）的个人贷款，展期期限累计不得超过原贷款期限；一年以上的个人贷款，展期期限累计与原贷款期限相加，不得超过该贷款品种规定的最长贷款期限。

第四十条 贷款人应按照借款合同约定，收回贷款本息。

对于未按照借款合同约定偿还的贷款，贷款人应采取措施进行清收，或者协议重组。

第七章 法律责任

第四十一条 贷款人违反本办法规定办理个人贷款业务的，中国银行业监督管理委员会应当责令其限期改正。贷款人有下列情形之一的，中国银行业监督管理委员会可采取《中华人民共和国银行业监督管理法》第三十七条规定的监管措施：

（一）贷款调查、审查未尽职的；

（二）未按规定建立、执行贷款面谈、借款合同面签制度的；

（三）借款合同采用格式条款未公示的；

（四）违反本办法第二十七条规定的；

（五）支付管理不符合本办法要求的。

第四十二条 贷款人有下列情形之一的，中国银行业监督管理委员会除按本办法第四十一条采取监管措施外，还可根据《中华人民共和国银行业监督管理法》第四十六条、第四十八条规定对其进行处罚：

（一）发放不符合条件的个人贷款的；

（二）签订的借款合同不符合本办法规定的；

（三）违反本办法第七条规定的；

（四）将贷款调查的全部事项委托第三方完成的；

（五）超越或变相超越贷款权限审批贷款的；

（六）授意借款人虚构情节获得贷款的；

（七）对借款人违背借款合同约定的行为应发现而未发现，或虽发现但未采取有效措施的；

（八）严重违反本办法规定的审慎经营规则的其他情形的。

第八章　附　　则

第四十三条　以存单、国债或者中国银行业监督管理委员会认可的其他金融产品作质押发放的个人贷款，消费金融公司、汽车金融公司等非银行金融机构发放的个人贷款，可参照本办法执行。

银行业金融机构发放给农户用于生产性贷款等国家有专门政策规定的特殊类个人贷款，暂不执行本办法。

信用卡透支，不适用本办法。

第四十四条　个体工商户和农村承包经营户申请个人贷款用于生产经营且金额超过五十万元人民币的，按贷款用途适用相关贷款管理办法的规定。

第四十五条　贷款人应依照本办法制定个人贷款业务管理细则及操作规程。

第四十六条　本办法由中国银行业监督管理委员会负责解释。

第四十七条　本办法自发布之日起施行。

附录2

个人住房贷款管理办法

第一章　总　　则

第一条　为支持城镇居民购买自用普通住房，规范个人住房贷款管理，维护借贷双方的合法权益，根据《中华人民共和国商业银行法》《中华人民共和国担保法》和《贷款通则》，制订本办法。

第二条　个人住房贷款（以下简称贷款）是指贷款人向借款人发放的用于购买自用普通住房的贷款。贷款人发放个人住房贷款时，借款人必须提供担保。借款人到期不能偿还贷款本息的，贷款人有权依法处理其抵押物或质物，或由保证人承担偿还本息的连带责任。

第三条　本办法适用于经中国人民银行批准设立的商业银行和住房储蓄银行。

第二章　贷款对象和条件

第四条　贷款对象应是具有完全民事行为能力的自然人。

第五条 借款人须同时具备以下条件：

（一）具有城镇常住户口或有效居留身份；

（二）有稳定的职业和收入，信用良好，有偿还贷款本息的能力；

（三）具有购买住房的合同或协议；

（四）不享受购房补贴的以不低于所购住房全部价款的30％作为购房的首期付款；享受购房补贴的以个人承担部分的30％作为购房的首期付款；

（五）有贷款人认可的资产作为抵押或质押，或有足够代偿能力的单位或个人作为保证人；

（六）贷款人规定的其他条件。

第六条 借款人应向贷款人提供下列资料：

（一）身份证件（指居民身份证、户口本和其他有效居留证件）；

（二）有关借款人家庭稳定的经济收入的证明；

（三）符合规定的购买住房合同意向书、协议或其他批准文件；

（四）抵押物或质物清单、权属证明以及有处分权人同意抵押或质押的证明；有权部门出具的抵押物估价证明；保证人同意提供担保的书面文件和保证人资信证明；

（五）申请住房公积金贷款的，需持有住房公积金管理部门出具的证明；

（六）贷款人要求提供的其他文件或资料。

第三章　贷 款 程 序

第七条 借款人应直接向贷款人提出借款申请。贷款人自收到贷款申请及符合要求的资料之日起，应在三周内向借款人正式答复。贷款人审查同意后，按照《贷款通则》的有关规定，向借款人发放住房贷款。

第八条 贷款人发放贷款的数额，不得大于房地产评估机构评估的拟购买住房的价值。

第九条 申请使用住房公积金贷款购买住房的，在借款申请批准后，按借款合同约定的时间，由贷款人以转账方式将资金划转到售房单位在银行开立的账户。住房公积金贷款额度最高不得超过借款家庭成员退休年龄内所交纳住房公积金数额的2倍。

第四章　贷款期限与利率

第十条 贷款人应根据实际情况，合理确定贷款期限，但最长不得超过20年。

第十一条 借款人应与贷款银行制定还本付息计划，贷款期限在1年以内（含1年）的，实行到期一次还本付息，利随本清；贷款期限在1年以上的，按月归还贷款本息。

第十二条 用信贷资金发放的个人住房贷款利率按法定贷款利率（不含浮动）减档执行。即，贷款期限为1年期以下（含1年）的，执行半年以下（含半年）法定贷款利率；期限为1至3年（含3年）的，执行6个月至1年期（含1年）法定贷款利率；期限为3至5年（含5年）的，执行1至3年期（含3年）法定贷款利率；期限为5至10年（含10年）的，执行3至5年（含5年）法定贷款利率；期限为10年以上的，在3至5年（含5年）法定贷款利率基础上适当上浮，上浮幅度最高不得超过5%。

第十三条　用住房公积金发放的个人住房贷款利率在3个月整存整取存款利率基础上加点执行。贷款期限为1年至3年(含3年)的，加1.8个百分点；期限为3至5年(含5年)的，加2.16个百分点；期限为5至10年(含10年)的，加2.34个百分点；期限为10至15年(含15年)的，加2.88个百分点；期限为15年至20年(含20年)的，加3.42个百分点。

第十四条　个人住房贷款期限在1年以内(含1年)的，实行合同利率，遇法定利率调整，不分段计息；贷款期限在1年以上的，遇法定利率调整，于下年初开始，按相应利率档次执行新的利率规定。

第五章　抵　　押

第十五条　贷款抵押物应当符合《中华人民共和国担保法》第三十四条的规定。《中华人民共和国担保法》第三十七条规定不得抵押的财产，不得用于贷款抵押。

第十六条　借款人以所购自用住房作为贷款抵押物的，必须将住房价值全额用于贷款抵押。

第十七条　以房地产作抵押的，抵押人和抵押权人应当签订书面抵押合同，并于放款前向县级以上地方人民政府规定的部门办理抵押登记手续。抵押合同的有关内容按照《中华人民共和国担保法》第三十九条的规定确定。

第十八条　借款人对设定抵押的财产在抵押期内必须妥善保管，负有维修、保养、保证完好无损的责任，并随时接受贷款人的监督检查。对设定的抵押物，在抵押期届满之前，贷款人不得擅自处分。

第十九条　抵押期间，未经贷款人同意，抵押人不得将抵押物再次抵押或出租、转让、变卖、馈赠。

第二十条　抵押合同自抵押物登记之日起生效，至借款人还清全部贷款本息时终止。抵押合同终止后，当事人应按合同的约定，解除设定的抵押权。以房地产作为抵押物的，解除抵押权时，应到原登记部门办理抵押注销登记手续。

第六章　质押和保证

第二十一条　采取质押方式的，出质人和质权人必须签订书面质押合同，《中华人民共和国担保法》规定需要办理登记的，应当办理登记手续。质押合同的有关内容，按照《中华人民共和国担保法》第六十五条的规定执行。生效日期按第七十六条至第七十九条的规定执行。质押合同至借款人还清全部贷款本息时终止。

第二十二条　对设定的质物，在质押期届满之前，贷款人不得擅自处分。质押期间，质物如有损坏、遗失，贷款人应承担责任并负责赔偿。

第二十三条　借款人不能足额提供抵押(质押)时，应由贷款人认可的第三方提供承担连带责任的保证。保证人是法人的，必须具有代为偿还全部贷款本息的能力，且在银行开立有存款账户。保证人为自然人的，必须有固定经济来源，具有足够代偿能力，并且在贷款银行存有一定数额的保证金。

第二十四条 保证人与债权人应当以书面形式订立保证合同。保证人发生变更的，必须按照规定办理变更担保手续，未经贷款人认可，原保证合同不得撤销。

第七章 房屋保险

第二十五条 以房产作为抵押的，借款人需在合同签订前办理房屋保险或委托贷款人代办有关保险手续。抵押期内，保险单由贷款人保管。

第二十六条 抵押期内，借款人不得以任何理由中断或撤销保险；在保险期内，如发生保险责任范围以外的因借款人过错的毁损，由借款人负全部责任。

第八章 借款合同的变更和终止

第二十七条 借款合同需要变更的，必须经借贷双方协商同意，并依法签订变更协议。

第二十八条 借款人死亡、宣告失踪或丧失民事行为能力，其财产合法继承人继续履行借款人所签订的借款合同。

第二十九条 保证人失去担保资格和能力，或发生合并、分立或破产时，借款人应变更保证人并重新办理担保手续。

第三十条 抵押人或出质人按合同规定偿还全部贷款本息后，抵押物或质物返还抵押人或出质人，借款合同终止。

第九章 抵押物或质物的处分

第三十一条 借款人在还款期限内死亡、失踪或丧失民事行为能力后无继承人或受遗赠人，或其法定继承人、受遗赠人拒绝履行借款合同的，贷款人有权依照《中华人民共和国担保法》的规定处分抵押物或质物。

第三十二条 处分抵押物或质物，其价款不足以偿还贷款本息的，贷款人有权向债务人追偿；其价款超过应偿还部分，贷款人应退还抵押人或出质人。

第三十三条 拍卖划拨的国有土地使用权所得的价款，在依法缴纳相当于应缴纳的土地使用权出让金的款项后，抵押权人有优先受偿权。

第三十四条 借款合同发生纠纷时，借贷双方应及时协商解决，协商不成的，任何一方均可依法申请仲裁或向人民法院提起诉讼。

第三十五条 借款人有下列情形之一的，贷款人按中国人民银行《贷款通则》的有关规定，对借款人追究违约责任：

（一）借款人不按期归还贷款本息的；

（二）借款人提供虚假文件或资料，已经或可能造成贷款损失的；

（三）未经贷款人同意，借款人将设定抵押权或质押权财产或权益拆迁、出售、转让、赠与或重复抵押的；

（四）借款人擅自改变贷款用途，挪用贷款的；

（五）借款人拒绝或阻挠贷款人对贷款使用情况进行监督检查的；

（六）借款人与其他法人或经济组织签订有损贷款人权益的合同或协议的；

（七）保证人违反保证合同或丧失承担连带责任能力，抵押物因意外损毁不足以清偿贷款本息，质物明显减少影响贷款人实现质权，而借款人未按要求落实新保证或新抵押（质押）的。

第十章 附 则

第三十六条 个人住房贷款不得用于购买豪华住房。城镇居民修房、自建住房贷款，参照本办法执行。

第三十七条 贷款人可根据本办法制定实施细则，并报中国人民银行备案。

第三十八条 本办法由中国人民银行负责解释和修改。

第三十九条 本办法自公布之日起施行。与本办法相抵触的有关规定同时废止。

附录 3

汽车贷款管理办法

（2017 年修订）

第一章 总 则

第一条 为规范汽车贷款业务管理，防范汽车贷款风险，促进汽车贷款业务健康发展，根据《中华人民共和国中国人民银行法》《中华人民共和国银行业监督管理法》《中华人民共和国商业银行法》等法律规定，制定本办法。

第二条 本办法所称汽车贷款是指贷款人向借款人发放的用于购买汽车（含二手车）的贷款，包括个人汽车贷款、经销商汽车贷款和机构汽车贷款。

第三条 本办法所称贷款人是指在中华人民共和国境内依法设立的、经中国银行业监督管理委员会及其派出机构批准经营人民币贷款业务的商业银行、农村合作银行、农村信用社及获准经营汽车贷款业务的非银行金融机构。

第四条 本办法所称自用车是指借款人通过汽车贷款购买的、不以营利为目的的汽车；商用车是指借款人通过汽车贷款购买的、以营利为目的的汽车；二手车是指从办理完注册登记手续到达到国家强制报废标准之前进行所有权变更并依法办理过户手续的汽车；新能源汽车是指采用新型动力系统，完全或者主要依靠新型能源驱动的汽车，包括插电式混合动力（含增程式）汽车、纯电动汽车和燃料电池汽车等。

第五条 汽车贷款利率按照中国人民银行公布的贷款利率规定执行，计、结息办法由借款人和贷款人协商确定。

第六条 汽车贷款的贷款期限（含展期）不得超过 5 年，其中，二手车贷款的贷款期限（含展期）不得超过 3 年，经销商汽车贷款的贷款期限不得超过 1 年。

第七条 借贷双方应当遵循平等、自愿、诚实、守信的原则。

第二章 个人汽车贷款

第八条 本办法所称个人汽车贷款,是指贷款人向个人借款人发放的用于购买汽车的贷款。

第九条 借款人申请个人汽车贷款,应当同时符合以下条件:

(一) 是中华人民共和国公民,或在中华人民共和国境内连续居住1年(含1年)以上的港、澳、台居民及外国人;

(二) 具有有效身份证明、固定和详细住址且具有完全民事行为能力;

(三) 具有稳定的合法收入或足够偿还贷款本息的个人合法资产;

(四) 个人信用良好;

(五) 能够支付规定的首期付款;

(六) 贷款人要求的其他条件。

第十条 贷款人发放个人汽车贷款,应综合考虑以下因素,确定贷款金额、期限、利率和还本付息方式等贷款条件:

(一) 贷款人对借款人的信用评级情况;

(二) 贷款担保情况;

(三) 所购汽车的性能及用途;

(四) 汽车行业发展和汽车市场供求情况。

第十一条 贷款人应当建立借款人信贷档案。借款人信贷档案应载明以下内容:

(一) 借款人姓名、住址、有效身份证明及有效联系方式;

(二) 借款人的收入水平及信用状况证明;

(三) 所购汽车的购车协议、汽车型号、发动机号、车架号、价格与购车用途;

(四) 贷款的金额、期限、利率、还款方式和担保情况;

(五) 贷款催收记录;

(六) 防范贷款风险所需的其他资料。

第十二条 贷款人发放个人商用车贷款,除本办法第十一条规定的内容外,应在借款人信贷档案中增加商用车运营资格证年检情况、商用车折旧、保险情况等内容。

第三章 经销商汽车贷款

第十三条 本办法所称经销商汽车贷款,是指贷款人向汽车经销商发放的用于采购车辆、零配件的贷款。

第十四条 借款人申请经销商汽车贷款,应当同时符合以下条件:

(一) 具有工商行政主管部门核发的企业法人营业执照;

(二) 具有汽车生产商出具的代理销售汽车证明;

(三) 资产负债率不超过80%;

(四) 具有稳定的合法收入或足够偿还贷款本息的合法资产;

（五）经销商、经销商高级管理人员及经销商代为受理贷款申请的客户无重大违约行为或信用不良记录；

（六）贷款人要求的其他条件。

第十五条 贷款人应为每个经销商借款人建立独立的信贷档案，并及时更新。经销商信贷档案应载明以下内容：

（一）经销商的名称、法定代表人及营业地址；

（二）各类营业证照复印件；

（三）经销商购买保险、商业信用及财务状况；

（四）所购汽车及零部件的型号、价格及用途；

（五）贷款担保状况；

（六）防范贷款风险所需的其他资料。

第十六条 贷款人对经销商采购车辆、零配件贷款的贷款金额应以经销商一段期间的平均存货为依据，具体期间应视经销商存货周转情况而定。

第十七条 贷款人应通过定期清点经销商采购车辆、零配件存货，以及分析经销商财务报表等方式，定期对经销商进行信用审查，并视审查结果调整经销商信用级别和清点存货的频率。

第四章 机构汽车贷款

第十八条 本办法所称机构汽车贷款，是指贷款人对除经销商以外的法人、其他经济组织（以下简称机构借款人）发放的用于购买汽车的贷款。

第十九条 借款人申请机构汽车贷款，必须同时符合以下条件：

（一）具有企业或事业单位登记管理机关核发的企业法人营业执照或事业单位法人证书及法人分支机构营业执照、个体工商户营业执照等证明借款人主体资格的法定文件；

（二）具有合法、稳定的收入或足够偿还贷款本息的合法资产；

（三）能够支付规定的首期付款；

（四）无重大违约行为或信用不良记录；

（五）贷款人要求的其他条件。

第二十条 贷款人应参照本办法第十五条的规定为每个机构借款人建立独立的信贷档案，加强信贷风险跟踪监测。

第二十一条 贷款人对从事汽车租赁业务的机构发放机构商用车贷款，应监测借款人对残值的估算方式，防范残值估计过高给贷款人带来的风险。

第五章 风险管理

第二十二条 汽车贷款发放实施贷款最高发放比例要求制度，贷款人发放的汽车贷款金额占借款人所购汽车价格的比例，不得超过贷款最高发放比例要求；贷款最高发放比例要求由中国人民银行、中国银行业监督管理委员会根据宏观经济、行业发展等实际情况另行规定。

前款所称汽车价格，对新车是指汽车实际成交价格（扣除政府补贴，且不含各类附加税、费及保费等）与汽车生产商公布的价格的较低者，对二手车是指汽车实际成交价格（扣除政府补贴，且不含各类附加税、费及保费等）与贷款人评估价格的较低者。

第二十三条 贷款人应建立借款人信用评级系统，审慎使用外部信用评级，通过内外评级结合，确定借款人的信用级别。对个人借款人，应根据其职业、收入状况、还款能力、信用记录等因素确定信用级别；对经销商及机构借款人，应根据其信贷档案所反映的情况、高级管理人员的信用情况、财务状况、信用记录等因素确定信用级别。

第二十四条 贷款人发放汽车贷款，应要求借款人提供所购汽车抵押或其他有效担保。经贷款人审查、评估，确认借款人信用良好，确能偿还贷款的，可以不提供担保。

第二十五条 贷款人应直接或委托指定经销商受理汽车贷款申请，完善审贷分离制度，加强贷前审查和贷后跟踪催收工作。

第二十六条 贷款人应建立二手车市场信息数据库和二手车残值估算体系。

第二十七条 贷款人应根据贷款金额、贷款地区分布、借款人财务状况、汽车品牌、抵押担保等因素建立汽车贷款分类监控系统，对不同类别的汽车贷款风险进行定期检查、评估。根据检查评估结果，及时调整各类汽车贷款的风险级别。

第二十八条 贷款人应建立汽车贷款预警监测分析系统，制定预警标准；超过预警标准后应采取重新评价贷款审批制度等措施。

第二十九条 贷款人应建立不良贷款分类处理制度和审慎的贷款损失准备制度，计提相应的风险准备。

第三十条 贷款人发放抵押贷款，应审慎评估抵押物价值，充分考虑抵押物减值风险，设定抵押率上限。

第三十一条 贷款人应将汽车贷款的有关信息及时录入金融信用信息基础数据库。

第六章 附 则

第三十二条 贷款人在从事汽车贷款业务时有违反本办法规定之行为的，中国银行业监督管理委员会及其派出机构有权依据《中华人民共和国银行业监督管理法》等法律规定对该贷款人及其相关人员进行处罚。中国人民银行及其分支机构可以建议中国银行业监督管理委员会及其派出机构对从事汽车贷款业务的贷款人违规行为进行监督检查。

第三十三条 贷款人对借款人发放的用于购买推土机、挖掘机、搅拌机、泵机等工程车辆的贷款，比照本办法执行。

第三十四条 本办法由中国人民银行和中国银行业监督管理委员会共同负责解释。

第三十五条 本办法自 2018 年 1 月 1 日起施行。原《汽车贷款管理办法》（中国人民银行中国银行业监督管理委员会令〔2004〕第 2 号发布）同时废止。

附录4

汽车消费贷款管理办法

第一章　总　　则

第一条　为了规范汽车消费贷款管理，维护借贷双方的合法权益，根据《中华人民共和国商业银行法》《中华人民共和国担保法》制定本办法。

第二条　汽车消费贷款是指贷款人向申请购买汽车的借款人发放的人民币担保贷款。

第三条　汽车消费贷款的贷款人为经中国人民银行批准的商业银行，借款人为在中国境内有固定住所的中国公民及企业、事业法人单位。汽车消费贷款的借贷双方应签订书面贷款合同。

第四条　未经中国人民银行批准，其他任何单位和个人不得开办汽车消费贷款业务。

第二章　贷款条件

第五条　申请汽车消费贷款的借款人必须具备以下条件：

（一）个人

1. 具有完全民事行为能力；

2. 具有稳定的职业和偿还贷款本息的能力，信用良好；

3. 能够提供有效的抵押物或质物，或有足够代偿能力的个人或单位作为保证人；

4. 能够支付本办法规定限额的首期付款；

5. 贷款人规定的其他条件。

（二）具有法人资格的企业、事业单位

1. 具有偿还贷款的能力；

2. 在贷款人指定的银行存有不低于规定数额的首期购车款；

3. 有贷款人认可的担保；

4. 贷款人规定的其他条件。

第三章　贷款期限、利率和限额

第六条　汽车消费贷款期限最长不超过5年（含5年，下同）。

第七条　汽车消费贷款利率按照中国人民银行规定的同期贷款利率执行。

第八条　借款人的借款额应符合以下规定：

（一）以质押方式申请贷款的，或银行、保险公司提供连带责任保证的，首期付款额不得少于购车款的20％，借款额最高不得超过购车款的80％。

（二）以所购车辆或其他不动产抵押申请贷款的，首期付款额不得少于购车款的30％，借款额最高不得超过购车款的70％。

（三）以第三方保证方式申请贷款的（银行、保险公司除外），首期付款额不得少于购车款的40％，借款额最高不得超过购车款的60％。

第四章　贷 款 程 序

第九条　借款人申请贷款时应当向贷款人提供以下资料：

（一）个人

1. 贷款申请书；

2. 有效身份证件；

3. 职业和收入证明以及家庭基本状况；

4. 购车协议或合同；

5. 担保所需的证明或文件；

6. 贷款人规定的其他条件。

（二）具有法人资格的企业、事业单位

1. 贷款申请书；

2. 企业法人营业执照或事业法人执照，法人代码证，法定代表人证明文件；

3. 人民银行颁发的《贷款证》；

4. 经会计（审计）师事务所审计的上一年度的财务报告及上一个月的资产负债表、损益表和现金流量表；

5. 与贷款人指定的经销商签订的购车合同或协议；

6. 抵押物、质物清单和有处分权同意抵押、质押的证明。抵押物还须提交所有权或使用权证书、估价、保险文件，质物还须提供权力证明文件，保证人同意保证的文件；

7. 贷款人规定的其他条件。

借款人应当对所提供材料的真实性和合法性负完全责任。

第十条　贷款人在收到贷款申请后，应对借款人和保证人的资信状况、偿还能力以及资料的真实性进行调查，并最迟在受理贷款申请之日起15日内对借款人给予答复。

第十一条　对于符合贷款条件的借款人，贷款人须履行告知义务。告知内容包括贷款额度、期限、利率、还款方式、逾期罚息、抵押物或质物的处理方式和其他有关事项。

第十二条　贷款人审查同意后，应按《贷款通则》的有关规定向借款人发放贷款。对于不符合贷款条件的借款人，应说明理由。

第十三条　贷款支用方式必须保证购车专用，并须经银行转账处理。借款人不得提取现金或挪作他用。

第十四条　在贷款有效期内，贷款人应对借款人和保证人的资信和收入状况以及抵押物保管状况进行监督。

第五章　汽车消费贷款担保

第十五条　借款人向贷款人申请汽车消费贷款，必须提供担保。借款人可以采取抵押、质押或以第三方保证等形式进行担保。担保当事人必须签订担保合同。

第十六条　以抵押形式申请汽车消费贷款的，借款人在获得贷款前，必须按照《中华人民共和国担保法》第41、42条的规定办理抵押物登记。

借款人以所购汽车作为抵押物的，应以该车的价值全额抵押。

第十七条　借款人应当根据贷款人的要求办理所购车辆保险，保险期限不得短于贷款期限。在抵押期间，借款人不得以任何理由中断或撤销保险。在保险期内，如发生保险责任范围以外的损毁，借款人应及时通知贷款人，并提供其他担保，否则贷款人有权提前收回贷款。

第十八条　保证人失去保证能力、保证人破产或保证人分立的，借款人应及时通知贷款人，并重新提供担保，否则贷款人有权提前收回贷款。

第十九条　借款人在还款期限内死亡、失踪或丧失民事行为能力后无继承人或受遗赠人，或其法定继承人、受遗赠人拒绝履行借款合同的，贷款人有权依照《中华人民共和国担保法》的规定处分抵押物或质物。

第二十条　借款人有下列情形之一的，贷款人有权按中国人民银行《贷款通则》的有关规定，对借款人追究违约责任：

（一）借款人不按期归还贷款本息的；

（二）借款人提供虚假或隐瞒重要事实的文件或资料，已经或可能造成贷款损失的；

（三）未按合同规定使用贷款，挪用贷款的；

（四）套取贷款相互借贷牟取非法收入的；

（五）未经贷款人同意，借款人将设定抵押权或质押权财产或权益拆迁、出售、转让、赠与或重复抵押或质押的；

（六）借款人拒绝或阻挠贷款人监督检查贷款使用情况的；

（七）借款人用于抵押、质押的财产不足以偿还贷款本息，或保证人因意外情况不能偿还贷款本息，而借款人未按要求重新落实抵押、质押或保证的。

第二十一条　借款人偿还贷款本息后，借款合同自行终止。贷款人在借款合同终止30日内办理抵押或质押登记注销手续，并将物权或质权证明等凭证退还借款人。

第二十二条　抵押物、质物的评估、保险、登记、公证等费用由借款人承担。

第六章　附　　则

第二十三条　贷款人可根据本办法制定实施细则，并报中国人民银行备案。

第二十四条　本办法由中国人民银行负责解释。

第二十五条　本办法自公布之日起施行。本办法施行前中国人民银行的有关规定与本办法有抵触的，以本办法为准。

附录5

流动资金贷款管理暂行办法

第一章 总 则

第一条 为规范银行业金融机构流动资金贷款业务经营行为，加强流动资金贷款审慎经营管理，促进流动资金贷款业务健康发展，依据《中华人民共和国银行业监督管理法》《中华人民共和国商业银行法》等有关法律法规，制定本办法。

第二条 中华人民共和国境内经中国银行业监督管理委员会批准设立的银行业金融机构(以下简称贷款人)经营流动资金贷款业务，应遵守本办法。

第三条 本办法所称流动资金贷款，是指贷款人向企(事)业法人或国家规定可以作为借款人的其他组织发放的用于借款人日常生产经营周转的本外币贷款。

第四条 贷款人开展流动资金贷款业务，应当遵循依法合规、审慎经营、平等自愿、公平诚信的原则。

第五条 贷款人应完善内部控制机制，实行贷款全流程管理，全面了解客户信息，建立流动资金贷款风险管理制度和有效的岗位制衡机制，将贷款管理各环节的责任落实到具体部门和岗位，并建立各岗位的考核和问责机制。

第六条 贷款人应合理测算借款人营运资金需求，审慎确定借款人的流动资金授信总额及具体贷款的额度，不得超过借款人的实际需求发放流动资金贷款。

贷款人应根据借款人生产经营的规模和周期特点，合理设定流动资金贷款的业务品种和期限，以满足借款人生产经营的资金需求，实现对贷款资金回笼的有效控制。

第七条 贷款人应将流动资金贷款纳入对借款人及其所在集团客户的统一授信管理，并按区域、行业、贷款品种等维度建立风险限额管理制度。

第八条 贷款人应根据经济运行状况、行业发展规律和借款人的有效信贷需求等，合理确定内部绩效考核指标，不得制订不合理的贷款规模指标，不得恶性竞争和突击放贷。

第九条 贷款人应与借款人约定明确、合法的贷款用途。

流动资金贷款不得用于固定资产、股权等投资，不得用于国家禁止生产、经营的领域和用途。

流动资金贷款不得挪用，贷款人应按照合同约定检查、监督流动资金贷款的使用情况。

第十条 中国银行业监督管理委员会依照本办法对流动资金贷款业务实施监督管理。

第二章 受理与调查

第十一条 流动资金贷款申请应具备以下条件：

(一) 借款人依法设立；

(二) 借款用途明确、合法；

（三）借款人生产经营合法、合规；

（四）借款人具有持续经营能力，有合法的还款来源；

（五）借款人信用状况良好，无重大不良信用记录；

（六）贷款人要求的其他条件。

第十二条　贷款人应对流动资金贷款申请材料的方式和具体内容提出要求，并要求借款人恪守诚实守信原则，承诺所提供材料真实、完整、有效。

第十三条　贷款人应采取现场与非现场相结合的形式履行尽职调查，形成书面报告，并对其内容的真实性、完整性和有效性负责。尽职调查包括但不限于以下内容：

（一）借款人的组织架构、公司治理、内部控制及法定代表人和经营管理团队的资信等情况；

（二）借款人的经营范围、核心主业、生产经营、贷款期内经营规划和重大投资计划等情况；

（三）借款人所在行业状况；

（四）借款人的应收账款、应付账款、存货等真实财务状况；

（五）借款人营运资金总需求和现有融资性负债情况；

（六）借款人关联方及关联交易等情况；

（七）贷款具体用途及与贷款用途相关的交易对手资金占用等情况；

（八）还款来源情况，包括生产经营产生的现金流、综合收益及其他合法收入等；

（九）对有担保的流动资金贷款，还需调查抵（质）押物的权属、价值和变现难易程度，或保证人的保证资格和能力等情况。

第三章　风险评价与审批

第十四条　贷款人应建立完善的风险评价机制，落实具体的责任部门和岗位，全面审查流动资金贷款的风险因素。

第十五条　贷款人应建立和完善内部评级制度，采用科学合理的评级和授信方法，评定客户信用等级，建立客户资信记录。

第十六条　贷款人应根据借款人经营规模、业务特征及应收账款、存货、应付账款、资金循环周期等要素测算其营运资金需求（测算方法参考附件），综合考虑借款人现金流、负债、还款能力、担保等因素，合理确定贷款结构，包括金额、期限、利率、担保和还款方式等。

第十七条　贷款人应根据贷审分离、分级审批的原则，建立规范的流动资金贷款评审制度和流程，确保风险评价和信贷审批的独立性。

贷款人应建立健全内部审批授权与转授权机制。审批人员应在授权范围内按规定流程审批贷款，不得越权审批。

第四章　合 同 签 订

第十八条　贷款人应和借款人及其他相关当事人签订书面借款合同及其他相关协议，需担保的应同时签订担保合同。

第十九条 贷款人应在借款合同中与借款人明确约定流动资金贷款的金额、期限、利率、用途、支付、还款方式等条款。

第二十条 前条所指支付条款，包括但不限于以下内容：

（一）贷款资金的支付方式和贷款人受托支付的金额标准；

（二）支付方式变更及触发变更条件；

（三）贷款资金支付的限制、禁止行为；

（四）借款人应及时提供的贷款资金使用记录和资料。

第二十一条 贷款人应在借款合同中约定由借款人承诺以下事项：

（一）向贷款人提供真实、完整、有效的材料；

（二）配合贷款人进行贷款支付管理、贷后管理及相关检查；

（三）进行对外投资、实质性增加债务融资，以及进行合并、分立、股权转让等重大事项前征得贷款人同意；

（四）贷款人有权根据借款人资金回笼情况提前收回贷款；

（五）发生影响偿债能力的重大不利事项时及时通知贷款人。

第二十二条 贷款人应与借款人在借款合同中约定，出现以下情形之一时，借款人应承担的违约责任和贷款人可采取的措施：

（一）未按约定用途使用贷款的；

（二）未按约定方式进行贷款资金支付的；

（三）未遵守承诺事项的；

（四）突破约定财务指标的；

（五）发生重大交叉违约事件的；

（六）违反借款合同约定的其他情形的。

第五章 发放和支付

第二十三条 贷款人应设立独立的责任部门或岗位，负责流动资金贷款发放和支付审核。

第二十四条 贷款人在发放贷款前应确认借款人满足合同约定的提款条件，并按照合同约定通过贷款人受托支付或借款人自主支付的方式对贷款资金的支付进行管理与控制，监督贷款资金按约定用途使用。

贷款人受托支付是指贷款人根据借款人的提款申请和支付委托，将贷款通过借款人账户支付给符合合同约定用途的借款人交易对象。

借款人自主支付是指贷款人根据借款人的提款申请将贷款资金发放至借款人账户后，由借款人自主支付给符合合同约定用途的借款人交易对象。

第二十五条 贷款人应根据借款人的行业特征、经营规模、管理水平、信用状况等因素和贷款业务品种，合理约定贷款资金支付方式及贷款人受托支付的金额标准。

第二十六条 具有以下情形之一的流动资金贷款，原则上应采用贷款人受托支付方式：

（一）与借款人新建立信贷业务关系且借款人信用状况一般；

（二）支付对象明确且单笔支付金额较大；

（三）贷款人认定的其他情形。

第二十七条 采用贷款人受托支付的，贷款人应根据约定的贷款用途，审核借款人提供的支付申请所列支付对象、支付金额等信息是否与相应的商务合同等证明材料相符。审核同意后，贷款人应将贷款资金通过借款人账户支付给借款人交易对象。

第二十八条 用借款人自主支付的，贷款人应按借款合同约定要求借款人定期汇总报告贷款资金支付情况，并通过账户分析、凭证查验或现场调查等方式核查贷款支付是否符合约定用途。

第二十九条 贷款支付过程中，借款人信用状况下降、主营业务盈利能力不强、贷款资金使用出现异常的，贷款人应与借款人协商补充贷款发放和支付条件，或根据合同约定变更贷款支付方式、停止贷款资金的发放和支付。

第六章 贷后管理

第三十条 贷款人应加强贷款资金发放后的管理，针对借款人所属行业及经营特点，通过定期与不定期现场检查与非现场监测，分析借款人经营、财务、信用、支付、担保及融资数量和渠道变化等状况，掌握各种影响借款人偿债能力的风险因素。

第三十一条 贷款人应通过借款合同的约定，要求借款人指定专门资金回笼账户并及时提供该账户资金进出情况。

贷款人可根据借款人信用状况、融资情况等，与借款人协商签订账户管理协议，明确约定对指定账户回笼资金进出的管理。

贷款人应关注大额及异常资金流入流出情况，加强对资金回笼账户的监控。

第三十二条 贷款人应动态关注借款人经营、管理、财务及资金流向等重大预警信号，根据合同约定及时采取提前收贷、追加担保等有效措施防范化解贷款风险。

第三十三条 贷款人应评估贷款品种、额度、期限与借款人经营状况、还款能力的匹配程度，作为与借款人后续合作的依据，必要时及时调整与借款人合作的策略和内容。

第三十四条 贷款人应根据法律法规规定和借款合同的约定，参与借款人大额融资、资产出售以及兼并、分立、股份制改造、破产清算等活动，维护贷款人债权。

第三十五条 流动资金贷款需要展期的，贷款人应审查贷款所对应的资产转换周期的变化原因和实际需要，决定是否展期，并合理确定贷款展期期限，加强对展期贷款的后续管理。

第三十六条 流动资金贷款形成不良的，贷款人应对其进行专门管理，及时制定清收处置方案。对借款人确因暂时经营困难不能按期归还贷款本息的，贷款人可与其协商重组。

第三十七条 对确实无法收回的不良贷款，贷款人按照相关规定对贷款进行核销后，应继续向债务人追索或进行市场化处置。

第七章　法律责任

第三十八条　贷款人违反本办法规定经营流动资金贷款业务的，中国银行业监督管理委员会应当责令其限期改正。贷款人有下列情形之一的，中国银行业监督管理委员会可采取《中华人民共和国银行业监督管理法》第三十七条规定的监管措施：

（一）流动资金贷款业务流程有缺陷的；

（二）未将贷款管理各环节的责任落实到具体部门和岗位的；

（三）贷款调查、风险评价、贷后管理未尽职的；

（四）对借款人违反合同约定的行为应发现而未发现，或虽发现但未及时采取有效措施的。

第三十九条　贷款人有下列情形之一的，中国银行业监督管理委员会除按本办法第三十八条采取监管措施外，还可根据《中华人民共和国银行业监督管理法》第四十六条、第四十八条对其进行处罚：

（一）以降低信贷条件或超过借款人实际资金需求发放贷款的；

（二）未按本办法规定签订借款合同的；

（三）与借款人串通违规发放贷款的；

（四）放任借款人将流动资金贷款用于固定资产投资、股权投资以及国家禁止生产、经营的领域和用途的；

（五）超越或变相超越权限审批贷款的；

（六）未按本办法规定进行贷款资金支付管理与控制的；

（七）严重违反本办法规定的审慎经营规则的其他情形的。

第八章　附　　则

第四十条　贷款人应依据本办法制定流动资金贷款管理实施细则及操作规程。

第四十一条　本办法由中国银行业监督管理委员会负责解释。

第四十二条　本办法自发布之日起施行。

附录6

商业银行授信工作尽职指引

第一章　总　　则

第一条　为促进商业银行审慎经营，进一步完善授信工作机制，规范授信管理，明确授信工作尽职要求，依据《中华人民共和国商业银行法》《中华人民共和国银行业监督管理法》和《贷款通则》等法律法规，制定本指引。

第二条　本指引中的授信指对非自然人客户的表内外授信。表内授信包括贷款、项目融资、贸易融资、贴现、透支、保理、拆借和回购等；表外授信包括贷款承诺、保证、信用证、票据承兑等。

授信按期限分为短期授信和中长期授信。短期授信指一年以内(含一年)的授信，中长期授信指一年以上的授信。

第三条　本指引中的授信工作、授信工作人员、授信工作尽职和授信工作尽职调查是指：

（一）授信工作指商业银行从事客户调查、业务受理、分析评价、授信决策与实施、授信后管理与问题授信管理等各项授信业务活动。

（二）授信工作人员指商业银行参与授信工作的相关人员。

（三）授信工作尽职指商业银行授信工作人员按照本指引规定履行了最基本的尽职要求。

（四）授信工作尽职调查指商业银行总行及分支机构授信工作尽职调查人员对授信工作人员的尽职情况进行独立地验证、评价和报告。

第四条　授信工作人员对《中华人民共和国商业银行法》规定的关系人申请的客户授信业务，应申请回避。

第五条　商业银行应建立严格的授信风险垂直管理体制，对授信进行统一管理。

第六条　商业银行应建立完整的授信政策、决策机制、管理信息系统和统一的授信业务操作程序，明确尽职要求，定期或在有关法律法规发生变化时，及时对授信业务规章制度进行评审和修订。

第七条　商业银行应创造良好的授信工作环境，采取各种有效方式和途径，使授信工作人员明确授信风险控制要求，熟悉授信工作职责和尽职要求，不断提高授信工作能力，并确保授信工作人员独立履行职责。

第八条　商业银行应加强授信文档管理，对借贷双方的权利、义务、约定、各种形式的往来及违约纠正措施记录并存档。

第九条　商业银行应建立授信工作尽职问责制，明确规定各个授信部门、岗位的职责，对违法、违规造成的授信风险进行责任认定，并按规定对有关责任人进行处理。

第十条　本指引的《附录》列举了有关风险提示，商业银行应结合实际参照制定相应的风险防范工作要求。

第二章　客户调查和业务受理尽职要求

第十一条　商业银行应根据本行确定的业务发展规划及风险战略，拟定明确的目标客户，包括已建立业务关系的客户和潜在客户。

第十二条　商业银行确定目标客户时应明确所期望的客户特征，并确定可受理客户的基本要求。商业银行受理的所有客户原则上必须满足或高于这些要求。

第十三条　商业银行客户调查应根据授信种类搜集客户基本资料，建立客户档案。资料清单提示参见《附录》中的“客户基本资料清单提示”。

第十四条　商业银行应关注和搜集集团客户及关联客户的有关信息，有效识别授信集中风险及关联客户授信风险。

第十五条 商业银行应对客户提供的身份证明、授信主体资格、财务状况等资料的合法性、真实性和有效性进行认真核实，并将核实过程和结果以书面形式记载。

第十六条 商业银行对客户调查和客户资料的验证应以实地调查为主，间接调查为辅。必要时，可通过外部征信机构对客户资料的真实性进行核实。

第十七条 商业银行应酌情、主动向政府有关部门及社会中介机构索取相关资料，以验证客户提供材料的真实性，并作备案。

第十八条 客户资料如有变动，商业银行应要求客户提供书面报告，进一步核实后在档案中重新记载。

第十九条 对客户资料补充或变更时，授信工作人员之间应主动进行沟通，确保各方均能够及时得到相关信息。

授信业务部门授信工作人员和授信管理部门授信工作人员任何一方需对客户资料进行补充时，须通知另外一方，但原则上须由业务部门授信工作人员办理。

第二十条 商业银行应了解和掌握客户的经营管理状况，督促客户不断提高经营管理效益，保证授信安全。

第二十一条 当客户发生突发事件时，商业银行应立即派员实地调查，并依法及时做出是否更改原授信资料的意见。必要时，授信管理部门应及时会同授信业务部门派员实地调查。

第二十二条 商业银行应督促授信管理部门与其他商业银行之间就客户调查资料的完整性、真实性建立相互沟通机制。对从其他商业银行获得的授信信息，授信工作人员应注意保密，不得用于不正当业务竞争。

第三章 分析与评价尽职要求

第二十三条 商业银行应根据不同授信品种的特点，对客户申请的授信业务进行分析评价，重点关注可能影响授信安全的因素，有效识别各类风险。主要授信品种的风险提示参见《附录》中的“主要授信品种风险分析提示”。

第二十四条 商业银行应认真评估客户的财务报表，对影响客户财务状况的各项因素进行分析评价，预测客户未来的财务和经营情况。必要时应进行利率、汇率等的敏感度分析。

第二十五条 商业银行应对客户的非财务因素进行分析评价，对客户公司治理、管理层素质、履约记录、生产装备和技术能力、产品和市场、行业特点以及宏观经济环境等方面的风险进行识别，风险提示参见《附录》中的“非财务因素分析风险提示”。

第二十六条 商业银行应对客户的信用等级进行评定并予以记载。必要时可委托独立的、资质和信誉较高的外部评级机构完成。

第二十七条 商业银行应根据国家法律、法规、有关方针政策以及本行信贷制度，对授信项目的技术、市场、财务等方面的可行性进行评审，并以书面形式予以记载。

第二十八条 商业银行应对第二还款来源进行分析评价，确认保证人的保证主体资格和代偿能力，以及抵押、质押的合法性、充分性和可实现性。

第二十九条　商业银行应根据各环节授信分析评价的结果，形成书面的分析评价报告。

分析评价报告应详细注明客户的经营、管理、财务、行业和环境等状况，内容应真实、简洁、明晰。分析评价报告报出后，不得在原稿上作原则性更改；如需作原则性更改，应另附说明。

第三十条　在客户信用等级和客户评价报告的有效期内，对发生影响客户资信的重大事项，商业银行应重新进行授信分析评价。重大事项包括：

（一）外部政策变动；

（二）客户组织结构、股权或主要领导人发生变动；

（三）客户的担保超过所设定的担保警戒线；

（四）客户财务收支能力发生重大变化；

（五）客户涉及重大诉讼；

（六）客户在其他银行交叉违约的历史记录；

（七）其他。

第三十一条　商业银行对发生变动或信用等级已失效的客户评价报告，应随时进行审查，及时做出相应的评审意见。

第四章　授信决策与实施尽职要求

第三十二条　商业银行授信决策应在书面授权范围内进行，不得超越权限进行授信。

第三十三条　商业银行授信决策应依据规定的程序进行，不得违反程序或减少程序进行授信。

第三十四条　商业银行在授信决策过程中，应严格要求授信工作人员遵循客观、公正的原则，独立发表决策意见，不受任何外部因素的干扰。

第三十五条　商业银行不得对以下用途的业务进行授信：

（一）国家明令禁止的产品或项目；

（二）违反国家有关规定从事股本权益性投资，以授信作为注册资本金、注册验资和增资扩股；

（三）违反国家有关规定从事股票、期货、金融衍生产品等投资；

（四）其他违反国家法律法规和政策的项目。

第三十六条　客户未按国家规定取得以下有效批准文件之一的，或虽然取得，但属于化整为零、越权或变相越权和超授权批准的，商业银行不得提供授信：

（一）项目批准文件；

（二）环保批准文件；

（三）土地批准文件；

（四）其他按国家规定需具备的批准文件。

第三十七条　商业银行授信决策做出后，授信条件发生变更的，商业银行应依有关法律、法规或相应的合同条款重新决策或变更授信。

第三十八条 商业银行实施有条件授信时应遵循“先落实条件，后实施授信”的原则，授信条件未落实或条件发生变更未重新决策的，不得实施授信。

第三十九条 商业银行对拟实施的授信应制作相应的法律文件并审核法律文件的合法合规性，法律文件的主要条款提示参见《附录》中的“格式合同文本主要条款提示”。

第四十条 商业银行授信实施时，应关注借款合同的合法性。被授权签署借款合同的授信工作人员在签字前应对借款合同进行逐项审查，并对客户确切的法律名称、被授权代表客户签名者的授权证明文件、签名者身份以及所签署的授信法律文件合法性等进行确认。

第五章 授信后管理和问题授信处理尽职要求

第四十一条 商业银行授信实施后，应对所有可能影响还款的因素进行持续监测，并形成书面监测报告。重点监测以下内容：

（一）客户是否按约定用途使用授信，是否诚实地全面履行合同；

（二）授信项目是否正常进行；

（三）客户的法律地位是否发生变化；

（四）客户的财务状况是否发生变化；

（五）授信的偿还情况；

（六）抵押品可获得情况和质量、价值等情况。

第四十二条 商业银行应严格按照风险管理的原则，对已实施授信进行准确分类，并建立客户情况变化报告制度。

第四十三条 商业银行应通过非现场和现场检查，及时发现授信主体的潜在风险并发出预警风险提示。风险提示参见《附录》中的“预警信号风险提示”，授信工作人员应及时对授信情况进行分析，发现客户违约时应及时制止并采取补救措施。

第四十四条 商业银行应根据客户偿还能力和现金流量，对客户授信进行调整，包括展期，增加或缩减授信，要求借款人提前还款，并决定是否将该笔授信列入观察名单或划入问题授信。

第四十五条 商业银行对列入观察名单的授信应设立明确的指标，进一步观察判断是否将该笔授信从观察名单中删去或降级；对划入问题授信的，应指定专人管理。

第四十六条 商业银行对问题授信应采取以下措施：

（一）确认实际授信余额；

（二）重新审核所有授信文件，征求法律、审计和问题授信管理等方面专家的意见；

（三）对于没有实施的授信额度，依照约定条件和规定予以终止。依法难以终止或因终止将造成客户经营困难的，应对未实施的授信额度专户管理，未经有权部门批准，不得使用；

（四）书面通知所有可能受到影响的分支机构并要求承诺落实必要的措施；

（五）要求保证人履行保证责任，追加担保或行使担保权；

（六）向所在地司法部门申请冻结问题授信客户的存款账户以减少损失；

（七）其他必要的处理措施。

第六章　授信工作尽职调查要求

第四十七条　商业银行应设立独立的授信工作尽职调查岗位，明确岗位职责和工作要求。

从事授信尽职调查的人员应具备较完备的授信、法律、财务等知识，接受相关培训，并依诚信和公正原则开展工作。

第四十八条　商业银行应支持授信工作尽职调查人员独立行使尽职调查职能，调查可采取现场或非现场的方式进行。必要时，可聘请外部专家或委托专业机构开展特定的授信尽职调查工作。

第四十九条　商业银行对授信业务流程的各项活动都须进行尽职调查，评价授信工作人员是否勤勉尽责，确定授信工作人员是否免责。被调查人员应积极配合调查人员的工作。

授信工作尽职调查人员应及时报告尽职调查结果。

第五十条　商业银行对授信工作尽职调查人员发现的问题，经过确认的程序，应责成相关授信工作人员及时进行纠正。

第五十一条　商业银行应根据授信工作尽职调查人员的调查结果，对具有以下情节的授信工作人员依法、依规追究责任。

（一）进行虚假记载、误导性陈述或重大疏漏的；

（二）未对客户资料进行认真和全面核实的；

（三）授信决策过程中超越权限、违反程序审批的；

（四）未按照规定时间和程序对授信和担保物进行授信后检查的；

（五）授信客户发生重大变化和突发事件时，未及时实地调查的；

（六）未根据预警信号及时采取必要保全措施的；

（七）故意隐瞒真实情况的；

（八）不配合授信尽职调查人员工作或提供虚假信息的；

（九）其他。

第五十二条　对于严格按照授信业务流程及有关法规，在客户调查和业务受理、授信分析与评价、授信决策与实施、授信后管理和问题授信管理等环节都勤勉尽职地履行职责的授信工作人员，授信一旦出现问题，可视情况免除相关责任。

第七章　附　　则

第五十三条　本指引适用于在中华人民共和国境内依法设立的中资商业银行。其他银行业金融机构可参照执行。

第五十四条　商业银行应根据本指引制定相应的实施细则并报中国银行业监督管理委员会或其派出机构备案。

第五十五条 中国银行业监督管理委员会及其派出机构应依据本指引加强对商业银行授信工作监管。

第五十六条 本指引由中国银行业监督管理委员会负责解释。

第五十七条 本指引自发布之日起施行。

附　　录

一、主要授信种类的风险提示

（一）票据承兑是否对真实贸易背景进行核实；是否取得或核实税收证明等相关文件；是否严格按要求履行了票据承兑的相关程序。

（二）贴现票据是否符合票据法规定的形式和实质要件；是否对真实贸易背景及相关证明文件进行核实；是否对贴现票据信用状况进行评估；是否对客户有无背书及付款人的承兑予以查实。

（三）开立信用证是否对信用证受益人与开证申请人之间的贸易关系予以核实；申请人是否按照信用证开立要求填写有关书面材料；受理因申请人开立信用证而产生的汇票时，是否按照票据法和监管部门要求对汇票本身的形式和实质要件进行审核。

（四）公司贷款是否严格审查客户的资产负债状况，认真独立计算客户的现金流量，并将有关情况存入档案，提示全部问题。

（五）项目融资除评估授信项目建议书、可行性研究报告及未来现金流量预测情况外，是否对质押权、抵押权以及保证或保险等严格调查，防止关联客户无交叉互保。

（六）关联企业授信是否了解统一授信的科学性、合理性和安全性，认真实施统一授信，及时调整额度并紧密跟踪。

（七）担保授信是否对保证人的偿还能力，违反国家规定担当保证人，抵押物、质押物的权属和价值以及实现抵押权、质押权的可行性进行严格审查；是否就开设担保扣款账户的余额控制及银行授权主动划账办法达成书面协议；是否对抵（质）押权的行使和过户制定可操作的办法。

二、客户基本信息提示

（一）营业执照（副本及影印件）和年检证明

（二）法人代码证书（副本及影印件）。

（三）法定代表人身份证明及其必要的个人信息。

（四）近三年经审计的资产负债表、损益表、业主权益变动表以及销量情况。成立不足三年的客户，提交自成立以来年度的报表。

（五）本年度及最近月份存借款及对外担保情况。

（六）税务部门年检合格的税务登记证明和近二年。

税务部门纳税证明资料复印件。

（七）合同或章程（原件及影印件）。

（八）董事会成员和主要负责人、财务负责人名单和签字样本等。

（九）若为有限责任客户、股份有限客户、合资合作客户或承包经营客户，要求提供董事会或发包人同意申请授信业务的决议、文件或具有同等法律效力的文件或证明。

（十）股东大会关于利润分配的决议。

（十一）现金流量预测及营运计划。

（十二）授信业务由授权委托人办理的，需提供客户法定代表人授权委托书（原件）。

（十三）其他必要的资料（如海关等部门出具的相关文件等）。

对于中长期授信，还须有各类合格、有效的相关批准文件，预计资金来源及使用情况、预计的资产负债情况、损益情况、项目建设进度及营运计划。

三、主要授信品种风险分析提示

（一）流动性短期资金需求应关注：

1. 融资需求的时间性（常年性还是季节性）；

2. 对存货融资，要充分考虑当实际销售已经小于或将小于所预期的销售量时的风险和对策，以及存货本身的风险，如过时或变质；

3. 应收账款的质量与坏账准备情况；

4. 存货的周期。

（二）设备采购和更新融资需求应关注：

1. 时机选择，宏观经济情况和行业展望；

2. 未实现的生产能力；

3. 其他提供资金的途径：长期授信、资本注入、出售资产；

4. 其他因素可能对资金的影响。

（三）项目融资需求应关注：

1. 项目可行性；

2. 项目批准；

3. 项目完工时限。

（四）中长期授信需求应关注：

1. 客户当前的现金流量；

2. 利率风险；

3. 客户的劳资情况；

4. 法规和政策变动可能给客户带来的影响；

5. 客户的投资或负债率过大，影响其还款能力；

6. 原材料短缺或变质；

7. 第二还款来源情况恶化；

8. 市场变化；

9. 竞争能力及其变化；

10. 高管层组成及变化；

11. 产品质量可能导致产品销售的下降；

12. 汇率波动对进出口原辅料及产成品带来的影响；

13. 经营不善导致的盈利下降。

（五）对现有债务的再融资需求。

（六）贸易融资需求应关注：

1. 汇率风险；

2. 国家风险；

3. 法律风险；

4. 付款方式。

四、非财务因素分析风险提示

（一）客户管理者：

重点考核客户管理者的人品、诚信度、授信动机、赢利能力以及其道德水准。

对客户的管理者风险应关注：

1. 历史经营记录及其经验；

2. 经营者相对于所有者的独立性；

3. 品德与诚信度；

4. 影响其决策的相关人员的情况；

5. 决策过程；

6. 所有者关系、组织结构和法律结构；

7. 领导后备力量和中层主管人员的素质；

8. 管理的政策、计划、实施和控制。

（二）识别客户的产品风险应关注：

1. 产品定位、分散度与集中度、产品研发；

2. 产品实际销售，潜在销售和库存变化；

3. 核心产品和非核心产品，对市场变化的应变能力。

（三）识别客户生产过程的风险应关注：

1. 原材料来源，对供应商的依赖度；

2. 劳动密集型还是资本密集型；

3. 设备状况；

4. 技术状况。

（四）对客户的行业风险应关注

1. 行业定位；

2. 竞争力和结构；

3. 行业特征；

4. 行业管制；

5. 行业成功的关键因素。

（五）对宏观经济环境的风险应关注：

1. 通货膨胀；

2. 社会购买力；

3. 汇率；

4. 货币供应量；
5. 税收；
6. 政府财政支出；
7. 价格控制；
8. 工资调整；
9. 贸易平衡；
10. 失业；
11. GDP 增长；
12. 外汇来源；
13. 外汇管制规定；
14. 利率；
15. 政府的其他管制。

五、格式合同文本主要条款提示

（一）客户必须提供的年度财务报告。

（二）客户必须持续保持银行要求的各项财务指标。

（三）未经银行允许，合同期内客户不得因主观原因关闭。

（四）未经银行允许，客户分红不得超过税后净收入的一定比例。

（五）客户的资本支出不得超过银行要求的一定数额。

（六）未经银行允许，客户不得出售特定资产（主要指固定资产）。

（七）未经银行同意，客户不得向其他授信人申请授信。

（八）未经银行允许，客户不得更改与其他授信人的债务条款。

（九）未经银行允许，客户不得提前清偿其他长期债务。

（十）未经银行允许，客户不得进行兼并收购等活动。

（十一）未经银行允许，客户不得为第三方提供额外债务担保。

（十二）未经银行允许，客户不得向其他债权人或授信人抵押资产。

六、预警信号风险提示

（一）与客户品质有关的信号：

1. 企业负责人失踪或无法联系；
2. 客户不愿意提供与信用审核有关的文件；
3. 在没有正当理由的情况下撤回或延迟提供与财务、业务、税收或抵押担保有关的信息或要求提供的其他文件；
4. 资产或抵押品高估；
5. 客户不愿意提供过去的所得税纳税单；
6. 客户的竞争者、供货商或其他客户对授信客户产生负面评价；
7. 改变主要授信银行，向许多银行借款或不断在这些银行中间借新还旧；
8. 客户频繁更换会计人员或主要管理人员；
9. 作为被告卷入法律纠纷；

10. 有破产经历；

11. 有些债务未在资产负债表上反映或列示；

12. 客户内部或客户的审计机构使用的会计政策不够审慎。

（二）客户在银行账户变化的信号：

1. 客户在银行的头寸不断减少；

2. 对授信的长期占用；

3. 缺乏财务计划，如总是突然向银行提出借款需求；

4. 短期授信和长期授信错配；

5. 在银行存款变化出现异常；

6. 经常接到供货商查询核实头寸情况的电话；

7. 突然出现大额资金向新交易商转移；

8. 对授信的需求增长异常。

（三）客户管理层变化的信号：

1. 管理层行为异常；

2. 财务计划和报告质量下降；

3. 业务战略频繁变化；

4. 对竞争变化或其他外部条件变化缺少对策；

5. 核心盈利业务削弱和偏离；

6. 管理层主要成员家庭出现问题；

7. 与以往合作的伙伴不再进行合作；

8. 不遵守授信的承诺；

9. 管理层能力不足或构成缺乏代表性；

10. 缺乏技术工人或有劳资争议。

（四）业务运营环境变化的信号：

1. 库存水平的异常变化；

2. 工厂维护或设备管理落后；

3. 核心业务发生变动；

4. 缺乏操作控制、程序、质量控制等；

5. 主要产品线上的供货商或客户流失。

（五）财务状况变化信号：

1. 付息或还本拖延，不断申请延期支付或申请实施新的授信或不断透支；

2. 申请实施授信支付其他银行的债务，不交割抵押品，授信抵押品情况恶化；

3. 违反合同规定；

4. 支票收益人要求核实客户支票账户的余额；

5. 定期存款账户余额减少；

6. 授信需求增加，短期债务超常增加；

7. 客户自身的配套资金不到位或不充足；

8. 杠杆率过高，经常用短期债务支付长期债务；
9. 现金流不足以支付利息；
10. 其他银行提高对同一客户的利率；
11. 客户申请无抵押授信产品或申请特殊还款方式；
12. 交易和文件过于复杂；
13. 银行无法控制抵押品和质押权。

（六）其他预警信号：

1. 业务领域收缩；
2. 无核心业务并过分追求多样化；
3. 业务增长过快；
4. 市场份额下降。

七、客户履约能力风险提示

（一）成本和费用失控。

（二）客户现金流出现问题。

（三）客户产品或服务的市场需求下降。

（四）还款记录不正常。

（五）欺诈，如在对方付款后故意不提供相应的产品或服务。

（六）弄虚作假（如伪造或涂改各种批准文件或相关业务凭证）。

（七）对传统财务分析的某些趋势，例如市场份额的快速下降未作解释。

（八）客户战略、业务或环境的重大变动。

（九）某些欺诈信号，如无法证明财务记录的合法性。

（十）财务报表披露延迟。

（十一）未按合同还款。

（十二）未作客户破产的应急预案。

（十三）对于信息的反应迟缓。

参考文献

[1] 宋羽.商业银行教程——理论与实训[M].上海：复旦大学出版社，2008.

[2] 陈玉菁.客户信用分析技巧[M].上海：立信会计出版社，2010.

[3] 江其务，周好文.银行信贷管理[M].北京：高等教育出版社，2004.

[4] 屈建国，龙小宝.新信贷——银行客户经理业务手册[M].北京：北京大学出版社，2009.

[5] 贷款风险分类原理与实务[M].北京：中国金融出版社，1988.

[6]《流动资金贷款管理暂行办法》[Z].中国银监会 2010 年第 1 号.

[7] 立金银行培训中心教材编写组.《银行票据承兑与贴现实务培训》[M].北京：中国经济出版社，2010.

[8] 徐连金.《票据业务基础》[M].上海：上海财经大学出版社，2011.

[9] 张自力.《中国货币市场运作实验》[M].北京：经济科学出版社，2010.